Theory and Practice of Student and Career Guidance

学校現場で役立つ

生徒指導・進路指導

教師をめざす人のために

藤原和政／谷口弘一 [編著]

金子泰之／西村多久磨／藤原健志／水谷明弘／高野光司
村上達也／石井　僚／福住紀明／酒井郷平／高澤健司　[著]
渡辺大輔／佐々木恵／川俣理恵／高木　亮

北大路書房

まえがき

　2022年12月，12年ぶりに生徒指導提要が改訂されました。その詳細は本書の各章に譲りますが，改訂がなされた背景には，子ども自身の変化はもとより，友達，保護者，家庭，学校，地域など，子どもを取り巻く環境の変化や学校現場における多様化・複雑化した生徒指導上の課題への対応が求められるようになったことがあげられます。それから約2年が経過しましたが，「令和5年度 児童生徒の問題行動・不登校等生徒指導上の諸課題に関する調査結果について」において，いじめや不登校は過去最多，高等学校中途退学は増加傾向にあることなどが報告されました。この報告は，生徒指導上の課題を抱えた子どもへの対応の難しさとともに，生徒指導提要について深く理解し日々の教育実践に生かしていくことの重要性について，改めて示唆しているのではないでしょうか。

　生徒指導提要を理解する上でいくつかのポイントがあります。たとえば，生徒指導を2軸3類4層構造からとらえ直したこと，チーム学校による生徒指導体制を整備することなどがあげられます。また，児童生徒の「自己指導能力」を育成することの意義が改めて強調されました。自己指導能力は決して目新しいものではなく，以前より生徒指導に関連するさまざまな集団活動を通して育成することの重要性が指摘されてきたものです。その一方で，大学の授業で，学生たちに生徒指導に対するイメージとは？　という質問をしますと，「校則違反のチェック」「放課後に学年室で怒られる」「反省文を書かされる」などの答えが多くあげられました。問題行動への対応としての生徒指導もまた，生徒指導の重要な側面ではありますが，SNSの普及や対面でのやりとりを苦手としている子どもの増加など，ミスコミュニケーションによるトラブルが生じやすくなっていることを考慮しますと，発達支持的生徒指導としての自己指導能力の育成がより求められているといえるでしょう。

　本書は，生徒指導提要の内容に沿いながらも，生徒指導上の諸課題の理解やその対応のあり方について，関連する理論や最新の研究知見を紹介しています。さまざまな理論や研究知見などを知っておくことは，複雑化・多様化した生徒指導

上の諸課題をより深く理解し，対応の幅を広げることに寄与すると考えています。また，本書では学校における進路指導・キャリア教育のあり方についても紹介をしています。将来の自己実現を支える資質・能力の育成は，生徒指導，進路指導・キャリア教育に共通する目的であるからです。

　このようなことから，本書は大きく分けて3つの内容からなります。第1章から第3章は，生徒指導の意義や教育課程との関連など，生徒指導の基本的な進め方について（第1部），第4章から第13章は，いじめや暴力行為など，個別の課題に対する生徒指導について（第2部），そして，第14, 15章は進路指導・キャリア教育について（第3部）という構成です。教職課程を受講している大学生には第1章から順番に読んでいただくことで，「生徒指導」の目的や教育課程への位置づけなどを理解した上で，個別の生徒指導上の諸課題への対応はもとより，進路指導・キャリア教育のあり方についても理解を深めてもらえると思います。また，現在，教師をされている方には，ご自身の興味関心のある章から読んでいただくことで，日々の実践に役立てていただけるのではないかと思っています。

　本書は，「学校現場で役立つ 教育相談―教師をめざす人のために―」「学校現場で役立つ 教育心理学―教師をめざす人のために―」の姉妹書となります。このシリーズでは，「いじめ」など，3冊すべてで取り上げているトピックもあります。同じトピックであっても，生徒指導の観点から考えた場合と教育相談の観点から考えた場合ではその捉え方に違いがあるからです。そのため，この違いを考慮して教育実践に活かしていただくことをおすすめします。そして本書が，生徒指導，進路指導・キャリア教育に関する知識と実践を結びつける一助になれば幸いです。

　本書は学校現場で役立つシリーズ最後の1冊となります。このような貴重な機会をくださった谷口弘一先生とは，約10年前に長崎で初めてお会いしました。谷口先生との出会いが，北大路書房代表取締役社長若森乾也様との出会いにつながりました。各章をご執筆いただいた先生方との出会いも私にとって宝物となりました。皆様とのご縁に支えられ本書が完成したと思っています。末尾となりますが，本シリーズに携わっていただいた皆様に心より感謝申し上げます。

2024年11月吉日

藤原和政

目 次

まえがき　*iii*

第 1 部　生徒指導の基本的な進め方

第 1 章　生徒指導の基礎　……………………………………… 2

1　生徒指導の意義　*2*
　　1．生徒指導の定義／ 2．生徒指導の目的／ 3．生徒指導を実践するうえでの 4 つの留意点／ 4．生徒指導とキャリア教育・教育相談とのつながり

2　生徒指導の構造：2 軸 3 類 4 層構造　*6*
　　1．発達支持的生徒指導：1 層／ 2．課題未然防止教育：2 層／ 3．課題早期発見対応：3 層／ 4．困難課題対応的生徒指導：4 層

3　生徒指導の方法　*10*
　　1．教員としての自己理解から児童生徒理解へ／ 2．児童生徒の理解のための 2 つの視点とチーム支援／ 3．集団指導と個別指導

4　生徒指導の基盤　*14*
　　1．教職員集団の同僚性と教職員のメンタルヘルス／ 2．生徒指導マネジメント／ 3．家庭や地域との協働

5　生徒指導の留意点　*17*
　　1．児童生徒の権利の理解／ 2．ICT の活用／ 3．幼児教育との接続や小中学校の接続

6　生徒指導の実践に向けて　*21*

v

第2章
生徒指導と教育課程 …………………………………………… 22

1　はじめに　*22*
　　1. 生徒指導提要における教育課程／2. 常態的・先行的生徒指導としての教育課程
2　児童生徒の発達を支える教育課程　*25*
　　1. 生徒指導と学習指導の一体化／2. 児童生徒の発達を支えるアクティブラーニング／3. 教科指導と生徒指導／4. 道徳教育における生徒指導／5. 総合的な学習（探究）の時間における生徒指導／6. 特別活動における生徒指導
3　本章のまとめ　*32*

第3章
チーム学校による生徒指導体制 ……………………………… 33

1　はじめに　*33*
2　生徒指導と教育相談　*33*
　　1. 生徒指導の基本的な考え方と活動の体制／2. 教育相談の基本的な考え方と活動の体制／3. 生徒指導と教育相談
3　生徒指導と法制度　*38*
　　1. 校則／2. 懲戒と体罰，不適切な指導
4　家庭・地域・関係機関などとの連携　*41*
　　1. 家庭との連携／2. 地域との連携／3. 関係機関との連携
5　学校危機管理　*46*
　　1. リスク・マネジメント／2. クライシス・マネジメント

第2部　個別の課題に対する生徒指導

第4章　いじめ …………………………………………………… 50

1　いじめの定義と実態　*50*
　　1. いじめの定義／2. いじめの実態
2　いじめ問題の理解　*58*
　　1. いじめの構造／2. いじめの要因／3. いじめの過程
3　学校現場におけるいじめ問題の実際　*64*
　　1. 事例1：小学校／2. 事例2：中学校／3. 事例3：高等学校
4　学校現場におけるいじめ問題への対応　*67*
5　本章のまとめ　*70*

第5章　暴力行為 ………………………………………………… 71

1　はじめに　*71*
2　暴力行為の定義と調査方法　*71*
　　1. 暴力行為の形態／2. 調査計上の注意点／3. 調査対象
3　暴力行為の実態と要因　*73*
4　暴力行為の状況について　*75*
　　1. なぜ小中学校の暴力行為は増加しているのか／2. 暴力行為加害児童生徒数／3. 生徒指導上の基本的な考え方
5　暴力行為に関する生徒指導の重層的支援構造　*78*
6　教員の体罰は児童生徒の暴力行為に影響する　*79*
7　暴力的傾向を持った児童生徒への未然防止対応を考える　*80*
8　社会的絆理論活用による暴力行為など逸脱行動への未然防止や再発防止　*81*
9　学校現場における暴力行為の実際　*82*

1. 事例1：対教師暴力／2. 事例2：生徒間暴力（DV）／3. 事例3：器物損壊

第6章　少年非行 …………………………………………………… 87

1　少年非行の定義と実態　*87*
 1. 非行少年の定義・種類／2. 日本の少年非行の現状（戦後から現在まで）
2　少年非行の理解と対応　*90*
 1. 非行の理解／2. 非行への対応
3　喫煙・飲酒・薬物乱用の実態　*96*
 1. 中高生による喫煙および飲酒の動向／2. 中高生による薬物乱用の動向
4　喫煙・飲酒・薬物乱用への対応　*98*
 1. 効果的な指導／2. 効果的でない指導
5　本章のまとめ　*100*

第7章　児童虐待 ……………………………………………………… 102

1　教員として児童虐待を学ぶ意義　*102*
2　児童虐待とは　*103*
3　児童虐待が子どもに及ぼす悪影響　*105*
4　児童虐待に対する対応　*107*
 1. 児童虐待防止につながる発達支持的生徒指導／2. 児童虐待の課題予防的生徒指導／
 3. 児童虐待の困難課題対応的生徒指導
5　本章のまとめ　*115*

◆◆◆コラム1◆◆◆　支援を要する家庭状況　*117*
 経済的困難を抱える場合
 児童生徒の家庭での過重な負担（ヤングケアラー）についての支援
 社会的養護の対象である児童生徒

外国人児童生徒など

第8章 自殺 …………………………………………………………… 121

1 自殺の実態　*121*
 1. 学校段階や性別による差異／2. 他の発達段階や諸外国との比較からとらえる日本の子どもたちの自殺
2 自殺を理解する　*123*
 1. 自殺の原因・動機／2. 自殺のメカニズム
3 自殺の危機介入　*127*
 1. 自殺のリスク要因の理解／2. 自殺のリスクが高い子どもへの対応
4 自殺の予防　*134*
5 本章のまとめ　*137*

第9章 中途退学 ………………………………………………………… 139

1 はじめに　*139*
2 中途退学の定義と実態　*140*
3 中途退学と関連している要因　*142*
 1. 中途退学に至る予兆と中途退学者の特徴について／2. 中途退学と関連している要因について
4 学校現場における中途退学の予防を目的とした支援のあり方　*150*
5 本章のまとめ　*153*

第10章 不登校 …… 155

1 はじめに　*155*
2 不登校対応の変遷　*156*
3 不登校の重層的支援構造　*160*
　　1. 発達支持的生徒指導：魅力ある学校づくり・学級づくり／2. 課題未然防止教育／3. 課題早期発見対応／4. 困難課題対応的生徒指導
4 COCOLO プランと不登校の重層的支援構造との関連　*164*
　　1. 持続可能で多様な学びのデザイン／2.「チーム学校」による支援／3. 安全で安心な学校風土づくり

第11章 インターネットやスマートフォンに関わる問題 …… 168

1 はじめに　*168*
2 インターネットやスマートフォン利用に関する問題の実態と関連法規　*169*
　　1. 子どもたちのインターネットやスマートフォンをめぐる諸問題／2. インターネットやスマートフォンに関する関連法規
3 学校現場における問題への対応　*176*
　　1. 課題未然防止教育：問題の未然防止に向けて／2. 課題早期発見対応・発達支持的生徒指導：問題の早期発見と対処に向けて／3. 困難課題対応的生徒指導：関係機関などとの連携
4 問題の防止と対応における留意点　*182*
　　1. 問題の当事者として自覚できているのか／2. リスクを「見積もる力」をどう育てるか／3.「相談しよう」「断ろう」というメッセージで十分か
5 本章のまとめ　*185*

第12章
性に関する課題 …………………………………………… 187

1 性犯罪・性暴力の定義と実態　*187*
　　1. はじめに／2. 学校における性指導／3. 性の発達／4. 青少年における性行動の現状／5. 性非行・性暴力の実態
2 性犯罪・性暴力の理解と対応　*192*
　　1. 性非行や性暴力が発生する要因／2. 性犯罪を防ぐ連携と性被害者への対応
3 性の多様性をめぐる動向と理解　*195*
　　1. 性の多様性をめぐる文部科学省などの動向／2. 性の多様性の理解
4 性の多様性をめぐる実態と課題　*199*
　　1. 性の多様性をめぐる発達ニーズ／2. 性の多様性をめぐる教育課題
5 本章のまとめ　*207*

第13章
多様な背景を持つ児童生徒への生徒指導 ……………………… 208

1 発達障害の定義と実態　*208*
　　1. 発達障害の定義／2. 発達障害の実態
2 発達障害の理解と対応　*211*
　　1. 発達障害の理解／2. 発達障害への学校内での対応／3. 発達障害と二次障害／4. 関係機関との連携
3 精神疾患の定義と実態　*215*
　　1. 精神疾患の定義／2. 精神疾患の実態
4 精神疾患の理解と対応　*217*
　　1. 精神疾患の理解／2. 精神疾患への対応

◆◆◆コラム2◆◆◆　健康課題に関する理解と対応　*220*
　　健康課題への対応

生徒指導における健康課題への対応と関わり

健康課題に関する関係機関との連携

第3部　進路指導とキャリア教育の基本的な考え方

第14章
進路指導・キャリア教育の基礎理解 …………………………… 224

1　はじめに　*224*
2　進路指導・キャリア教育とは　*226*
　　1. 現在の進路指導・キャリア教育の位置づけ／2. 進路指導とキャリア教育の関係
3　進路指導・キャリア教育の歴史的変遷　*228*
　　1. わが国における職業指導の始まり／2. 職業指導から進路指導へ／3. 進路指導からキャリア開発へ／4. キャリア教育の推進と課題
4　学校現場に求められる進路指導・キャリア教育のあり方　*238*

第15章
キャリア教育の理論と実践 ……………………………………… 239

1　キャリア教育が要求される背景　*239*
　　1. キャリア教育という言葉の意味／2. 生涯発達の中のキャリア教育
2　キャリア教育の理論　*241*
　　1. 国内のキャリアをめぐる能力特性理論／2. 国際的なキャリアをめぐる能力特性論／3. 日本型雇用と就労に関わる理論
3　キャリア教育の発達段階ごとの視点の違い　*244*
　　1. 義務教育（前期中等教育）までのキャリア教育の課題／2. 少子化による高校以降のキャリア教育の変化・課題／3. 令和初頭からコロナ後に向けた教育政策とキャリア教育
4　キャリア・ガイダンスとキャリア・カウンセリング　*247*
　　1. 集団指導（ガイダンス）と個別指導（カウンセリング）／2. ポートフォリオと個別

指導
5　これからのキャリア教育　*251*
　　1. コロナ後時代の社会情勢の方向性とキャリア教育／2. コロナ後の時代の生きる力とキャリア教育

引用・参考文献　*256*
人名索引　*283*
事項索引　*284*
あとがき　*287*

第 **1** 部

生徒指導の基本的な進め方

第1章 生徒指導の基礎

1 生徒指導の意義

◆◆◆ 1. 生徒指導の定義

　生徒指導をどのようにとらえたらよいだろうか。1990年代の初頭から後半にかけて中学校時代と高校時代を過ごしてきた筆者にとって,「生徒指導」「生徒指導の先生」と聞くと,中学校内でタバコを吸った生徒に対し,威圧感のある先生が大声を出して指導するという場面が頭に浮かぶ。一般的に生徒指導は,上記のような学校の中で発生した問題行動への対応というイメージがまだ根強いかもしれない。しかし,生徒指導提要（文部科学省,2022）を見ていくと,もっと広く生徒指導をとらえ直す必要があることがわかる。

　生徒指導は「児童生徒が,社会の中で自分らしく生きることができる存在へと,自発的・主体的に成長や発達する過程を支える教育活動のことである。なお,生徒指導上の課題に対応するために,必要に応じて指導や援助を行う」と生徒指導提要で定義されている（文部科学省,2022）。

　この定義に従うと,児童から生徒までを対象とし,主体としての児童生徒が成長・発達する過程全体を支える教育活動が生徒指導である。学校生活全体のさまざまな場面を通して,教員が児童生徒の成長や発達を支える過程には,「指導」「支援」「援助」「見守り」「伴走」「気遣いや配慮」「励まし」「共感」など,さまざまな教員としての関わり方や姿勢が含まれる。児童生徒に対する教員の関わりすべてが生徒指導なのである。したがって,先述した喫煙問題のような

問題行動への対応が生徒指導という理解では，生徒指導をあまりにも狭くとらえすぎていることがわかる。

◆◆◆ 2. 生徒指導の目的

　生徒指導は，何を目的として行われるものなのだろうか。生徒指導提要（文部科学省，2022）では，「生徒指導は，児童生徒一人一人の個性の発見とよさや可能性の伸長と社会的資質・能力の発達を支えると同時に，自己の幸福追求と社会に受け入れられる自己実現を支えることを目的とする」と定義されている。つまり，生徒指導は，児童生徒の幸福追求と自己実現のために行われる必要がある。

　この児童生徒の幸福追求と自己実現に関して，生徒指導提要（文部科学省，2022）では，「児童生徒が，深い自己理解に基づき，『何をしたいのか』，『何をするべきか』，主体的に問題や課題を発見し，自己の目標を選択・設定して，この目標の達成のため，自発的，自律的，かつ，他者の主体性を尊重しながら，自らの行動を決断し，実行する力，すなわち『自己指導能力』を獲得することが目指されます」と述べられている。児童生徒が，自らの行動を決断し実行できる「主体性」「自発性」「自律性」などを獲得し，自立していくことが生徒指導の目標として設定されているといえるだろう。

　確かに自己指導能力を獲得し，児童生徒が自分で考え，決断し，行動できる自立した姿に成長していくことは望ましいことである。しかし，「主体性」「自発性」「自律性」という言葉だけを強調することには注意が必要である。自立と依存は表裏一体であり，この2つを切り離すことはできないからである。児童生徒が，教員，友人，家族など信頼できる他者に囲まれながら，未知の状況や困難な場面に遭遇したときには，頼れる他者の存在が身近にあると自覚できて初めて，自発的，自律的に考え，自らの行動を決断できるのである（都筑，2021）。つまり，他者を頼ったり甘えたりできる環境が先にあることで，児童生徒の自立が可能になるといえる。教員には，児童生徒が困難に直面したときに，頼れる他者との安心・安定した関係が学校にあるような環境づくりをしていくこと

が求められる。

◆◆◆ 3. 生徒指導を実践するうえでの4つの留意点

　児童生徒が社会で自分らしく生きていけるように，その成長・発達を支える生徒指導を実践していくためには，どのような環境を構築していく必要があるのだろうか。

　生徒指導提要では，その環境づくりに必要な土台として，①自己存在感の感受，②共感的な人間関係の育成，③自己決定の場の提供，④安全・安心な風土の醸成の4つがあげられている。

　1つめの自己存在感の感受は，「『自分も一人の人間として大切にされている』という自己存在感を，児童生徒が実感することが大切です。また，ありのままの自分を肯定的に捉える自己肯定感や他者のために役立った，認められたという自己有用感を育むことも極めて重要です」と述べられている（文部科学省，2022）。学校生活の中で，教員やクラスの仲間から，自分自身がクラスや学校の一員として認められているという感覚を，子ども一人ひとりが持てる環境が必要となる。

　このために必要なことが，2つめの共感的な人間関係の育成と4つめの安全・安心な風土の醸成である。生徒指導提要（文部科学省，2022）では，共感的な人間関係の育成は「自他の個性を尊重し，相手の立場に立って考え，行動できる相互扶助的で共感的な人間関係をいかに早期に創りあげるかが重要となります」と述べられている。安全・安心な風土の醸成は，「お互いの個性や多様性を認め合い，安心して授業や学校生活が送れるような風土を，教職員の支援の下で，児童生徒自らがつくり上げるようにすることが大切です」と述べられている。この2つの環境が揃って初めて，3つめの自己決定の場の提供が可能となる。自己決定の場の提供は「授業場面で自らの意見を述べる，観察・実験・調べ学習等を通じて自己の仮説を検証してレポートする等，自ら考え，選択し，決定する，あるいは発表する，制作する等の体験が何より重要です」と述べられている。自己決定の場の提供として，学習指導要領で示されている主体的・対

話的で深い学びの実現に向けた授業改善があげられている。

　ただし，主体的・対話的で深い学びの実現に向けた授業改善に対して留意点を1つあげることができる。学習者の適性によって効果的な教授方法が異なる適性処遇交互作用（市川，1995）があるからである。たとえば，言語化することや他者と対話することが苦手な児童生徒にとって，主体的・対話的な学びは効果的な学習につながらず，自己決定の場にならない可能性もある。児童生徒の特性や個性は多様であるため，複数の学習方法を組み合わせながら，すべての児童生徒が自己実現できるような学習環境づくりの工夫をしていくことが教員に求められる。

◆◆◆ 4. 生徒指導とキャリア教育・教育相談とのつながり

　生徒指導は，キャリア教育や教育相談などの支援と，どのような関係にあるのだろうか。生徒指導は，キャリア教育や教育相談とも関連づけて行われるものである。その理由は生徒指導の定義で述べたように，生徒指導は，児童生徒が，社会の中で自分らしく生きることができる存在へと，自発的・主体的に成長や発達する過程を支える教育活動だからである。生徒指導は，児童生徒の社会での自立や自己実現をうながす活動である。それらを妨げるものがあれば，生徒指導として対応していくことが求められる。たとえば，いじめ被害による苦しみは，児童生徒に長期的に大きな影響を与える（瀬尾，2012）。いじめによって不登校になることで，学校での学習が妨げられるだけでなく，卒業後の人生まで長期的な影響がある（坂西，1995）。したがって，生徒指導とキャリア教育を一体としてとらえる必要がある。さらに，児童生徒本人だけでなく，保護者も巻き込んだ教育相談による対応も求められることから，生徒指導と教育相談も一体となる必要がある。

2 生徒指導の構造：2軸3類4層構造

　生徒指導は，2軸3類4層の構造となっている（図1-1）。生徒指導提要（文部科学省，2022）に従って，その構造を見ていく。

　2軸とは，時間軸のことである。教員が，児童生徒に関わるタイミングと言い換えることもできる。この2軸には，常態的・先行的なプロアクティブ型（平常時）と，即応的・継続的なリアクティブ型（非常時）の2つがある。

　常態的・先行的なプロアクティブ型は，平常時における児童生徒に対する教員の関わりと整理できる。たとえば，登下校時に教員が呼名しながら児童生徒に挨拶をする。休み時間に教員が生徒とたわいもない雑談をする。これは学校で見かける一般的な登下校や休み時間の風景である。また授業や学校行事を通して，教員は児童生徒を激励し，共感しながら関わりを持っており，このような関わりによって，教員と児童生徒との間に信頼関係がつくられていく。上記のようなさまざまな場面における教員の関わりが，常態的・先行的なプロアクティブ型である。

　一方，即応的・継続的なリアクティブ型は，非常時における児童生徒に対する教員の関わりと整理できる。たとえば，児童生徒が「学校に行きたくない」といったSOSを出したときに，教員が児童生徒の話を聞いたり，家庭と連絡を取り合ったりする。非常時には，課題や問題が比較的軽い初期段階から，深刻な段階に発展したものまでが含まれる。

　3類とは，学校で対応する児童生徒の課題や発生した問題の，困難さや難易度に基づいて分類される生徒指導の3つの水準である。1つめの水準が，発達支持的生徒指導である。これは，すべての児童生徒を対象とするものである。2つめの水準が，課題予防的生徒指導である。これは，すべての児童生徒を対象とした課題の未然防止の視点に基づく生徒指導（課題未然防止教育）と，何らかの問題の前兆を見せた児童生徒を対象とした初期対応に基づく生徒指導（課題早期発見対応）によって構成される。3つめの水準が，困難課題対応的生徒指導である。深刻な課題を顕在化させている児童生徒を対象とした生徒指導で

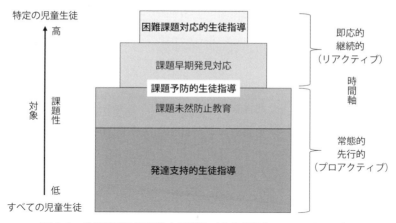

図 1-1　生徒指導の重層的支援構造（文部科学省，2022 より引用）

ある。

　4層とは，生徒指導を行う対象による分類である。すべての児童生徒を対象とし平常時に行われるのが，発達支持的生徒指導（1層）と課題未然防止教育（2層）である。問題が芽生えたばかりの早期に，一部の児童生徒を対象とするのが課題早期発見対応（3層）である。さまざまな課題を抱えた児童生徒を対象とするのが困難課題対応的生徒指導（4層）である。以下では1層から4層までを具体的に見ていく。

◆◆◆ 1．発達支持的生徒指導：1層

　本章の冒頭で中学生の喫煙事例をあげたように，生徒指導は，非常時に行われる課題早期発見対応や困難課題対応的生徒指導のイメージが強いと思われる。それに対し，発達支持的生徒指導は，すべての児童生徒を対象にして行われるものであり，一般的に思い浮かべられる生徒指導のイメージからは一番遠いかもしれない。生徒指導提要（文部科学省，2022）では，「発達支持的生徒指導では，日々の教職員の児童生徒への挨拶，声かけ，励まし，賞賛，対話，及び，授業や行事等を通した個と集団への働きかけが大切になります」と述べられている。

教員から児童生徒に対する，挨拶，声かけ，励まし，賞賛，対話などには，平常時から何気なく自然に行われているものが多いはずである。児童生徒の学校生活がより充実したものになるように，学校生活で日常的に行われている教員の関わりすべてが発達支持的生徒指導である。

さらに生徒指導提要（文部科学省，2022）では「共生社会の一員となるための市民性教育・人権教育等の推進などの日常的な教育活動を通して，全ての児童生徒の発達を支える働きかけを行います」とも述べられている。

これに対応する例として，加藤・松尾（2021）の公立中学校における制服改革をあげることができる。暑さや寒さに対応する制服としての機能性を見直しつつ，性的マイノリティの生徒であっても着用できる制服はどうあるべきなのかを生徒の意見を尊重し，保護者や地域も巻き込みながら検討した事例である。多様性について考える総合的な学習の時間を活用しながら制服の見直しを行い，ブレザー，スラックス，スカート，リボン，ネクタイ，カーディガン，ベストの7アイテムを男女問わずに生徒が自分で選び，組み合わせることができるようになっている。この実践は，自他をともに認め合う共生，国際理解，性の多様性などを総合的学習の時間におけるテーマとし，制服や校則を見直しながら市民性教育・人権教育が行われた事例といえる。

◆◆◆ 2．課題未然防止教育：2層

生徒指導提要（文部科学省，2022）では，「課題未然防止教育は，全ての児童生徒を対象に，生徒指導の諸課題の未然防止をねらいとした，意図的・組織的・系統的な教育プログラムの実施です」と述べられている。

これに対応する例として，性犯罪・性暴力の対策としての「生命（いのち）の安全教育」（文部科学省，2020）をあげることができる。そこでは，幼児期から高校生までの年齢・発達段階ごとに動画教材や授業展開例があげられている。「自分の体の大事なところ」「プライベートゾーン」「他者に自分の体を触られて嫌な気持ちになったときにどうするか」「SNSの利用の注意点」「他者との距離感」「デートDV」「性被害にあったら？」「性加害を見かけたら？」などの内容

から構成されている。自分の体のことや他者との距離感について学びながら，性暴力が起きないよう未然防止に重点を置く対応が課題未然防止教育である。

　課題未然防止教育のもう1つの例として，考え，議論する道徳実践（藤川，2018）をあげることができる。藤川（2018）は，いじめ問題の解決を目的として道徳の教科化が目指されたものの，学習指導要領において，いじめが明確に位置づけられておらず，いじめ解決に関する記述がされているとは言いがたい，と現状の「教科 道徳」の課題を指摘している。そのうえで，いじめについて学んだ地域の支援者が小中学校に入り，子どもたちの考えを引き出す実践や，教育委員会とストップイットジャパン株式会社（現スタンドバイ株式会社）が開発したいじめ傍観者教材を用いて，考え，議論する道徳授業実践を提案している。

　すべての児童生徒を対象とし，性暴力やいじめなどのテーマを取り上げながら，児童生徒の他者理解や社会問題への理解をうながしていくような取り組みを，課題未然防止教育として位置づけることができる。

◆◆◆ 3．課題早期発見対応：3層

　生徒指導提要（文部科学省，2022）では，「課題早期発見対応では，課題の予兆行動が見られたり，問題行動のリスクが高まったりするなど，気になる一部の児童生徒を対象に，深刻な問題に発展しないように，初期の段階で諸課題を発見し，対応します」と述べられている。

　これについては，いじめを例に説明していく。いじめは，孤立化，無力化，透明化の3段階のプロセスで深刻化する（中井，2016）。初期段階は，孤立化である。孤立化ではPR作戦が行われる。PR作戦とは，加害者がターゲットとなった児童生徒の身体的特徴や癖などを取り上げ，それを理由にしていじめを正当化することである。一部の児童生徒間で，いじり，からかい，悪口といった孤立化に関係する様子が見られ始めたときに，教員が早期に対応し，いじめが深刻化するのを防ぐ。これが課題早期発見対応である。課題の芽を見つけたら放置せずに，早期に対応していくことが課題早期発見対応である。担任，学年主任，スクールカウンセラー，養護教諭，学校用務員など，教職員全員が連携し

ながら，家庭とも連絡を取って組織的に対応していくことが求められる。

◆◆◆ 4. 困難課題対応的生徒指導：4層

　生徒指導提要（文部科学省，2022）では，「いじめ，不登校，少年非行，児童虐待など特別な指導・援助を必要とする特定の児童生徒を対象に，校内の教職員（教員，スクールカウンセラー，スクールソーシャルワーカー等）だけでなく，校外の教育委員会等（小中高等学校又は特別支援学校を設置する国公立大学法人，学校法人，大学を設置する地方公共団体の長及び学校設置会社を含む。），警察，病院，児童相談所，NPO等の関係機関との連携・協働による課題対応を行うのが，困難課題対応的生徒指導です」と述べられている。

　横湯（2002）は，不登校，家庭内暴力，虐待が見られた母子家庭の小学生の事例をあげている。入院の準備と入院後の治療は精神科医が担当，母親の失職なども含め一時保護や生活面のフォローはスクールソーシャルワーカーが担当し，学級担任とスクールカウンセラーも協働しながら，心理，医学，福祉，教育の4つの立場が関わっている。学校が外部機関と連携し，対応することが求められる。しかし斎藤・内田（2022）は，学校が学校内の問題を中で抱え込む傾向が強いことを指摘している。重大な課題が生じた場合は，学校は，外部機関や多職種と連携・協働していく必要がある。

3　生徒指導の方法

◆◆◆ 1. 教員としての自己理解から児童生徒理解へ

　児童生徒を理解し，生徒指導を効果的に進めていく必要があるが，そのためには何が必要だろうか。1つには，いじめ，不登校，非行，発達障害，虐待など，児童生徒を理解するための教育課題や発達に関する知識やスキルを，教員が習得することである。そして，目の前にいる児童生徒が生活する時代・文化，

環境を踏まえつつ，成育歴，対人関係，子どもの個性や興味関心を教職員が理解していく必要がある。

　しかし，教員が児童生徒理解を深めていく前に重要なことが１つある。それは，教員自身の自己理解である。荻野（2010）は，高校生同士が仲間の話を聞き相談にのるピアカウンセラー養成プログラムの２つの柱として「自分がわかる」と「人の話がきける」をあげている。１つめの柱として「自分がわかる」をあげた理由を，自分がどのような状態にあって何を感じているのかを知り得ない人間に，他者がどのような状態にあって何を感じているのかがわかるはずがない，つまり自己理解なくして他者への共感は成り立たないからだと述べている。これは心理職の養成においてだけでなく，教員にも同様のことがいえる。

　教職志望の強い大学生は，自身が中学生だったときの教員とのエピソードを詳細に鮮明に想起し，過去と現在のつながりを意識したり，過去と現在の自己を対比させたりする自伝的推論が活発である（佐藤・清水，2012）。さらに，現職教員を対象とした研究でも，学生時代に教員志望が強かった現職教員は，自伝的推論が活発であった（佐藤・清水，2013）。教員は，小学校，中学校，高校において過ごしてきた自身の学生時代を振り返り，学生時代としての過去と，教員としての現在を照らし合わせながら，教育観や生徒観を形成していると考えられる。したがって過去を振り返って，教員自身が自己理解することが必要である。自分がどのような被教育経験を持ち，なぜ教員という職業を選んだのか，自分がどのようなことで感情を揺さぶられるのか，どのような他者との関係が苦手なのかなど，教員自身の自己理解が必要である。教員が自己理解を深めることができて初めて，児童生徒と保護者に対する共感的理解が可能となる。

　教師のライフコースの研究（山崎，2002）では，教員が結婚，出産，育児の経験を通して，子ども理解や保護者理解が変わる様子が記述されている。学校内外の生活全体での経験を含めて，教員は教育観や生徒観を発達させていく存在である。教員としての勤務年数を重ねていく中で，節目を迎えたときに立ち止まり，自身のこれまでを振り返るための時間を持つことも教員の自己理解として重要である。

◆◆◆ 2. 児童生徒の理解のための2つの視点とチーム支援

「いじめや児童虐待の未然防止においては，教職員の児童生徒理解の深さが鍵となります」と生徒指導提要にある（文部科学省，2022）。深く児童生徒を理解していくために，教職員はどのような視点を持つことが必要だろうか。

そのためには，子どもが生活する環境を通して児童生徒を理解する視点，身体と心を一体として児童生徒をとらえる視点，そして複数の教職員間で多角的に児童生徒を支えることが必要となる。

子どもが生活する環境を通して児童生徒を理解する視点については，貧困と子どもの発達についての調査研究（加藤，2022）を例にあげることができる。この調査研究の中で指摘されていることの1つは，貧困家庭の保護者の抑うつが，子どもの抑うつを高めるため，保護者への支援が必要なことである。もう1つは，子どもの認知が発達することにより，家庭の暮らし向きの現実をとらえられるようになることから，子どもは，発達することで貧困という現実に向き合うようになるということである。このような，児童生徒が置かれた家庭環境の理解が求められるケースの場合には，スクールソーシャルワーカーなど福祉の専門職と学校（管理職，学年主任，担任，スクールカウンセラーなど）の連携によるチーム支援が必要となる。

身体と心を一体として児童生徒をとらえる視点に関する例としては，二次性徴が児童生徒の心理に与える影響があげられる。二次性徴の受け止め方には性差があり，男子の場合，主観的な発育タイミングが早いほど，身体満足度が高く，それが抑うつを下げる影響が見られる一方，女子の場合，「身長の伸び・皮下脂肪の蓄積・初潮」などの客観的な発育タイミングが「自分の体重は重い」という評価を高め，自分の身体満足度の低下や抑うつなどのネガティブな評価を高めていた（上長，2007a）。女子の場合は痩身体型が理想とされるため，体重増加を伴って皮下脂肪が蓄積し，丸みを帯びた体型への変化は，自身の身体満足度を低下させ（上長，2007b）それが摂食障害傾向につながる（上長，2007c）。このような身体発育が関係するケースは，養護教諭，スクールカウンセラー，担任が，それぞれの専門性を活かして児童生徒の実態や課題をアセスメントし，そ

の情報を共有しながら，児童生徒を理解するチーム支援が必要となる。

　貧困や身体発育を例にチーム支援の必要性をあげたが，チーム支援では複数の教職員間で個人情報を取り扱うことになる。この場合，3つの留意点を押さえる必要があることが生徒指導提要（文部科学省，2022）で述べられている。1つめは，合意形成と目標の共通理解である。何を目標にチーム支援を進めるのか，それに合った個人情報をどのように取り扱うのかをチーム内で合意形成しておく必要がある。2つめは，守秘義務と説明責任である。チーム支援で知り得た情報を守秘するチーム内守秘義務が重要であり，当該児童生徒の保護者の知る権利に配慮し，保護者や地域社会に対する説明責任と情報公開に応える必要がある。3つめは，記録保持と情報セキュリティである。説明責任と情報公開に応えるためには，学校内で起きた重要な出来事はすべて記録しておく必要がある。作成した記録や会議録，支援計画シートや教育相談記録などは，自治体が定める教育情報セキュリティポリシーに準拠し慎重な取り扱いと情報の保存が求められる。

◆◆◆ 3. 集団指導と個別指導

　生徒指導提要（文部科学省，2022）では，「集団指導と個別指導は，集団に支えられて個が育ち，個の成長が集団を発展させるという相互作用により，児童生徒の力を最大限に伸ばし，児童生徒が社会で自立するために必要な力を身に付けることができるようにするという指導原理に基づいて行われます」と述べられている。児童生徒が相互理解に基づく対等な立場で支え合いながら自己肯定感や自己実現を目指していくのが集団指導である。この集団場面で教員が行う指導や援助がガイダンスと呼ばれる。それに対し，個別指導はカウンセリングという観点が強くなる。児童生徒一人ひとりが抱える課題を理解しながら，教員は必要に応じた対応をしていく。しかし，ある課題を抱えた特定の児童生徒への指導方針と，それ以外の児童生徒集団に対する指導方針との間でずれが生じる場合，ダブルスタンダード化した生徒指導となり，教員への不満や学校の荒れなどの反学校的文化の形成につながることがある（加藤，2007）。集団の中

で行われる個別指導が，対象となる児童生徒にとってどのような効果があるのかという視点と，周囲にいる児童生徒がその個別指導を目にしたときに，それをどのようにとらえるのかという視点，その両方の視点を教員は意識しながら集団指導と個別指導を行う必要がある。集団場面における指導でも個を配慮しながら，個別指導の場面においても集団への配慮を持ちながら，集団指導と個別指導を組み合わせていくことが求められる。

4 生徒指導の基盤

◆◆◆ 1．教職員集団の同僚性と教職員のメンタルヘルス

　教職員のメンタルヘルスを保つためには教職員集団としての同僚性が鍵となってくる。どのような同僚性が教職員集団には必要だろうか。

　生徒指導提要（文部科学省，2022）では，「組織的かつ効果的に生徒指導を実践するためには，教職員同士が支え合い，学び合う同僚性が基盤となります。教職員や専門スタッフ等の多職種で組織される学校がチームとして実効的に機能するには，職場の組織風土（雰囲気）が大切です。換言すると，学級・ホームルーム担任中心の抱え込み型生徒指導から，多職種による連携・協働型生徒指導へと転換していく際に重要となるのは，職場の人間関係の有り様です」と述べられている。

　椎野（2008）は，各教職員のメンタルヘルスの悪化は，指導力低下をはじめとして児童生徒に影響が及び，それがさらに保護者，管理職，同僚などを介して本人にフィードバックされるという悪循環を述べている。この悪循環に陥らないようにするためには，問題やストレスをひとりで抱え込まず，相談し合える教職員間の風土づくりが重要である（椎野，2008）。しかし，井上（2015）は，教員が強いストレスを抱える一要因として，学校現場では，若手からベテランまで経験年数に関わりなく，教員は同じ質・量の仕事が期待されることをあげている。さらに，井上（2015）は，生徒指導を中心に担う教員が，困難な生徒

指導事例に対応する中で，メンタルヘルスを崩した事例をあげている。この事例では，生徒指導を中心に担う教員を支えられる組織にするために必要なこととして，同僚同士の支え合い，外部機関と連携して学校が動ける体制づくり，管理職のリーダーシップと担当教員への労いなどをあげている。野村（2020）は，教員の同僚性を基礎にし，協同的に助言し合う関係の中で授業研究をしていく重要性を指摘している。この同僚性を基礎にした授業研究では，授業者の教え方への助言や批判ではなく，授業を通して子どもたちが学んだことやつまずきに焦点を当て，協同で意見を交換する中で教員が授業力を向上させていく。

　生徒指導の体制だけでなく授業力向上を目的とした授業研究においても，対等な立場で活発に意見交換ができる教員集団としての同僚性が必要となってくる。管理職のリーダーシップのもと，教員同士が対応している児童生徒の情報や大変さを共有しやすい環境づくりの工夫や，互いのスキルを高め合う体制づくりが，同僚性を高める学校組織に求められる。

◆◆◆ 2．生徒指導マネジメント

　生徒指導を効果的に実践するために，生徒指導マネジメントサイクルの確立が大切とされ，生徒指導提要ではPDCAサイクルでの留意点が3つあげられている。1つめは，生徒指導に関する明確なビジョンの提示である。学校が置かれた地域や家庭の実態に基づいて，育成したい児童生徒像を明確にし，それを学校内外に提示する。2つめは，モニタリングと確実な情報共有である。学校内の取り組みが，どのように実践されているのか，校内の委員会や学年会などの議事内容と現状を教職員間で情報共有していくことが必要となる。3つめは，保護者の学校理解と教職員間同士の理解である。学校における生徒指導を効果的に進めるためには，学校に対する保護者や地域の理解が得られることが鍵となる。学校のホームページや学校便りを通して生徒指導の目標や学校内の状況を発信し，それを共有し保護者や地域の理解を得ることで，地域・保護者・学校の三者での連携と協働の基盤をつくっていく。

　なおPDCAサイクルで取り組みを見直す際に，「C = Check」は評価ではなく

点検と訳すほうが適切である（国立教育政策研究所, 2015）。PDCAに関するこの生徒指導リーフでは，評価自体が目的化されないようにすること，そして点検に基づく見直しが実施されることが必要であり，点検と見直しの対象となるのは児童生徒よりも，まずは教職員の取り組みであることが強調されている。

◆◆◆ 3.　家庭や地域との協働

　学校は家庭や地域と協働していくことでさまざまな課題を乗り越えることができる。学校は，家庭や地域とどのような協働関係を構築していけばよいだろうか。

　生徒指導提要（文部科学省, 2022）では，「生徒指導は，学校の中だけで完結するものではなく，家庭や地域及び関係機関等との連携・協働を緊密にし，児童生徒の健全育成という広い視野から地域全体で取り組む『社会に開かれた生徒指導』として推進を図ることが重要です」と述べられている。そして，コミュニティ・スクールを活用した地域と協働した学校運営と，地域の人，保護者・PTA，学生，民間企業などを巻き込んで児童生徒の発達を支える地域学校協働活動の2つがあげられている。

　平田（2021）は，地域と学校の連携・協働を軸にし，生徒が地域の中で実体験を積むことで社会に貢献できる意識を形成できるよう，学習支援活動，環境整備活動，読み聞かせ活動，人権やスマホに関わる取り組み，小学校との協働活動，地域行事への参画を実践している。たとえば，市町村合併で途絶えた盆踊りの復活に向けて，学校運営協議会，学校支援地域本部，PTAが中学生をバックアップしながら取り組んだ事例などがあげられている。さらに，平田（2021）は，地域と学校が連携・協働するためには，その組織や体制が形骸化しないよう目標を再設定しながら，活動を継承していくことを課題としている。

5 生徒指導の留意点

◆◆◆ 1. 児童生徒の権利の理解

　生徒指導の留意点として，子どもの権利とそれを守る法律の理解があげられる。生徒指導提要（文部科学省，2022）では，「児童生徒の人権の尊重という場合に，留意すべきは，平成元年11月20日に第44回国連総会において採択された児童の権利に関する条約です。日本は，平成2年にこの条約に署名し，平成6年に批准し，効力が生じています」と述べられている。いわゆる子どもの権利条約のことである。児童の権利条約全文（外務省，2020）には4つの原則がある。

　1つめは，差別の禁止である（第2条）。どんな理由があっても児童生徒は差別されない。2つめは，児童最善の利益である（第3条）。何かを決め実行する場合には，子どもの生活が充実していくことを第一に考えなければならない。3つめは，生命，生存および発達に対する権利である（第6条）。すべての子どもの命と安全が守られ，その中で成長・発達していくための環境が保障されなければならない。4つめは，意見を表明する権利である（第12条）。子どもは自分の意見を自由に表明し，それを大人は考慮しなければならない。

　先に述べた公立中学校における制服改革（加藤・松尾，2021）は，差別の禁止と異なる個性を持つ子どもたちの利益を第一にしながら，性的マイノリティの生徒の安全と発達可能性を最大限にするために環境を見直した取り組みである。さらに，生徒を巻き込み，生徒が主体的に意見表明する場を設けて取り組んだ事例であり，児童生徒の権利の理解に基づいた教育実践である。

　児童の権利条約の精神に則って，2023年からこども基本法が施行されている。こども基本法の基本理念では，児童の権利条約の4つの原則に加え，「子育ては家庭を基本としながら，そのサポートが十分に行われ，家庭で育つことが難しいこどもも，家庭と同様の環境が確保されること」「家庭や子育てに夢を持ち，喜びを感じられる社会をつくること」の2つを加えた計6つの基本理念があげ

られている（こども家庭庁，2023）。

　その他にも，いじめ防止対策推進法（2013年施行）や合理的配慮に関する障害者差別解消法（障害を理由とする差別の解消の推進に関する法律）（2016年施行）に基づき，いじめや発達障害への対応が学校現場には求められる。虐待対策としてどのような法律が成立し，その後どのように改正されてきたのか，またその対策を実践するために養育者や家庭状況がどのように研究されてきたのか，児童虐待防止対策の経緯（黒田・落合・犬塚・阿部，2022）を理解することは教員にも求められる。児童生徒の権利や生活を守ることに関する法律についての知識を教員が持ちながら，学校の体制を整える必要がある。

　松尾（2022）は，性的マイノリティの児童生徒への相談体制の充実に向けて，2015年4月に出された通知（性同一性障害に係る児童生徒に対するきめ細かな対応の実施等について）があるにもかかわらず，この通知の内容が学校現場で十分に理解されていない状況を課題としている。このような文部科学省から出される通知にも目を向け，最新の情報を収集しながら児童生徒への対応を検討することが学校現場に求められる。

◆◆◆ 2．ICTの活用

　新型コロナ禍を経て，学校現場にICT（Information and Communication Technology）の導入が進んだ。このICTをこれからの生徒指導では活用していく必要がある。生徒指導提要（文部科学省，2022）では，「令和の日本型学校教育の実現に向けては，GIGA[*1]スクール構想を踏まえ，今後ICTを活用した生徒指導を推進することが大切です」と述べられている。さらに「校務系データ（出欠情報，健康診断情報，保健室利用情報，テスト結果，成績情報等）と，学習系データ（学習記録データ，児童生徒アンケートデータ等）等を組み合わせることで，一人一人の児童生徒や学級・ホームルームの状況を多様な角度から，客観的なデータを用いて分析・検討することも可能となります」とある。不登校

＊1　GIGA：Global and Innovation Gateway for All

や病気療養中の児童生徒に対しても，オンライン教育を活用することによって，教育機会や学習時間の確保を保障することができる。

　ICTを活用した児童生徒理解について，水野（2023）は援助の必要性のある児童生徒は大人に助けを求める援助要請を控える傾向があることを指摘しつつ，教員がさまざまな手立てを用いて子どものニーズに気づき，その情報をチームで共有しながら効果的な発達支援を行う必要性を指摘している。その中で，具体的な方法として小中学生に1人1台配布されたタブレット端末を用い，いじめ被害を受けた子どもが直接，助けを求めることが可能なスタンドバイ株式会社の「STANDBYアプリ」や，子どもの心と体の状況を記録し，相談が必要な教員への相談ボタンがある「シャボテンログ」をあげている。

　タブレット端末やアプリから得られたデータを分析することで，子どもの心身の変化に早期に気づくことが期待できる。しかし，あくまでも教職員と児童生徒の学校における関係づくりが基礎にあることを忘れてはならない。また，校務系のデータと学習系データを組み合わせて分析する際に，児童生徒の何を明らかにするためにどの指標を用いるのか，その指標を用いることは妥当なのか，デジタルデータを活用するために児童生徒や保護者に同意を得ることなど，デジタルデータの活用や分析，個人情報の管理についての教員の倫理観の向上が求められる。

◆◆◆ 3. 幼児教育との接続や小中学校の接続

　生涯発達の観点から児童生徒を支えていくためには，幼保小接続，小中一貫，中高一貫，高大接続といった，学校種間の接続や一貫教育が鍵としてあげられるが，これをどのように理解したらよいのだろうか。生徒指導提要（文部科学省，2022）には，「幼稚園・保育所・認定こども園と小学校（以下「幼保小」という。）の教職員が交流体験や情報交換を通して，幼児がどのように友達のよさや自分のよさ，可能性に気付き，人に対する信頼感や思いやりの気持ちを持てるようになるのか，あるいは，現状での幼児教育や小学校教育の課題がどこにあるのかを，相互理解することが大切です」とある。そして，幼保小の円滑な

接続に向けて，幼児期の終わりまでに育ってほしい姿について，幼保小の教員が共通理解を図ることや，小学校におけるスタートカリキュラムの工夫があげられている。

　しかし，幼保小の円滑な接続の理解には注意が必要である。幼稚園や保育園の生活が，小学校のためにあるわけではないという点である。幼稚園や保育園は，幼児期の子どもたちの発達を保障し，日々の生活を充実したものにする場である。子どもの「今」を充実させることを通して，1日1日をよく生きることを応援しているのが保育であり（川田，2019），それを積み重ねた先にあるのが子どもの社会的自立である。小学校1年生は1年かけて1年生になる（芳賀，2022）とあるように，幼保と小学校が対等な関係のもと，教職員，保護者，子どもたちが一緒に小学校1年生の教育課程をつくっていく必要がある。

　このような接続の問題のもう1つの例として，小学校と中学校の円滑な接続を目的とする小中一貫教育がある。小中一貫教育の例として，学年区切りを4-3-2制にし，小学生と中学生が同じ校舎で学ぶ義務教育学校がある。そこでは小学校高学年から定期試験導入や教科担任制を導入する取り組みが見られる。小学校高学年に少しずつ中学校文化を前倒しし，小学校と中学校の環境の違いによる段差を小さくすることで，円滑に中学校へ接続させようという意図が小中一貫教育にはある。しかし発達的に見ると，小学校と中学校には，児童期と青年期という発達の節目が存在する。小中一貫教育によって小学校と中学校の環境の違いによる段差を小さくしても，この発達の節目はなくならない。児童期の発達を保障するためには，小学生が最上級生として小6の誇りを持てる学校環境が必要である（金子，2021）。小学校の生活は中学校のためにあるわけではない。小学生の「今」の生活が充実していく学校環境づくりが必要である。

　幼児期，児童期，青年期の各発達段階における発達を保障できる環境があり，その中で子どもが，他者に見守られ・他者に頼れる安全な環境の中で初めて，児童生徒は自立に向かっていける。児童生徒の今の生活が充実できる環境づくりが生徒指導のための基礎となる。

6　生徒指導の実践に向けて

　生徒指導の定義と目的，そしてその構造に基づき，生徒指導の実践を考えることができる。しかし，ある教育実践が，一部の児童生徒の自己実現を妨げることがあってはならない。目の前の児童生徒の個性や学級の様子に合わせて試行錯誤し，その実践を工夫していくことが求められる。

　また，生徒指導の実践のためには，第一に教員自身の自己理解と自己研鑽，そして職場における同僚性の構築が必要である。協働的な職員室づくりと同僚性の構築によって，児童生徒の自己実現をサポートできる教育実践が可能となることを教職員間で共有する必要がある。

第 2 章
生徒指導と教育課程

1 はじめに

◆◆◆ 1. 生徒指導提要における教育課程

　生徒指導と教育課程という言葉の組み合わせに違和感を覚える読者も少なくないだろう。何を隠そう，実は著者も違和感を覚えてしまったひとりである。そもそも教育課程とは「学校教育の目的や目標を達成するために，教育の内容を生徒の心身の発達に応じ，授業時数との関連において総合的に組織した各学校の教育計画」（文部科学省，2022）のことであり，いわゆる「授業」を通して実行されるものである。そのため，「教育課程＝学習指導」というイメージが先行してしまい，生徒指導の文脈の中で語られることに違和感を覚えさせる要因となっているようだ。

　この違和感を解消する方法は，生徒指導の定義をアップデートすることである。第1章に示されているとおり，生徒指導とは「児童生徒が，社会の中で自分らしく生きることができる存在へと，自発的・主体的に成長や発達する過程を支える教育活動」のことである（文部科学省，2022）。生徒指導の一般的なイメージとされる「児童生徒の問題行動（遅刻や暴力行為など）に対する厳しい指導」というニュアンスはなきに等しい。すなわち，これまでの生徒指導（＝厳しい指導）という既有知識が，違和感を覚えさせる第一の要因となっていることがわかる。したがって，「生徒指導＝問題行動への厳しい指導」との認識を改めることが第2章の内容を理解するための第一歩となる。生徒指導が児童生

徒全員を対象とした発達を支える教育活動であることを再確認し，すべての教育的活動が生徒指導となり得るという意識を持って，以降の内容を読み進めてほしい。

◆◆◆ 2. 常態的・先行的生徒指導としての教育課程

　生徒指導に関して，もう1つ強調すべき点は，教育課程は「常態的・先行的生徒指導」として実践されるということである。この言葉をかみ砕いて説明すると，まず「常態的（生徒指導）」という言葉は，「常日頃から指導する」という意味である。そして「先行的（生徒指導）」という言葉は，「問題が起こる前に指導する」という意味である。第1章の2軸3類4層構造による重層的支援構造（本書p.7）で説明したとおり，このような指導はすべての児童生徒に必要である。したがって，これらの指導を効率よく実施するうえでは，学校や学年，そして学級という集団単位での指導が基本となる。すなわち，常態的・先行的生徒指導はすべての児童生徒を対象とした集団指導であり，その中で教育課程における指導計画は日々常態的に実行されるということになる。

　常態的・先行的生徒指導が重要であることはいうまでもない。それは，集団教育としてこれらの生徒指導を行うことで，特定の児童生徒に起こり得る困難な課題（いじめや不登校など）の予防のみならず，児童生徒一人ひとりの成長をうながし，積極的な発達支持を実現させるからである。そして，児童生徒が成長を遂げているならば，それが教員や児童生徒間における教育的活動において好循環を生み出すだろう。活発な児童生徒の取り組みは，教員の教育への動機づけを高め，さらに質の高い教育実践，すなわち児童生徒の発達を支える指導の充実につながるのである。一方で，逆の場合を考えてみよう。困難な課題に直面した児童生徒への対応は高いコストを払う必要があるが，学校や教員の体力には限界がある。すなわち，困難課題対応的生徒指導を必要とする児童生徒が多い場合は，学校や教員が疲弊してしまい十分な指導が行き届かなくなってしまうのである。そしてそれが新たな生徒指導上の課題を生み，教育課程における生徒指導が停滞するという悪循環を生み出しかねない。

第 1 部　生徒指導の基本的な進め方

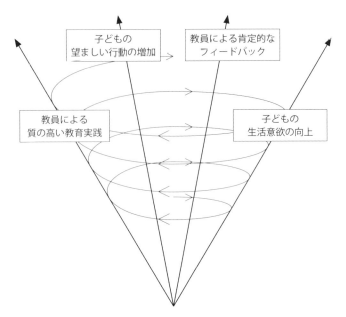

図 2-1　生徒指導における循環スパイラルモデル

　常態的・先行的生徒指導は，教員と児童生徒間における教育的活動の好循環を生み出すだけではなく，悪循環をも未然に防いでいる。図2-1に示したとおり，集団指導を基本とする常態的・先行的生徒指導を実施することを通して，教育課程の好循環が生み出されていくのである。したがって，重層的支援構造モデルにおける4層にまたがる生徒指導は，それぞれが独立しているわけではなく，連続したものとして理解する必要がある。

　ここまでの話をまとめると，教育課程における教育実践は，集団で行われる常態的・先行的生徒指導が基本となる。この内容を理解したという前提で，本章では，その教育課程について，あくまで集団指導の常態的・先行的生徒指導という位置づけの中で，生徒指導提要の考え方に沿って説明をしていく。以下に，教育課程を構成する学習指導とアクティブラーニングの教育的位置づけ，教科の指導，道徳教育，総合的な学習の時間，そして特別活動の生徒指導上の教育的役割について1つずつ整理していこう。

2　児童生徒の発達を支える教育課程

◆◆◆ 1．生徒指導と学習指導の一体化

　教育課程における計画や実践にあたっては，学習指導と生徒指導を分けて考えるのではなく，相互に関連づけていくことが求められている。これを「生徒指導と学習指導の一体化」という。具体的には，授業などの学習指導の中でも常に生徒指導の場であることを意識し，実際にその指導を行うことである。したがって，現場の教員には，授業の中で教員と児童生徒の信頼関係の構築や，児童生徒同士の人間関係を形成するような働きかけが求められる。すなわち，授業はすべての児童生徒を対象とした発達支持的生徒指導の場ととらえていく必要がある（中村，2023）。

　この中でとくに留意すべきことは，日本の学級が生活集団と学習集団の両方の機能を持っているということである。したがって，適切な学級（ホームルーム）経営が欠かせない。たとえば河村・武蔵（2008）は学級集団の状態と学力との関係を調査した結果，学級に満足度の高い児童生徒が多く所属する場合，知能検査から推定される学力よりも高い学力を示す児童生徒（オーバーアチーバー）が多いことを明らかにしている。この結果をもって，よい学級（ホームルーム）経営ができていれば学力が上がるという単純な解釈は控えるべきだが，よい学級経営が学級内の児童生徒の人間関係を成熟させ，質の高い授業が可能になった結果と理解することはできる。現在，わが国で推奨されているアクティブラーニングの指針でもある「主体的・対話的で深い学び」も，その素地としてよい学級がなければ実現することは不可能だろう。

　学習指導要領の総則によれば，児童生徒の発達を支える視点に立つことが重要視されており，①学級（ホームルーム）経営の充実，②生徒指導の充実，③キャリア教育の充実，④個に応じた指導の充実，が教育目標として掲げられている。これらはどれも重要な視点ではあるが，このような総則からも児童生徒の自己実現に向けた生徒指導が，学習指導と一体となって行われることの必要

性を見て取ることができる。その中で，学習指導要領の主旨にある「個別最適な学び」や「協働的な学び」を実現していくためにも，発達支持的生徒指導がその要となっている。また，学習指導を担う教員が同時に生徒指導の主たる担い手にもなり得るのが日本型学校教育の特徴である。この特徴を最大限に活かすためには，授業とそれ以外の活動においても教員として一貫した指導態度を示すことが重要である。たとえば，生活指導の場面では児童生徒の逸脱行動を見逃す教員が，授業場面においては積極的な指導を行っていたとしたらどうだろうか。おそらく，そのような教員は，児童生徒からの信頼が得られず，生徒指導もうまくいかないだろう。

◆◆◆ 2. 児童生徒の発達を支えるアクティブラーニング

　ここ数年にわたって学校現場で取り組まれているアクティブラーニングは「学習指導と生徒指導の一体化」を目指した授業形態といっても過言ではない。アクティブラーニングとは，これまで多かった教員の一方的な講義形式の授業ではなく，児童生徒自身の主体的な参加を取り入れた教育方法の総称である。具体的には，グループディスカッションやディベートを通して児童生徒自らが調査したり発表したりしながら課題解決に取り組んでいく授業形態によりアクティブラーニングは実践されていく。

　このアクティブラーニングの中で目指されているのが「主体的・対話的で深い学び」の育成である。主体的な学びとは，学ぶことに興味や関心を持ち，自らが学習の主体となり次の学習につなげていくことである。対話的な学びとは，他者との協働や地域の人との対話などから自分の考えを広めることである。そして深い学びとは，学びの過程の中でさまざまな見方や考え方を身につけながら，自身の知識を構築していく中で学びを深めていくことである。このような学びを実現させるためには，教員による深い学びをうながす問いの発信や対話場面の工夫が必要である。したがって，アクティブラーニングを構成する活動をうまく活用することによって，児童生徒の主体性や他者と関わりともに学んでいく力，そしてその中で育まれる深い学びをうながす機会を提供することが

できるのである。実際に，アクティブラーニングを通して，児童生徒の人間関係力や共感性の育成が可能である（関田・渡辺, 2016）。このことから，アクティブラーニングは生徒指導における常態的・先行的指導としての機能も果たしていることがわかる。

アクティブラーニングが教育現場において強調されるようになった転換期は中央教育審議会（2012）の答申である。これは，従来型の受動的な教育の場では，生涯にわたって学び続ける力や主体的に考える力を持った人材は育成できないとの大学教育の問題について指摘を受け，小学校から高等教育までをも巻き込んだ授業改革であるともいわれている（安永ら, 2016）。この背景には急速に進んでいるグローバル化やAI技術の発展が大きく関係しており，これからの時代に，どのような資質や能力が求められるかは不透明な部分が大きい。今後どのような資質や能力が社会から求められるかは断言できないものの，アクティブラーニングで目指されている「主体的・対話的で深い学び」は，これからを担う子どもたちが身につけるべき資質・能力の最大公約数といえよう。そして，アクティブラーニングによって，子どもたちが将来を生き抜くうえで必要となる力を身につけられることが期待されており，その目的は生徒指導の理念と合致しているのである。

◆◆◆ **3. 教科指導と生徒指導**

学習指導が生徒指導と一体となって行われることの意義については先に述べたが，教科指導においてもその理念は変わらない。教科指導はすべての児童生徒を対象とした発達支持的生徒指導の場である。その中で以下の4つが求められている。それらは，①自己存在感の感受を促進する授業，②共感的な人間関係を育成する授業，③自己決定の場を提供する授業，④安全・安心な「居場所づくり」に配慮した授業である（文部科学省, 2022）。これらの観点はあくまで授業という集団指導として意識される必要があるが，これに加えて個に応じた指導も充実させていく必要がある。児童生徒一人ひとりの興味関心，学習意欲，授業の理解度に個人間差が出るのは当然のことであり，教科指導においても指

導の個別化を意識していくことが重要である。とくに，令和の日本型学校教育について言及した中央教育審議会（2021）の答申では，「指導の個別化」に加えて「学習の個性化」が強調され，児童生徒自身の学習が最適となるよう調整することの必要性が示されている。そして，これらを学習者の視点から整理した概念として「個別最適な学び」がうたわれ，これまで以上に児童生徒のつまずきや理解の程度の把握に努め，個々の実態に応じた指導をすることや，彼らが主体的に学ぶことができるように支援していくことの重要性が明示されている。

その中で，大きな期待を寄せられているのが，ICT教育である。ICT教育は，通信技術を活用した教育であり，現在わが国では，文部科学省が提要するGIGAスクール構想の中で，児童生徒に対してパソコンやタブレット端末が配布され，ICTを導入した学習が展開されている。ICT教育では，教員はパソコンやタブレットを利用することで効率的な授業が可能になり，個別の学習プログラムのコンテンツを通して児童生徒の学習状況に合わせた指導ができるようになる。また，さまざまな学習に係るデータ（学習記録，成績，提出物）を収集することで，児童生徒一人ひとりのアセスメントも行えるようになるという利点がある。教科指導は授業という集団指導の中で行われるが，児童生徒一人ひとりの学習ニーズに応えるためには，集団指導の中での個別指導が大切であり，それを実現させる1つの手段としてICTの活用が望まれている。

◆◆◆ 4. 道徳教育における生徒指導

学校教育における道徳教育は，自己の生き方を考え，主体的な判断のもとに行動し，自立したひとりの人間として他者とともによりよく生きるための基盤となる道徳性を養うことを目的とする教育活動である（文部科学省，2017a）。一方で先に述べたように，生徒指導は「社会の中で自分らしく生きることができる存在へと，自発的・主体的に成長や発達する過程」を援助することを目的としている。2021年度に実施された道徳教育実施状況調査（文部科学省，2021）によると，小中学校に対して道徳科の授業を実施するうえでの課題について回答を求めた結果，「話合いや議論などを通じて，考えを深めるための指導」や

「物事を多面的・多角的に考えるための指導」などの生徒指導の課題とも通ずる内容が上位にあげられている。一方で，「道徳的価値の理解を自分との関わりで深めるための指導」も課題とされている。これは道徳の授業で学んだことが授業内にとどまってしまい，日常生活への汎化が課題として指摘されたものといえよう。したがって，道徳教育で培った道徳性を，児童生徒自身が日常生活の中で実践できるよう援助していくことが生徒指導の役目となる。この意味においても，道徳教育と生徒指導の一体化が目指されていることが理解できる。

　道徳教育においては，授業の中で児童生徒の悩みや生徒指導上の問題（たとえば，いじめやインターネットでのトラブル）が取り上げられることがあり，それをひとりではなく同年代の仲間と議論を通して道徳的価値を共有していくことに大きな意味がある。そして，困難な課題に対する予防だけではなく，児童生徒自身が発達段階において直面する課題を自ら克服できるよう，援助していくことが重要である。

　近年，対人関係のトラブル，いじめ問題などの生徒指導上の課題に現場の教員は，その対応に追われがちである。したがって，上記の問題を未然に防ぐ「課題予防的生徒指導」としての道徳性の育成は必要不可欠である。そして「発達支持的生徒指導」の文脈において教育的活動の好循環を生み出すためにも，道徳科の授業は重要な科目の1つであることに疑いの余地はない。

◆◆◆ 5. 総合的な学習（探究）の時間における生徒指導

　総合的な学習（探究）の時間の目標は，探究的な見方・考え方を働かせ，横断的・総合的な学習を行うことを通して，よりよく課題を解決し，自己の生き方を考えていくための資質・能力を育成することである（文部科学省，2017b）。そしてその中で，探究的な見方や考え方を身につけ，これまで学んだ内容を実生活と結びつけて課題に取り組むことが目指されている。総合的な学習（探究）の時間において目標とされている児童生徒の学習の姿を図2-2に示した。

　総合的な学習（探究）の時間の目標は，生徒指導の「社会の中で自分らしく生きることができる存在へと，自発的・主体的に成長や発達する過程を支える」

第 1 部　生徒指導の基本的な進め方

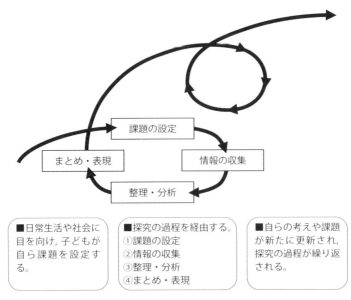

図 2-2　総合的な学習（探究）における児童生徒の学習の姿（文部科学省，2017bを一部改変）

という考え（文部科学省, 2022）につながっており，積極的に社会に参画する態度の育成が目指されている。そして教員には，総合的な学習（探究）を通して，①探究的な見方・考え方を働かせること，②横断的・総合的な学習を行うこと，③よりよく課題を解決し，自己の生き方を考えていくこと，を児童生徒が身につけられるよう，援助していくことが求められる。児童生徒が主体的に学んでいる場合は，その主体性を尊重し温かく見守っていく必要がある一方で，学習活動が停滞している場合には積極的な指導が求められる。容易に解決が見いだせない複雑な課題に対して，児童生徒が探究できるよう寄り添う姿勢が求められるだろう。

　総合的な学習（探究）の時間を充実させるためには，学習課題の設定が重要になる。実際には，「国際理解」「情報」「環境」「福祉・健康」「地域の人々の暮らし」「伝統と文化」「防災」など多様なテーマが扱われている。そして，年次計画の中で，課題の発見や情報収集，分析，表現という機会を設定し，児童生

徒の主体性や自発性を育んでいくのである。実際に，総合的な学習（探究）の時間において，課題の設定からまとめ・表現に至る探究の過程を意識した指導を実践することによって，国語や算数などの学力が向上する成果も報告されている（国立教育政策研究所, 2014）。

◆◆◆ 6. 特別活動における生徒指導

　生徒指導提要において，「特別活動は，生徒指導の目的である『児童生徒一人一人の個性の発見とよさや可能性の伸長と社会的資質・能力の発達を支える』ことに資する集団活動を通して，生徒指導の目的に直接迫る学習活動である」と記されている（文部科学省, 2022）。集団や社会の形成者としての見方・考え方を働かせ，さまざまな集団活動に自主的，実践的に取り組み，互いのよさや可能性を発揮しながら集団や自己の生活上の課題を解決することを通して，次の3つの資質能力の育成が目指される。それらを要約すると，①多様な他者や集団と関わる意義を理解し，行動の仕方を身につけること，②集団や自己の生活の中で合意形成や意思決定の仕方を学ぶこと，③他者と関わることを通して，自己実現を図ろうとする態度を身につけること，である。これらの資質能力を育成するうえで，具体的には，学級（ホームルーム）活動，児童会や生徒会活動，学校行事などを有効に活用することができる。

　学級（ホームルーム）活動では，所属する集団を自分たちの力によって円滑に運営することを学ぶことができる。授業や生活の様子の目標を自分たちで決め，実際にそれができたかどうかを振り返ることで，実際に運営する力を育んでいく。また，学級の問題点などを共有させ，どのように解決することができるかなどの話し合いを通して，学級活動に係る児童生徒の主体的な態度を養っていくことが目指される。その際，安心で安全な活動ができるようにするためには，集団活動のルールを遵守させ，学級に所属する児童生徒一人ひとりが存在感を感じられるように指導していくことが重要である。学級（ホームルーム）活動は学校生活の基盤づくりであり，これによって円滑な授業などが可能になることから，重要な発達支持的生徒指導の場になり得るだろう。

児童会・生徒会活動は，全校の児童生徒の代表者で組織する異年齢集団であり，学校全体の運営に関する学びを得ることができる。日常的に触れ合う学級集団や学年集団の人間関係を越えた関わりを通して，学校生活の諸問題の解決に取り組んでいくが，より大きな集団として役割を担いながら協力し合う態度や学校全体の運営に係る主体的な態度を学ぶ機会といえる。とくに，児童会や生徒会の代表には適切なリーダーシップが求められ，この活動を通して学校全体を児童生徒自らが運営していこうとする態度が育まれるだろう。

　学校行事では，学校全体で行われる文化的行事，運動会，遠足や修学旅行など，普段の生活や教科などの学習では経験することができない学びを得ることが期待されている。そして，学校行事は新たな人間関係が形成されたり，学校生活の諸活動に対する意欲を高めたりするきっかけにもなり得る。生徒指導の側面から考えると，学校行事で得た経験をいかにして日常生活に結びつけていくかが教育上の課題となるだろう。

3　本章のまとめ

　学校に係るすべての活動は生徒指導の一部である。一見，乱暴に見えてしまう結語かもしれないが，この意味が理解できたならば，読者は第2章を深く理解できたといえよう。その一方で留意しなければならないことは，学校に係るすべての活動にはそれぞれ主となる目標があるということである。教科指導ならば，学習計画に沿ったその教科・単元での理解が目指されるべきであるし，その他，総合的な学習（探究）の時間，道徳の時間なども然りである。筆者が考える生徒指導提要の重要なメッセージは，「教育実践では，それぞれの活動の目標を達成しようとする中で，生徒指導の一環として児童生徒に働きかけることのできることは積極的にしていこう」ではないだろうか。そして，そのような機会は今まで意識してこなかっただけであり，日常生活にありふれているように思われる。それらを意識して指導することによって，初めて生徒指導と教育課程の一体化を実現することができるのである。

第3章 チーム学校による生徒指導体制

1 はじめに

　第1章と第2章では，生徒指導の概要と，学校における生徒指導の位置づけについて説明した。生徒指導を実際に進めるにあたっては，児童生徒とどのように関わるかがポイントとなる。本章では，生徒指導の中核的テーマである教育相談について，その位置づけや基本的な考え方について概観する。また，次章以降で詳説される生徒指導的課題に取り組む際，教員一人ひとりの力ではどうしても限界があるが，異なる専門性を有する多様なメンバーが協働することでさまざまな課題を乗り越えることができる。こうした「チーム学校」をつくり上げるために必要な関係者・関係機関との連携のあり方，そして学校における危機とその対応についても，本章で概説する。

2 生徒指導と教育相談

　生徒指導提要では，生徒指導とは「児童生徒が，社会の中で自分らしく生きることができる存在へと，自発的・主体的に成長や発達する過程を支える教育活動のこと」と定義され，「児童生徒一人一人の個性の発見とよさや可能性の伸長と社会的資質・能力の発達を支えると同時に，自己の幸福追求と社会に受け入れられる自己実現を支えること」を目的としている（文部科学省，2022）。この目的を達成するために，教育相談は「生徒指導の一環として位置付けられる

ものであり，その中心的役割を担うもの」とされている（文部科学省，2022）。つまり，教育相談は生徒指導の中に含まれ，その中核を担う概念である。このことを念頭に，生徒指導と教育相談の基本的な考え方と活動の体制について考える。

◆◆◆ 1. 生徒指導の基本的な考え方と活動の体制

　いじめや不登校，児童虐待など，教育現場で次から次へと起こるさまざまな課題への対応に加え，Society 5.0実現のためのIT人材やグローバル人材の育成，OECDが提唱する非認知的能力の涵養，近年では新型コロナウイルス感染症流行に対応する形でGIGAスクール構想の急速な進展といった，社会のニーズに応えるための教育制度や体制の整備が求められている。それに対し，小学校における「外国語」や高等学校における「情報」の必修化など，その都度努力が行われてきたが，こうした多様な要請に対し，すべてを教員が担うのは限界がある。

　そこで最近では，学校におけるさまざまな業務や課題に対し，校内・校外の多様な専門家が1つのチームとなって取り組むことの重要性が指摘されている。これが「チーム学校」の考え方である（図3-1）。2015年に取りまとめられた中央教育審議会答申によると，「チーム学校」は「校長のリーダーシップの下，カリキュラム，日々の教育活動，学校の資源が一体的にマネジメントされ，教職員や学校内の多様な人材が，それぞれの専門性を生かして能力を発揮し，子供たちに必要な資質・能力を確実に身に付けさせることができる学校」と定義されている（中央教育審議会，2015）。その実現のために，①専門性に基づくチーム体制の構築，②学校のマネジメント機能の強化，③教職員一人ひとりが力を発揮できる環境の整備の3点に沿って施策を講じることの重要性を指摘している。[*1]

　こうしたチーム学校による生徒指導を行うためには，校内の生徒指導部の存

＊1　生徒指導提要では，この3点に加えて④教職員間に「同僚性」を形成すること（学校という職場における人間関係のありよう）をあげている。

第3章　チーム学校による生徒指導体制

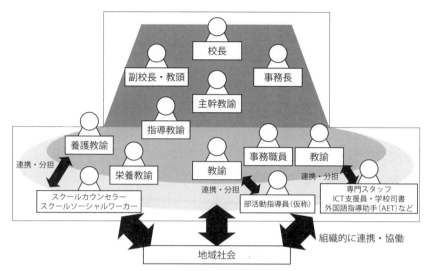

その他，原典には図示されていないが，チーム学校には以下のスタッフも含まれる。
- 医療的ケアを行う看護師等
- 特別支援教育支援員
- 言語聴覚士（ST），作業療法士（OT），理学療法士（PT）などの外部専門家
- 就職支援コーディネーター
- 地域連携を担当する教職員

図3-1　チームとしての学校（中央教育審議会，2015より作成）

在が重要となる。生徒指導部は，進路指導部や教務部，保健部などとともに，校務分掌の1つである。生徒指導主事を中心に，各学年の教員や養護教諭，スクールカウンセラーやスクールソーシャルワーカーをメンバーとした校内委員会である。その役割は，生徒指導の取り組みの企画・運営やすべての児童生徒への指導・援助，問題行動の早期発見・対応，関係者などへの連絡・調整などである（文部科学省，2022）。こうした役割を果たすため，生徒指導体制は校長をトップとして，各学年主任や各主事（進路指導主事や保健主事など），教育相談コーディネーターや特別支援教育コーディネーターと横断的に連携することが必要となる。たとえば，不登校児童生徒への援助であれば，遅刻や欠席の具体的な状況が保健主事のもとで取りまとめられる。学年主任のもと，児童生徒の欠席状況が学年内で共有され，学級内や学級間のトラブルがないかの確認と見守りが行われる。子どもの欠席を不安に感じた保護者がカウンセリングを申し

35

込んだ場合には教育相談コーディネーターが調整のうえ，スクールカウンセラーが対応する。背景に発達障害や知的発達の遅れが疑われる場合には特別支援教育コーディネーターが関わり，必要に応じて専門機関におけるアセスメントを検討することもある。不登校の背景として家庭の経済的困窮や保護者の精神疾患など，福祉的援助を必要とする場合には，スクールソーシャルワーカーの出番となる。このように，1つの事例でも多角的に情報収集を進めるとともに，各関係者の専門性を活かした児童生徒理解と支援を行うことが求められる。

　こうした体制を築くためには，あらかじめ学校全体の生徒指導の方針を明確にし，それを教職員全体で共有すること，そして研修などを通じ，折に触れて方針の確認や技術の向上に努めることが必要である。こうした方針の策定や研修機会の提供もまた，生徒指導部の職務の1つである。

◆◆◆ 2. 教育相談の基本的な考え方と活動の体制

　教育相談とは，「一人一人の児童生徒の教育上の諸課題について，本人又は保護者などにその望ましい在り方について助言をするもの」である。生徒指導が「主に集団に焦点を当て，学校行事や体験活動などにおいて，集団としての成果や発展を目指し」ているのに対し，教育相談は「主に個に焦点を当てて，面接やエクササイズ（演習）を通して個の内面の変容を図ることを目指し」ている（文部科学省，2022）。この点については最新の学習指導要領においても同様の記述がある（一例として，中学校学習指導要領をあげる：文部科学省，2018，pp. 166–167）。

> 　学校生活への適応や人間関係の形成，進路の選択などについては，主に集団の場面で必要な指導や援助を行うガイダンスと，個々の生徒の多様な実態を踏まえ，一人一人が抱える課題に個別に対応した指導を行うカウンセリング（教育相談を含む。）の双方の趣旨を踏まえて指導を行うこと。

　生徒指導提要では，教育相談に向かう教職員の姿勢として，以下の3点が求

められている（文部科学省, 2022）。

　①指導や援助の在り方を教職員の価値観や信念から考えるのではなく，児童生徒理解（アセスメント）に基づいて考えること。
　②児童生徒の状態が変われば指導・援助方法も変わることから，あらゆる場面に通用する指導や援助の方法は存在しないことを理解し，柔軟な働きかけを目指すこと。
　③どの段階でどのような指導・援助が必要かという時間的視点を持つこと。

　再び，不登校を例にとって説明しよう。学校へ登校しなくなった児童生徒がいたとして，教員であるあなたはどう感じるだろうか。もしあなたが「学校へは（当然）毎日登校するものだ」という価値観を持っていたとしたら，学校に登校しないということに対して「罪」にも近い感覚を抱くのではないだろうか。一方で，保護者の休日が不規則で，家族団らんの時間を持てるのが平日だけであったら，どうだろうか。教職員の立場ではなく，児童生徒の立場に立ち，理解を深めることは指導や援助の基本である。また，同じ不登校であっても，自身が置かれた状況に対する認識は人それぞれである。学校を休んでいることに対して抱く罪悪感の度合いも，再登校に対する意欲も，不登校時の過ごし方も，まったく異なる。それゆえ，「不登校の子どもには友達にプリントを届けさせたり，教員が積極的に家庭訪問するのがよい」と一義的に決めつけることは適切とはいえない。さらに，ずっと同じ関わりをしていればよいというわけでもない。不登校が始まってすぐの時期と学年末においては，（刺激を減らしてゆっくり休ませる時期なのか，次年度に向けた種まきをする時期なのか，といったように）目的に応じて働きかけの種類や方法も変わり得る。時折，「うつ病の人に『頑張って』と言ってはいけない」という言説が聞かれるが，相手の置かれた状況や援助の時期によっては，相手の背中を押すことも重要な援助となり得る。時に専門家に援助を求めつつ，児童生徒一人ひとりの特徴やニーズ，時期に合わせた適切な対応を行っていく必要がある。

◆◆◆ 3. 生徒指導と教育相談

　生徒指導と教育相談のそれぞれの目的を達成するためには，両者が一体となった支援を行うことが重要である。たとえば，いじめであれば，その加害者に対しては生徒指導の側面が重要となる。指導に基づき，再びいじめが起こらないように努めなければならない。一方で，被害者の心の傷に配慮しながら，被害者の今後のニーズを聞き取る際には，カウンセリングの理論や方法論に基づいて受容や傾聴を心がける必要がある。あるいは，加害者のほうも何らかの傷つきを抱え，その発散を目的としていじめを行っていたのであれば，加害者に対しても教育相談的な関わりが必要となる。そして，そもそもいじめが起こらないような学級をつくるために，いじめ予防教育のような課題予防的生徒指導（第1章参照）を日常的に行っていることが，クラス運営の前提として求められる。冒頭で述べたとおり，教育相談は生徒指導の一環であり，かつその中心的役割を果たす。

3　生徒指導と法制度

　学校教育に関連するさまざまな法律が，日本国憲法や国際条約のもとに規定されている。最近では，日本国憲法や子どもの権利条約（児童の権利に関する条約）に基づき，こども基本法が成立（2022年6月）・施行（2023年4月）した。こうした諸法律の解説は以降の各章に譲り，ここでは校内の「内規」とも呼べる校則や，児童生徒に対して行われる指導について説明する。

◆◆◆ 1. 校則

　学校には「校則」と呼ばれるルールが存在する。そもそも校則は，「児童生徒が遵守すべき学習上，生活上の規律として定められ（中略），児童生徒の発達段階や学校，地域の状況，時代の変化等を踏まえて，最終的には校長により制定

表3-1 不登校の原因として「学校のきまり等をめぐる問題」をあげた児童生徒数（文部科学省, 2023 より作成）

		小学校	中学校	高等学校
主たるもの	（人）	786	1315	514
	（％）	0.7	0.7	0.8
主たるもの以外にも当てはまるもの	（人）	810	1285	293
	（％）	0.8	0.7	0.5

注）数値は国公私立学校の合計。高等学校の数値は全日制と定時制の合計。

されるもの」（文部科学省, 2022）とされる。校則をめぐっては，校則違反とそれに対する行き過ぎと思われる指導の結果，児童生徒の生命を奪うような事件に発展したケースや，社会的に注目されるような裁判がいくつも行われてきた経緯があり，近年，校則に関するさまざまな社会的議論が活発に行われるようになった。その背景には，服装はもとより，所持品や髪型，ひいては下着に関する規定など，今日の社会のルールや慣習と著しく乖離した古典的校則が残存していて，それらが児童生徒の人権を侵害しているとの指摘があること，実際に校則に関連した不登校などの事案が多く発生していること（表3-1）があげられる。文部科学省は2021年6月，「校則の見直し等に関する取組事例について」の中で，「教員がいたずらに規則にとらわれて，規則を守らせることのみの指導になっていないか」，また「校則の指導が真に効果を上げるためには，その内容や必要性について児童生徒・保護者との間に共通理解を持つようにすることが重要」であると説明している（文部科学省, 2021）。

こうした状況を受け，各学校では校則の見直しや改訂が急ピッチで行われるようになった。その中で，児童生徒を参画させ，さまざまな議論を通して，主体的に決定できることが重要となる。また，改訂された校則を学校のホームページなどで広く一般に公開している学校も増えている。入学予定の児童生徒やその保護者，地域に向けて発信することも，後述する「開かれた学校」づくりとして学校側に求められる姿勢の1つである。

◆◆◆ 2. 懲戒と体罰，不適切な指導

児童生徒の懲戒は，学校教育法第 11 条に，次のように定められている。

> 校長及び教員は，教育上必要があると認めるときは，文部科学大臣の定めるところにより，児童，生徒及び学生に懲戒を加えることができる。ただし，体罰を加えることはできない。

また，学校教育法施行規則第 26 条に詳細な規定があり，懲戒のうち，退学，停学および訓告の処分は校長が行う。このうち退学については，市町村立の小中学校，特別支援学校を除き，①性行不良で改善の見込みがないと認められる者，②学力劣等で成業の見込みがないと認められる者，③正当の理由がなくて出席常でない者，④学校の秩序を乱し，その他学生または生徒としての本分に反した者，のいずれかに該当する児童等に対して行うことができる。また，市町村の教育委員会は，児童が①他の児童に傷害，心身の苦痛または財産上の損失を与える行為，②職員に傷害または心身の苦痛を与える行為，③施設または設備を損壊する行為，④授業その他の教育活動の実施を妨げる行為，の 1 つ以上をくり返し行うなどの性行不良があり，他の児童の教育に妨げがあると認める児童の保護者に対し，出席停止を命ずることができる（学校教育法第 35 条）。

ただし，退学や停学といった懲戒処分は，ともすると処分を受ける児童生徒の学習する権利を奪うことにつながりかねず，懲戒処分を不服とした裁判事例も存在する。背景には，どのような行為が懲戒に該当するのかが曖昧であることが考えられる。文部科学省より 2013 年に出された「体罰の禁止及び児童生徒理解に基づく指導の徹底について（通知）」では，懲戒として，上述の退学・停学・訓告の他，児童生徒に肉体的苦痛を与えるものでない限り，通常，懲戒権の範囲内と判断されると考えられる行為として，注意，叱責，居残り，別室指導，起立，宿題，清掃，学校当番の割り当て，文書指導などがあげられている（文部科学省，2013）。ただし，これら指導に関しても，いたずらに児童生徒の不安やストレスを喚起するものであってはならない。生徒指導提要では，不

表 3-2　不適切な指導と考えられ得る例（文部科学省，2022 より作成）

- 大声で怒鳴る，物を叩く・投げるなどの威圧的，感情的な言動で指導する
- 児童生徒の言い分を聞かず，事実確認が不十分なまま思い込みで指導する
- 組織的な対応をまったく考慮せず，独断で指導する
- ことさらに児童生徒の面前で叱責するなど，児童生徒の尊厳やプライバシーを損なうような指導を行う
- 児童生徒が著しく不安感や圧迫感を感じる場面で指導する
- 他の児童生徒に連帯責任を負わせることで，本人に必要以上の負担感や罪悪感を与える指導を行う
- 指導後に教室にひとりにする，ひとりで帰らせる，保護者に連絡しないなど，適切なフォローを行わない

適切な指導と考えられ得る例として，表 3-2 のような指導をあげている。児童生徒に怪我を負わせるなどの明らかな体罰に加え，心理的な傷つき体験とならないように十分留意するとともに，指導後におけるフォローについても配慮する必要がある。

4　家庭・地域・関係機関などとの連携

◆◆◆ 1.　家庭との連携

　児童生徒にとって，生まれてから多くの時間を過ごしてきた場所であり，また在学時には 1 日の半分を過ごす場所という点で，家庭は児童生徒の人格形成や発達において決定的な役割を果たす。それゆえ，家庭と学校の連携は不可欠であり，学校教育に対する保護者の理解と援助は非常に重要となる。一般的な保護者との接点としては，学校が発行するお便り（学校・学年・学級便りなど），保護者会，保護者面談，PTA や学校行事などがあげられる。その他，怪我や事故などのトラブル，体調不良による早退や通院など，懸念事項があったときには，学校から保護者への連絡が随時行われる。

　ただし，夫婦共働き世帯が多くなっている他，最近ではひとり親家庭も増加傾向にある。そのような中で，学校と保護者の接触頻度は減少することが見込まれ，学校からの子どもを通じた手紙の配布や日中の保護者の来校や電話といっ

た，従来のアプローチでは関わりをつくることが難しくなっている。学校によっては，学校便りなどをホームページに掲載している他，学校からの諸連絡も，事前に登録されたメールアドレスやSNSを通じて配信するなど，学校側からの積極的な情報発信が求められている。

　一方で，児童虐待や貧困問題など，家庭での困難が学校に持ち込まれるケースも少なくない。その場合には，校内のスクールカウンセラーやスクールソーシャルワーカーに加え，後述の地域資源を活用したり，関係機関と連携しながら，家庭を支援することも求められる。あるいは，「モンスター・ペアレント」といわれる，学校に対してさまざまな要求や攻撃的な関わりを持つ保護者の存在も指摘されている。学校の教育目標や校則，トラブル発生時の対応方針などについて，事前（できれば入学時）に保護者へ説明し，合意を得ておくことで，不必要なトラブルは回避することが可能である。また，保護者がどのようなニーズを持っているのかについて，可能な限り丁寧に聞き取ることも重要である（教員が気づいていない，児童生徒が抱える困難を解決したいという目的で保護者が強い態度を取っている可能性もある）。それでも解決が困難な場合には，スクールカウンセラーやスクールソーシャルワーカーなどの校内資源，警察やスクールロイヤー（弁護士）などの外部資源を活用し，児童生徒や教職員が安心して過ごせる学校という場を守ることが必要となる。

◆◆◆ 2．地域との連携

　忘れがちだが，学校は地域（コミュニティ）の中にある。学校の立地が都市部なのか農村部・離島・過疎地域なのかによって，地域の自然環境や産業構造には違いが見られる。それに伴い，そこに住まう家族の様相や地域で暮らす人々の営みも大きく異なる。また，校区内に立地する施設や専門機関の有無によっても，その性質は大きく変わる。近年，学校と地域の連携を強めるため，以下のような取り組みが行われている。[*2]

＊2　本項の内容は，コミュニティ・スクールの在り方等に関する検討会議（2022）に基づいて執筆した。

(1) コミュニティ・スクール

「学校運営協議会」を置く学校のことを，コミュニティ・スクールと呼ぶ。学校運営協議会とは，保護者や地域住民などの意見を学校運営に反映させるための協議や基本方針の承認を行う，学校運営の強化を図るための仕組みであり，①学校運営の基本方針の承認，②学校運営に関する意見，③教職員の任用に関する意見，の3つの権限を持っている。従来は学校評議員制度のもと，「校長の求めに応じ，学校運営に関し意見を述べることができる」（学校教育法施行規則第49条）とされていたが，学校運営協議会には，学校運営の基本方針を「承認」するという権限が付与され，地域との連携が強く求められるようになった。2017年に各校に設置することが教育委員会の努力義務となり，2021年5月時点で全国の公立学校の33.3％に設置されている。上述の権限だけでなく，学校運営協議会はさまざまな機能を有するが，生徒指導上の課題への対応として，たとえば保護者や地域住民などが連携・協働した夜間パトロールの実施や，教育課程の内外で児童生徒が地域ボランティアに参加する取り組みなどを行い，教員の超過勤務時間の減少や補導件数の減少などの成果を上げている。

(2) 地域学校協働活動

地域学校協働活動とは，社会教育法第5条第2項に基づき，学校と地域が連携・協働して行う，学校内外における活動の総称である。具体的な内容を表3-3に示すが，街頭での募金活動や清掃活動などのボランティア活動，収穫体験や植樹などの自然体験活動，キャリア教育の一環で行われる職場体験や地域住民を招いた講演会，通学路での見守り活動などを広く含む。コミュニティ・スクールも地域学校協働本部も，基本的には学校側の現状や課題を地域とともに解決し，地域の発展に寄与するようなシステムである。校長のリーダーシップのもと，学校の目指すべき方向性や課題を地域社会と共有し，問題解決のために地域とともに歩むことが求められている。

表 3-3 地域学校協働活動の例（コミュニティ・スクールの在り方等に関する検討会議，2022より作成）

- 放課後などの学習支援，体験・交流活動（保護者や地域住民などの参画による）
- 授業支援や学校行事などの支援（保護者や地域住民などによる）
- 地域課題解決型の学習（地域関係者の参画による）
- 職場体験（地元企業などの協力による）
- 学校や地域の環境整備活動（地域の協力による）
- 登下校の見守り
- 防災教育・訓練（地域との合同による）
- 社会教育施設（公民館など）が主体となって行う地域活動

◆◆◆ 3. 関係機関との連携

　生徒指導と関連する関係機関は，その指導内容に関連し，多岐にわたる。それぞれの問題や課題における連携の詳細は各章に譲り，ここでは表3-4のとおり，各専門機関とその概要をまとめた。ここにあげたものは専門機関もしくは専門家であるが，「専門」機関だけが関係機関になるとは限らない。地域在住の子どもとその家族に対し，無償もしくは廉価で食事を提供する「こども食堂」や，児童生徒の出入りが多いさまざまな施設（公立図書館や公民館，時には地域の駄菓子屋やゲームセンターなど），地域住民のコミュニティ形成の中心となるような神社仏閣や教会なども，「関係」機関になり得る。各機関がどのような業務を行っているのか，そこではどのような専門家やスタッフが働いて（あるいは関わって）いるのか，各機関でできることとできないことは何なのかといった点を整理しておくことは，連携を行ううえで非常に重要になる。場合によっては，施設が遠方のため，利用可能性が低くなる可能性もある。

　各ケースにはそれぞれ「キーパーソン」となる人物が存在する。地域や専門機関を資源（リソース）ととらえ，各ケースに応じてどのような人々と協働するかが「チーム学校」に基づく生徒指導を円滑に進めるうえで重要となるため，普段からの人間関係づくり，ネットワークづくりが鍵となる。

表 3-4 関係機関とその概要（眞栄城, 2014; 内田, 2020 より作成）

種別	機関名	概要と支援内容
教育機関	教育委員会	各都道府県・市町村に設置され，学校の設置・管理を担う。問題の大きさや深刻さに応じて，支援体制の構築や支援者の派遣を行う
	教育センター	相談室・適応指導教室・学校訪問事業（スクールカウンセラーや相談員）の運営などを行う
	教育支援センター（適応指導教室）	児童生徒の在籍校と連携し，教科指導や体験活動，カウンセリングなど不登校児童・生徒の学校復帰のための援助を行う
福祉機関	児童相談所	児童（18歳未満）とその保護者などに対する各種相談や，児童の一時保護を行う
	福祉事務所	生活保護や障害児者への福祉サービスの提供，手当の給付など，さまざまな福祉政策を提供する
	児童福祉施設	さまざまな理由で家庭で生活ができない児童・生徒が生活する。児童養護施設，児童自立支援施設，障害児入所施設，児童心理治療施設，母子生活支援施設などがある
	発達障害者支援センター	発達障害児者の発達支援，相談支援，就労支援，普及啓発などを行う
	精神保健福祉センター	精神科医や精神保健福祉士，保健師などを配置し，精神科医療や依存症，認知症高齢者など，精神保健全般に関する相談・指導・支援を行う
	民生委員・児童委員	厚生労働大臣に委嘱された委員が担う。地域において，住民の立場から相談に応じ，見回りや登下校の児童生徒の見守りを含め，必要な援助を提供する
司法・矯正機関	警察	児童生徒への指導や補導などに加え，児童生徒が犯罪に巻き込まれないようパトロールを行う
	少年サポートセンター	児童生徒を非行や犯罪被害から守り，非行少年の立ち直り支援の活動を行う
	家庭裁判所	家庭の紛争や児童生徒の問題を扱う。犯罪少年の審判の開催，離婚訴訟における親権問題などの判断，養子縁組の手続きなどを行う
	少年鑑別所	非行児童が事件の審判を行う前に入所する施設。概ね1か月程度の入所期間中に，児童生徒の特性を把握し，家庭裁判所の審判に必要な情報を収集する
医療・保健機関	医療機関	児童生徒のけがや病気に対する治療が行われるほか，精神科や心療内科での薬物療法や心理療法，発達障害の診断が行われる
	保健所・保健センター	医師や保健師による健康相談や保健指導などを行う
その他	相談室	民間や大学附属機関が設置。公認心理師や臨床心理士が心理検査やカウンセリングを行う
	フリースクール	児童生徒の在籍校と連携し，教科指導や体験活動，カウンセリングなどを行う

第 1 部　生徒指導の基本的な進め方

5　学校危機管理

　学校とそれを取り巻く社会では，時に，表 3-5 に示すような事象によって，児童生徒や教職員の安全を脅かすさまざまな課題が発生する。通常の課題解決方法では解決が困難であり，学校の運営機能に支障をきたす事態を「学校危機」という。これに対して，「学校安全」とは，学校保健安全法などの関係諸法令に基づき，児童生徒などが自ら安全に行動し，他の人や社会の安全に貢献できる資質・能力を育成するとともに，児童生徒などの安全を確保するための環境を整えることであり，「生活安全」「交通安全」「災害安全」の 3 領域から構成される。本節では，平常時に行われるリスク・マネジメントと，危機発生時の対応としてのクライシス・マネジメントについて，生徒指導提要に基づいて説明する。

◆◆◆ 1．リスク・マネジメント

　リスク・マネジメントとは，事件や事故の発生を未然に予防し，災害の影響を回避したり，緩和したりするための取り組みである。安全教育では，リスクの種類によって多様な学びを用意する必要がある。たとえばいじめ予防教育では，いじめが重大な人権侵害であること，傍観者が仲裁者としての役割を果たせるようになることが重要であるなどの心理教育を行うとともに，いじめを起

表 3-5　学校安全の 3 領域（文部科学省, 2019 より作成）

生活安全	学校・家庭など日常生活で起こる事件・事故を取り扱う。誘拐や傷害などの犯罪被害防止も含まれる。 例）校内外の侵入者や不審者，体罰や暴力行為，ハラスメント，実験中や体育活動中・課外活動中の事故，調理実習や給食による食中毒，感染症への集団感染など
交通安全	さまざまな交通場面における危険と安全，事故防止が含まれる。 例）登下校中の交通事故など
災害安全	地震・津波災害，火山災害，風水（雪）害などの自然災害に加え，火災や原子力災害も含まれる。

こす衝動となるさまざまなトリガー（加害者側の心理的ストレスや孤独感，妬みや嫉妬，被害者となることに対する回避感情など）をどのようにコントロールするかをディスカッションしたり，架空事例を用いて仲裁者となるためのロールプレイを行うなど，多様なアプローチが存在する。災害安全の教育であれば，災害のメカニズムや危険性についての理解，発災時の安全確保，適切な避難行動，家族との連絡方法といった具体的な対応方法について，取り扱う必要がある。

　また，安全管理では，校内の施設や設備を点検し，事件や事故につながるような箇所の点検や確認を行うとともに，必要に応じて補修や修繕などの改善措置を講ずることが求められる。さらに学校周辺の危険箇所についても，ハザードマップや地域の防災マップなどで理解を深める必要がある。各学校では，学校危機が起こったときに適切に対応できるよう，危機管理マニュアルが作成されている。これは学校保健安全法第29条に定められた，危機管理を具体的に実行するために必要なことがらや手順などを示したものであり，教職員が円滑かつ的確な対応を図るために作成するものである。こうしたマニュアルに基づき，たとえば不審者対応や災害発生時の対応など，実践的な研修が行われる。

◆◆◆ 2. クライシス・マネジメント

　一方で，事件や事故，災害が実際に発生した場合には，事態の終息や心のケアなどの迅速な対応が求められる。簡単な流れを図3-2にまとめたが，危機はいつ起こるか誰にもわからず，インシデント発生時には誰しも慌て，校内は大いに混乱する。また重要なのは，校内で発生した事件や自然災害の場合，教員も被害者となる場合があるということである。教員自身も心の傷を負っており，適切な援助を提供できないばかりか，むしろ援助を必要とする状況に置かれることも少なくない。その場合，バーンアウトや心的外傷後ストレス症（PTSD）を防ぐためにも，教員自身がケアを受けることも忘れてはならない。また，事故や災害発生時においては，サイコロジカル・ファーストエイド（Psychological First-Aid：PFA）が導入されることもある。

　心のケアを行う場合，心の傷となる出来事を早急に語らせることは必ずしも

① 初期段階の対応と早期の介入	○児童生徒の安全確保 　安全な場所への誘導、点呼（必要に応じて捜索） 　被害児童生徒の人数・氏名・被害の程度の把握 　警察・消防への通報、保護者への連絡、緊急車両の誘導、教職員間での情報共有と必要な指示 ○危機対応チームの招集（管理職） 　事実関係の確認、情報共有、役割分担の確認、連絡や報告、今後の活動の進め方、外部の関係機関への支援要請 ○二次被害を防ぐための配慮 　児童生徒が安全な場所で保護者や家族と再会できるよう手配 　周囲の対応やマスコミの報道、警察の事情聴取等による精神的負担・時間的負担を防ぐための配慮 ○来訪者への対応（保護者・警察や消防・近隣住民・報道関係者）
② 中・長期の支援	○先を見通した危機対応の計画立案 　危機の解消に向けて、【当日の対応→翌日以降の対応→1週間後→それ以降の中・長期的対応】についての方策を検討 ○心のケア 　スクールカウンセラーやスクールソーシャルワーカーと協議：アセスメントに基づく対応 　3段階のケアの提供： 　　学校や学級・ホームルーム全体を対象にする対応 　　ニーズが類似した少人数のグループを対象とした対応 　　個人を対象とした個別対応 ○回復に向けた包括的な支援　※身体的な怪我も含む 　社会的側面：休んでいた間の友人関係など 　情緒的側面：学校に戻ることについての不安や心配など
③ 再発防止への取り組み	○再発防止に向けた取り組み 　危機が継続している場合：被害を回避し、影響を最小化し、安全確保する取り組みを実施 ○教訓を活かした、安全管理の見直しと徹底、安全教育の強化、危機管理体制の見直しと整備

図3-2　クライシス・マネジメントの流れ（文部科学省, 2022より作成）

事態の好転をもたらさず、むしろメンタルヘルスを悪化させる場合がある。また、子どもの場合は言葉を用いて自身の感情や体験をうまく表現することが難しいことも多く、時にいら立って攻撃的な様子を見せることもある。安全や安心感を提供し、一日も早く従来の生活を取り戻すことが肝要である。

このように、学校では予期せぬさまざまな事件や事故が起こり得る。教員個人の力を圧倒するような事態が生じた際、校内外の多様な資源を活用し、一日も早く日常生活を取り戻すために、平常時から援助資源となるメンバーや対応方法について理解を深めておくことが、「チーム学校」を機能させるために役立つ。次章以降では、生徒指導上の具体的諸問題に関する教員の対応方法や、「チーム学校」として各メンバーがどのように連携して問題解決にあたればよいのかについて説明する。必要に応じて本書のここまでの内容を振り返り、照らし合わせながら、以降の各章の内容について理解を深めてほしい。

第2部

個別の課題に対する生徒指導

第4章 いじめ

1 いじめの定義と実態

◆◆◆ 1. いじめの定義

　子どもたちのいじめは，日本のみならず，海外のさまざまな国において研究が行われている。いじめの定義づけの先駆けとなったのは，ノルウェーの心理学者オルウェーズ（Olweus, D.）である。彼は，いじめについて，「ある生徒が，繰り返し，長期にわたって，一人または複数の生徒による拒否的行動にさらされていること」と定義している（Olweus, 1993 松井ら訳 1995）。ここでいう「拒否的行動」とは，「ある生徒が他の生徒に意図的に攻撃を加えたり，加えようとしたり，怪我をさせたり，不安を与えたりすること，つまり基本的には攻撃的行動の定義に含意されているもの」である。具体的には，「口で脅したり，侮辱したり，強要したり，悪口をいったりなど，口頭によるもの」「殴ったり，押したり，蹴ったり，つねったり，監禁するなど，暴力を使うもの」「しかめ面をしてみせたり，卑わいなジェスチャーをしたり，意図的にだれかをグループから締め出したり，友だちとの仲をさくなど，言葉も暴力も使わないもの」も含まれる。同様に，イギリスの心理学者スミス（Smith, P. K.）とシャープ（Sharp, S.）は，「いじめとは，パワーの組織的・システマティックな乱用・悪用・誤用である」とし，「パワーの乱用が組織的，つまり繰り返し意図的に行われるなら，その行為は『いじめ』と呼ぶにふさわしい」と述べている（Smith & Sharp, 1994 守屋・高橋監訳 1996）。

オルウェーズやスミスとシャープをはじめとして，多くの研究者によって共通して示されているいじめの構成要素は，「力関係のアンバランスとその乱用」「被害性の存在」「継続性ないし反復性」の3つである（森田，2010）。まず，「力関係のアンバランスとその乱用」について説明する。先述したオルウェーズの定義では，「身体的または心理的に同程度の力をもった二人の生徒が戦ったり喧嘩したりする場合」はいじめから除外されるとし，「いじめという言葉を使うためには，力のアンバランス（非対称的な力関係）がなければならない」と補足されている。森田（2010）によれば，人間関係には，能力や知識などの個人特性や集団内の役割の違いにより，力のアンバランスが存在しており，それが乱用された場合にいじめが生じる。ただし，いじめは，個人特性や集団内の役割に固定したものではなく，流動的かつ状況依存的なものである（森田，2010）。すなわち，いじめる側といじめられる側の関係は固定的ではなく，立場が入れ替わることもある。実際，小・中・高校生では，いじめの被害・加害の「両方」を経験した者は半数近くに達するという研究結果がある（伊藤，2017）。アンバランスを生じさせる力の資源（源泉）としては，身体的な資質・能力（屈強性や俊敏性），他者からの準拠（相手から信頼や好意を寄せられること，クラス内や仲間内で人気があること），専門性（豊富な知識・経験）などがある（森田，2010）。続いて，2つめの「被害性の存在」について述べる。森田（2010）によると，この構成要素はいじめを事実認定する際の基盤となるものである。いじめは，身体的な傷や苦痛に限らず，外部から気づかれにくい精神的な傷や苦痛も被害者に負わせるため，教育行政や研究の分野では，いじめがあったかなかったかの判断基準が被害者の内面（主観）に置かれている（森田，2010）。最後に，3つめの「継続性ないし反復性」について取り上げる。オルウェーズは「たった1回のひどいいやがらせでも，状況次第ではいじめとみなせることもある」と前置きしながらも，「時によって相手がかわる，偶発的で深刻でない拒否的行動はいじめには含まれない」と述べている（Olweus, 1993 松井ら訳 1995）。日本の警察庁や研究者の多くも，継続性や反復性をいじめの基本的な構成要素とする立場を取っている（森田，2010）。

　森田・清永（1994）は，いじめ現象を可能な限りもれなく把握するためには，

被害者の主観だけでなく，加害者の動機も考慮する必要があると指摘したうえで，「いじめとは，同一集団内の相互作用過程において優位にたつ一方が，意識的に，あるいは集合的に，他方にたいして精神的・身体的苦痛をあたえることである」と定義している。この定義では，被害者による被害感情（苦痛）と加害者による加害行動（与えること）の両方が含まれている。また，いじめが生じる状況について，「同一集団内の相互作用過程において」と明記されている。これは，いじめが同一集団成員の取るべき規範（思いやりや相互支持）からの逸脱行動であること（森田・清永, 1994），さらには，いじめが個々人の問題に限定されるものではなく，一定の関係にある集団の問題であること（戸田ら, 2008）を示すものである。

　ここで，文部科学省によるいじめの定義について，その変遷も踏まえながら概観する。文部科学省は，児童生徒の問題行動などについて，事態を正確に把握し，こうした問題に対する指導の充実を図るため，児童生徒の問題行動・不登校等生徒指導上の諸課題に関する調査を毎年実施している（文部科学省, 2017a）。いじめに関連した自殺が新聞や雑誌などのマスメディアで相次いで報道され，いじめ問題が社会の大きな関心を集めるようになった1985年からは，「小学校，中学校，高等学校及び特別支援学校におけるいじめの状況等」に関する調査事項が追加された。この調査において，当初，いじめは以下のように定義されていた（文部科学省, 2019）。

> 「いじめ」とは，「①自分より弱い者に対して一方的に，②身体的・心理的な攻撃を継続的に加え，③相手が深刻な苦痛を感じているものであって，学校としてその事実（関係児童生徒，いじめの内容等）を確認しているもの。なお，起こった場所は学校の内外を問わないもの」とする。

　この定義には，これまで述べてきたいじめの定義に含まれる3つの共通要素がもれなく含まれていることがわかる。いじめに関する調査が初めて実施された1985年以降，いじめの発生件数自体は減少傾向にあったが，1994年に入って，いじめに関連した自殺事件が複数件発生し，いじめ被害が改めて世間の注

目を集めることになった。こうした状況を受けて，この年度の調査からは，いずれの学校にもいじめがあるのではないかとの問題意識をもって真剣に実情把握を行う必要がある，といった内容の文部科学省（1995）の通知にも沿う形で，いじめの定義が次のように修正された。

> 「いじめ」とは，「①自分より弱い者に対して<u>一方的に</u>，②身体的・心理的な攻撃を<u>継続的に</u>加え，③相手が<u>深刻な</u>苦痛を感じているもの。なお，起こった場所は学校の内外を問わない。」とする。
> なお，<u>個々の行為がいじめに当たるか否かの判断を表面的・形式的に行うことなく，いじめられた児童生徒の立場に立って行うこと</u>。

当初の定義から，「学校としてその事実（関係児童生徒，いじめの内容等）を確認しているもの」が削除され，「いじめに当たるか否かの判断を表面的・形式的に行うことなく，いじめられた児童生徒の立場に立って行うこと」が新たに追加された（文部科学省, 2019）。すなわち，いじめがあったかどうかの事実認定を行う際には，その判断基準を被害者の内面の主観に置くことが明記された（森田, 2010）。続いて，2006年には，再びいじめによる自殺事件が相次いで発生したこともあり，いじめの判断基準の妥当性が大きく問われるようになった。こうしたことから，いじめの定義は以下のとおり見直された。

> 個々の行為が「いじめ」に当たるか否かの判断は，表面的・形式的に行うことなく，いじめられた児童生徒の立場に立って行うものとする。
> <u>「いじめ」とは，「当該児童生徒が，一定の人間関係のある者から，心理的，物理的な攻撃を受けたことにより，精神的な苦痛を感じているもの。」</u>とする。なお，起こった場所は学校の内外を問わない。

ここでの見直しでは，「一方的に」「継続的に」「深刻な」といった文言が削除され，結果として，従来のいじめの定義に見られた3つの要素がほぼ消失することとなった（文部科学省, 2019）。これは，いじめの定義に含まれる要素が1

つでも欠ければ，いじめではないと形式的に判断することを避け，いじめられた児童生徒の立場に立っていじめを判断することがより一層求められた結果である（森田, 2010）。また，このときの修正では，調査の測定対象の実態に合わせて，集計されたいじめの件数を「発生件数」から「認知件数」へと表記を改めている。これは，いじめが第三者の目には見えにくく，すべてのいじめを発見することが不可能であることから，教職員が認知できた件数は，あくまで真の発生件数の一部にすぎないという理由によるものである（国立政策教育研究所, 2013）。

2011年に起こったいじめ自殺事件を契機として，2013年2月に教育再生実行会議から「社会総がかりでいじめに対峙していくための基本的な理念や体制を整備する法律の制定が必要」との第一次提言がなされ，同年6月にいじめ防止対策推進法が成立し，同年9月に施行された（独立行政法人教職員支援機構, 2021）。この法律では，いじめが以下のように定義された（第2条）。

> この法律において「いじめ」とは，児童等に対して，当該児童等が在籍する学校に在籍している等当該児童等と一定の人的関係にある他の児童等が行う心理的又は物理的な影響を与える行為（インターネットを通じて行われるものを含む。）であって，当該行為の対象となった児童等が心身の苦痛を感じているものをいう。

この定義は，文部科学省が2006年から使用しているものとほぼ同様となっている。法律そのものが，文部科学省の定義をもとにしてつくられたためである（和久田, 2019）。いじめ防止対策推進法の施行に伴い，2013年からは，いじめが以下のように定義されている（文部科学省, 2019）。

> 本調査において，個々の行為が「いじめ」に当たるか否かの判断は，表面的・形式的に行うことなく，いじめられた児童生徒の立場に立って行うものとする。
> 「いじめ」とは，「児童生徒に対して，当該児童生徒が在籍する学校に在籍している等当該児童生徒と一定の人的関係のある他の児童生徒が行う心理的又は物理

的な影響を与える行為（インターネットを通じて行われるものも含む。）であって，当該行為の対象となった児童生徒が心身の苦痛を感じているもの。」とする。なお，起こった場所は学校の内外を問わない。

<u>「いじめ」の中には，犯罪行為として取り扱われるべきと認められ，早期に警察に相談することが重要なものや，児童生徒の生命，身体又は財産に重大な被害が生じるような，直ちに警察に通報することが必要なものが含まれる。これらについては，教育的な配慮や被害者の意向への配慮のうえで，早期に警察に相談・通報の上，警察と連携した対応を取ることが必要である。</u>

いじめ防止対策推進法第23条第6項ならびに文部科学省からの通知「犯罪行為として取り扱われるべきと認められるいじめ事案に関する警察への相談・通報について」（文部科学省，2012）によって示された「警察との連携」に沿う形で，いじめの中には早期に警察に相談・通報することが必要なものが含まれることなどが明記された（文部科学省，2013）。なお，2017年に改定されたいじめの防止等のための基本的な方針（文部科学省，2017b）では，「けんかは除く（……）」という記述が削除され，「けんかやふざけ合いであっても，見えない所で被害が発生している場合もあるため，背景にある事情の調査を行い，児童生徒の感じる被害性に着目し，いじめに該当するか否かを判断する」とされた。

◆◆◆ 2. いじめの実態

「令和4年度 児童生徒の問題行動・不登校等生徒指導上の諸課題に関する調査結果」（文部科学省，2023a）によると，小・中・高等学校および特別支援学校におけるいじめの認知件数は681,948件であり，前年度に比べて66,597件（10.8％）増加している（図4-1）。また，いじめの認知（発生）率（児童生徒1,000人あたりの認知件数）は53.3件であり，前年度に比べて5.6件（11.7％）増加している。いじめの認知件数，認知率ともに，2020年度は新型コロナウイルス感染症の流行によりすべての校種で一旦減少したが，2021年度に再び増加に転じ，2022年度は過去最多となっている。これらの結果の要因としては，新

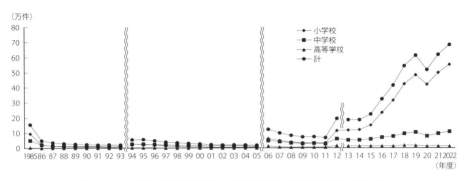

図 4-1　いじめの認知（発生）件数の推移（文部科学省, 2023a）

型コロナウイルス感染症による行動規制が緩和され接触機会が増加したこと，いじめ防止対策推進法におけるいじめの定義やいじめの積極的な認知に対する理解が広がったこと，アンケートや教育相談の充実などによる児童生徒に対する見取りが精緻化されたこと，SNSなどのネット上のいじめについて積極的に認知されたことなどが指摘されている（文部科学省, 2023b）。学年別のいじめ認知件数を見ると，ほぼすべての学年において認知件数が年々増加していること，学年が上がるにつれていじめ認知件数が減少していることがわかる（図4-2）。

　いじめの態様別状況に関しては，すべての校種において，「冷やかしやからかい，悪口や脅し文句，嫌なことを言われる」が最も多く，次いで，小・中・特別支援学校では，「軽くぶつかられたり，遊ぶふりをして叩かれたり，蹴られたりする」，高等学校では，「パソコンや携帯電話等で，ひぼう・中傷や嫌なことをされる」が多くなっている（文部科学省, 2023b；図4-3）。なお，「パソコンや携帯電話等で，ひぼう・中傷や嫌なことをされる」の件数は年々増加傾向にあり，2022年度は過去最多を記録している。

　いじめ防止対策推進法第28条第1項に規定する「重大事態」（第1号：児童等の生命，心身又は財産に重大な被害が生じた疑いがあると認められた事態，第2号：児童等が相当の期間学校を欠席することを余儀なくされている疑いがあると認められた事態）の発生件数は923件（前年度706件）であり，前年度に比べて217件（30.7％）増加し，2022（令和4）年度は過去最多となっている

第 4 章　いじめ

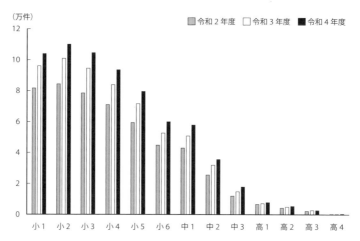

注）特別支援学校小・中・高等部の認知件数を含む。

図 4-2　学年別のいじめ認知件数（文部科学省，2023b）

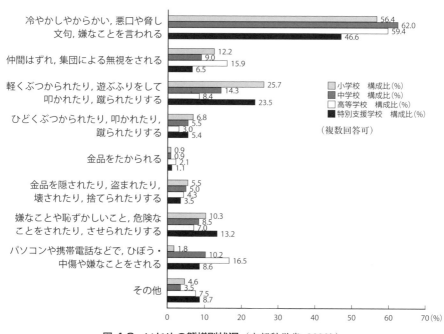

図 4-3　いじめの態様別状況（文部科学省，2023b）

57

第 2 部　個別の課題に対する生徒指導

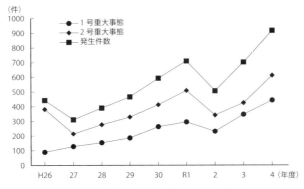

図 4-4　いじめの重大事態の発生件数（文部科学省, 2023b）

（図 4-4）。こうした結果の要因としては，いじめ防止対策推進法の理解が進み積極的な認定が行われたこと，保護者の意向を尊重した対応がなされていること，その一方で，学校としてのいじめの認知や組織的な対応に課題があったことなどがあげられている（文部科学省, 2023b）。

2　いじめ問題の理解

◆◆◆ 1．いじめの構造

　森田（2010）によると，いじめは，加害者と被害者の他に，当事者を取り巻く周囲の子どもたち（観衆または傍観者）が絡み合った 4 層構造の中で生じる（図 4-5）。観衆は直接いじめに加担することはないが，時としてはやし立て，いじめを助長・増幅する子どもたちである。加害者にとって，観衆はいじめを積極的に肯定する存在となるため，観衆も加害者側と同じ立場にいることになる。傍観者は見て見ぬふりをして，一時的に日常の人間関係を絶っている子どもたちである。傍観者のこうした態度の根底には，他者の悩みや問題に対する無関心，自分が被害者になることに対する恐怖，力の強い者に対する従順さ，集団への同調傾向などがあると考えられている。傍観者の存在は，いじめに対する

第4章　いじめ

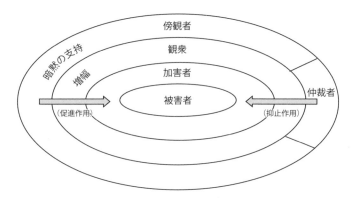

図4-5　いじめ集団の4層構造モデル（森田, 2010）

服従や是認の雰囲気を集団内に拡大させるため，傍観者もまた，加害者と同じ立場であると見なされる。その一方で，傍観者の中から，いじめをやめるように直接介入したり，いじめに対して否定的な反応を示したりする仲裁者が現れると，加害者への抑止力となり，いじめが早期に解決する可能性が高まる。森田（2010）は，いじめ被害の多さは，学級内の加害者や観衆の人数よりも，傍観者の人数と最も高い相関があることを指摘している。

　いじめ集団の4層構造モデル（森田, 2010）に従うと，傍観者が多く，いじめを止めに入る仲裁者が現れなければ，いじめは長期化・深刻化することが予測される。厚生労働省（2019）の全国家庭児童調査によると，クラスの誰かが他の子をいじめているのを見たときの対応では，小学生から高校生にかけて，「『やめろ！』と言って止めようとする」といった仲裁行動が減少する傾向にあり，その一方で，「別に何もしない」といった傍観行動が増加している。同様に，日本，イギリス，オランダの小・中学生を対象として国際比較研究を行った森田（2001）においても，日本の子どもたちでは，学年が上がるにつれて，傍観者が多くなり仲裁者が少なくなることが示されている。こうした結果を踏まえると，日本のいじめが長期にわたるという特徴は，学年の進行に伴って，いじめ抑止作用の欠如した学級集団構造（傍観者が多く，仲裁者が少ない集団）へと変化することと関連している可能性がある（森田, 2001）。事実，「令和4年度 児童生徒の問題行動・不登校等生徒指導上の諸課題に関する調査結果」（文

部科学省，2023a）によると，認知から3か月以上続いているいじめの件数の割合は，小学校から高校にかけて増加傾向にある。森田（2001, 2010）は，傍観者の存在がいじめの抑止力になるため，いじめの対応にあたっては，当事者への働きかけだけでなく，傍観者を含めた周りの子どもたちへの働きかけが極めて重要になると主張している。

◆◆◆ 2．いじめの要因

いじめの要因には，大別すると個人要因と環境要因の2つがある（日野ら，2020）。いじめ加害者の個人要因に関しては，加害者自身のいじめ被害経験（水田ら，2016），攻撃性の高さ（Olweus, 1993），規則遵守意識の低さやいじめ加害願望（本間，2003），逸脱行動に対する許容的態度（滝，1992），忍耐力や誠実さの欠如（杉原ら，1986），妬み・嫉妬や遊び感情（竹川，1993），加害行動の正当化（岩見・大河原，2017），認知的共感性の低さ（大西・吉田，2010），いじめ行為に対する罪悪感の低さ（大西ら，2009）などがいじめの加害経験のリスクを増大させる。それとは反対に，否定的ないじめ観の保持（Gendron et al., 2011; 外山・湯，2020），現在の充実感や過去経験の受容（水田ら，2016）などはいじめの加害経験のリスクを減少させる。

いじめ被害者の個人要因に関しては，身体的ハンディキャップ（竹川，1993），成績の低さ（森田・清水，1994），引っ込み思案行動や情動焦点型ストレス対処（菱田ら，2012），学業に関するストレッサーの多さ（岡安・高山，2000），自尊感情の低さ（中村・日野，2024），内向性・依存性・神経質傾向の高さ（杉原ら，1986），孤独感の高さ（田原，1998），対人不安の高さ（Saarento et al., 2013）などがいじめの被害経験の可能性を上昇させる。それに対して，友人からのサポートの多さ（菱田ら，2012），友人関係に関する自尊感情の高さ（菱田ら，2012）などはいじめの被害経験の可能性を低下させる。

いじめ加害に対する環境要因に関しては，教員との関係におけるストレッサーの多さ（岡安・高山，2000），教員の生徒に対する管理教育（田原，1998），教員や学校規則への不満（滝，1992），いじめに対する仲間や学級の集団規範の低さ

（森田, 2001; 大西ら, 2009; 大西・吉田, 2010），教員の不適切な権力行使の多さ（大西ら, 2009）などがいじめの加害経験（加害傾向）を増加させる。その一方で，学級の連帯感や集団凝集性の高さ（久米・田中, 2015; 水田ら, 2016; 森田, 2001），良好な学級雰囲気（外山・湯, 2020），支持的な学校風土（Gendron et al., 2011），教員・親との良好な関係（太田・加藤, 2018），いじめ参加に対する他生徒からの規範的圧力の強さ（大西, 2015）などはいじめの加害経験（加害傾向）を減少させる。

　いじめ被害に対する環境要因に関しては，被害者をかばうことで自分がいじめの対象になるのではないかという恐れが高い学級や，教員がいじめに対してあまり批判的でない学級・学校（Saarento et al., 2013），荒れている学級や同調圧力の高い環境（中村・日野, 2024）ではいじめの被害経験（被害意識）が増加する。それに対して，望ましい学級・学校風土（Khoury-Kassabri et al., 2004; 西野, 2015），教員・親との良好な関係（太田・加藤, 2018），教員からの自律促進的援助や教員のいじめに対する呼応性（西野, 2015），学級成員間で確立された協力体制（久保田, 2003）などがある場合はいじめの被害経験やいじめ発生率が低下する。

　ところで，いじめの要因に関しては，これまで述べてきたいじめの当事者（加害者と被害者）に関連する要因だけでなく，第三者の行動に影響を与える要因についても数多く研究が行われている。ここでは，第三者による行動を仲裁行動，傍観行動，加担行動の3つに分けたうえで，それらの行動の規定要因について概観する。まず，第三者の仲裁行動に関しては，自尊感情の高さ（中村・日野, 2024），共感性の高さ（王・桜木, 2016），向社会的スキルの高さ（川畑ら, 2018），被害者の立場や気持ちへの配慮（蔵永ら, 2008），被害者との親しさ（藤野・長沼, 2013），被害者の社会的望ましさ（元・坂西, 2016），いじめに対する否定的な個人・集団規範（関ら, 2018），良好な学級風土（菅・野島, 2021）などがいじめの仲裁行動（被害者援助行動）や被害者への支持的態度を促進する。一方，荒れている学級や同調圧力が高い環境（中村・日野, 2024），いじめに介入することで自分自身に危険が及ぶ風土（藤野・長沼, 2013），いじめの当事者と友達関係にない場合（藤村, 2018; 大坪, 1998; 関ら, 2018）などではいじ

めの仲裁行動（被害者援助行動）が抑制される。

次に，第三者の傍観行動に関しては，友人から異質な存在に見られることに対して高い不安がある場合（西野ら，2019），いじめに介入することで自分自身に危険が及ぶ風土やいじめの当事者と親しくない場合（藤野・長沼，2013）などでは傍観行動（無関心的態度）が促進される。それに対して，傍観への罪悪感（西野ら，2019; 若本ら，2019），被害者の立場や気持ちへの配慮（蔵永ら，2008），被害者の社会的望ましさ（元・坂西，2016）などがある場合は傍観行動が抑制される。

最後に，第三者の加担行動に関しては，攻撃行動や行動的回避傾向の高さ（川畑ら，2018），第三者自身の加害経験や加害者との親しさ（藤野・長沼，2013）などが，いじめへの加担行動や加害者への支持的態度を促進する。それとは反対に，いじめに対する否定的な仲間・集団規範（黒川・大西，2009）はいじめへの加担行動を抑制する。

◆◆◆ 3．いじめの過程

前項では，いじめの発生を左右する当事者の個人・環境要因ならびに第三者の行動を規定する要因について概観した。ここでは，いじめが生じたあとの進展プロセスについて見ていくことにする。

いじめには，当事者のみが注意を向ける発生初期から周囲が認識できる状態へと至る進行プロセスが存在すると考えられており（戸田，2013），それを説明するための1つの枠組みとして，いじめのプロセスモデル（戸田ら，2008）が提案されている（図4-6）。このモデルによると，加害者から被害者への攻撃の継続によって，いじめ現象は「いじめの芽」「いじめ」「いじめ犯罪」といった3つの段階に沿ってなだらかに進行する。この3つの段階を区別する重要な指標は，「加害者側の集団化と被害者側の無力化」である。加害者側の集団化や被害者側の無力化が起きていない初期の段階は「いじめの芽」と呼ばれる。その後，加害者側の集団化あるいは被害者側の無力化が一定程度進んだ段階が「いじめ」と見なされる。ただし，「いじめの芽」と「いじめ」の境界線は曖昧であ

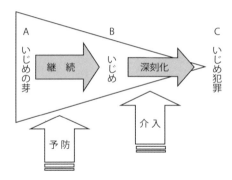

図4-6　いじめのプロセスモデル（戸田ら，2008）

るため，子どもたちとの議論などを通じてそれを明確化・共有化するなどの注意が必要となる（戸田，2013）。いじめがさらに深刻化し，恐喝や傷害などの犯罪行為にまで及んだ段階は，文部科学省（2019）による定義にもあるとおり，早期に警察と連携した対応を取る必要があるため，「いじめ犯罪」と呼ばれる。いじめの被害者側が無力化していない段階であればクラス全体への予防的な対応でも効果があると考えられるが，無力化した段階では個別的な援助が必須となる（戸田ら，2008）。なお，いじめの集団化に関しては，クラス内で生じているいじめの場合，クラスの中での加害者側（Bully）の人数と被害者側（Victim）の人数の比率であるB／V比率（＝加害者側の人数÷被害者の人数）が有効な指標となる（戸田ら，2008）。この値が大きいほど，いじめが集団化していることを示す（戸田，2013）。

　上述した戸田ら（2008）によるいじめのプロセスモデルが仮説モデルであるのに対して，久保田（2013）はいじめのエスカレート化を規定する要因について実証的な検討を行っている（図4-7）。彼の研究結果によると，①加害者が自分のクラスに否定的なイメージを抱いている場合，被害者を制裁することを口実としたいじめ（制裁）や遊びや快楽を目的としたいじめ（遊び・快楽指向）が生じやすく，かつ，そうしたいじめはエスカレートしやすい，②友達に誘われたり周囲の雰囲気に流されていじめに参加した場合，異質な者を排除することを口実としたいじめ（異質者排除）が行われやすく，かつ，そうしたいじめ

63

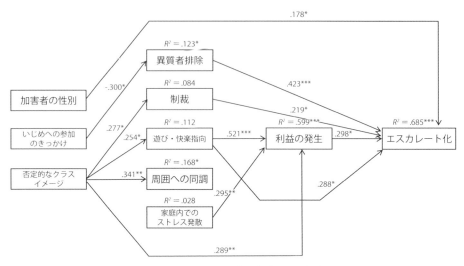

図4-7　いじめのエスカレート化の規定要因（久保田, 2013）

はエスカレートしやすい，③遊びや快楽を目的としたいじめ（遊び・快楽指向）や家庭内でのストレスの発散を目的としたいじめ（家庭内でのストレス発散）の場合，加害者側はいじめによる利益を実感しやすく，いじめがエスカレートしやすいことなどが明らかとなっている。久保田（2013）は，従来のいじめ研究がいじめを静的なものとしてとらえてきたと指摘したうえで，今後は，いじめを動的なものとしてとらえ，いじめの進展段階を踏まえたモデルに基づき，いじめの発生要因と進展要因を区別したうえで，各要因について詳細に検討する必要があると主張している。

3　学校現場におけるいじめ問題の実際

　本節では，文部科学省（2018）の「いじめ対策に係る事例集」から，小・中・高校で発生したいじめの事例を取り上げながら，学校現場におけるいじめ問題の実際について概観する。

◆◆◆ 1. 事例1：小学校

　登校中に，小学3年女子Aが，同3年女子Bと同4年男子Cから「足を踏まれる行為」を複数回受けた。別の児童から報告を受けた担任は，事実関係を確認した結果，「足踏み遊び」の中で起こった行為として，校内の「いじめ対応チーム」に報告しなかった。2週間後，Aは学校を欠席し，Aの父親が来校した。学校は，父親の訴えから，「足を踏まれる行為」によりAが心身ともに苦痛を感じていたことを初めて知った。学校は事実関係を確認し，児童同士の謝罪により事案終結としたが，当事者の保護者には電話連絡のみにとどまっていた。その2週間後，Aは「Bが怖い」という理由で1週間学校を欠席した。さらに2週間後，Aの父親が，BとCの保護者を呼び出し，謝罪させる事態が発生した。学校が教育委員会に「いじめ」の報告をしたのはその直後であった。

　この事例は，いじめ防止対策推進法第23条第1項が求める「いじめの事実があると思われるとき」の「学校への通報」が適切に行われなかった事案である。文部科学省（2018）からのコメントでは，①学校は，当事者からの聞き取り調査により，足を踏む行為がしつこく行われたことを確認した時点で，いじめとしてとらえ，学校いじめ対策組織への報告など必要な措置を講ずる必要があったこと，②早期の段階から，いじめを認知したうえでAの心情に寄り添った対応を行うべきであったこと，③Aの父親が来校し，Aが心身ともに苦痛を感じていることを把握した時点で，「しつこく足を踏まれる行為」がいじめに該当すると判断し，今後の指導方針などを丁寧に説明する必要があったことなどが指摘されている。

◆◆◆ 2. 事例2：中学校

　中学1年の男子Aが同1年男子Bに対し，女子生徒の嫌がることを「やらないと痛い目にあうぞ」などと強要してやらせていた。中学校での普段の2人の様子は，主従関係があるようには見えず，普段は一緒に行動していた。AとBに事実確認をしていく中で，2人は小学校6年生のときにけんかをし，それ以

降，勝ったAがBとの間に主従関係をつくって命令に従わせていたことが判明した。学校は，AがBを見下して命令していたこと，長い期間続いていること，BがAの暴力に怯え命令に従っていたことなどの理由から，いじめと認知し事案に対応した。

　この事例は，一見すると対等な関係で仲良く過ごしている2人の友人が，実際には加害－被害の関係（非対称的な力関係）にあった事案である。文部科学省（2018）からは，①いじめの防止等のための基本的な方針に則り，児童生徒の感じる被害性に着目して，適切に認知することが重要であること，②学校が事実確認を進めた結果，本件をいじめと認知したことは適切な判断であったこと，③加害者と被害者の関係性に気づきづらい事案の場合は，当該児童生徒の表情や様子をきめ細かく観察して，注意深く確認する必要があることなどのコメントがなされている。

◆◆◆ 3. 事例3：高等学校

　高校1年女子Aから，同じ学級内の女子Bと席が近くなった際や体育などでペアを組む際に，Bから「最悪，地獄，キモい」と言われるなどの訴えがあった。担任，学年主任，生徒指導部が連携し，Aと仲のよい生徒から聞き取りを行ったところ，「学級内の女子が2つのグループに分かれており，Aがもう一方のグループから毛嫌いされている」との情報を得た。いじめ認知対応委員会で対応を協議し，Aの保護者に実態を報告することを決めた。Aの保護者は，Bに直接注意することは避けてほしいと述べた。学年集会で全体指導を行うも，状況の改善が見られなかったため，いじめ認知対応委員会で協議した結果，Bに聞き取りを行うとともに，指導を行うことを決定した。その後も，改善が見られなかったことから，いじめ認知対応委員会は謹慎指導を行うこととした。Aの保護者に状況を説明し，学校の対応に納得してもらった。今後も連携してAを見守ることを確認した。

　この事例は，学校が一丸となって組織的に対応を進めることにより，いじめの全容把握や加害生徒への毅然とした指導が可能となり，いじめをやめさせる

ことにつながった事案である。文部科学省（2018）からのコメントとして，①保護者の意向を踏まえ，当初は学年集会における全体指導を選択したが，全体指導と個別指導の効果などを見極め，保護者に事前に説明したうえで，早期に個別指導を行うことも考えられたこと，②学級内の女子が2つのグループに分かれているが，仮に双方のグループが対立関係にあるのであれば，今後のいじめの未然防止の観点から，学級全体のあり方について指導を行うことも考えられたこと，③いじめの当事者に対する指導を実施したあと，見守りを継続したことにより，いじめの継続を確認することができ，加害生徒に対して教育上必要となるより厳格な指導を実施できたことなどが示されている。

4 学校現場におけるいじめ問題への対応

　いじめ防止対策推進法では，学校および教職員は，保護者，地域住民，児童相談所などと連携を図り，学校全体でいじめの防止および早期発見に取り組むとともに，児童生徒がいじめを受けていると思われるときは，適切かつ迅速に対処する責任を持つと規定されている。この対応プロセスは，生徒指導の4層の支援構造である①発達支持的生徒指導，②課題未然防止教育，③課題早期発見対応，④困難課題対応的生徒指導と重なるものである（文部科学省，2022）。生徒指導提要（文部科学省，2022）によると，①発達支持的生徒指導では，人権教育や市民性教育を通じて，「多様性を認め，他者を尊重し，互いを理解しようと努め，人権侵害をしない人」に育つように働きかけること，②課題未然防止教育では，道徳科や学級・ホームルーム活動などにおいて，法や自校のいじめ防止基本方針の理解を深めるとともに「いじめをしない態度や能力」を身につけるための取り組みを行うこと，③課題早期発見対応では，日々の健康観察，アンケート調査や面談の実施を通じて，いじめの兆候の早期発見に努め，予兆に気づいた場合は被害児童生徒の安全確保を優先した迅速な対処を心がけると同時に，学校いじめ対策組織へ状況を報告すること，④困難課題対応的生徒指導では，丁寧な事実確認とアセスメントに基づいて，いじめの解消に向けた適

第 2 部　個別の課題に対する生徒指導

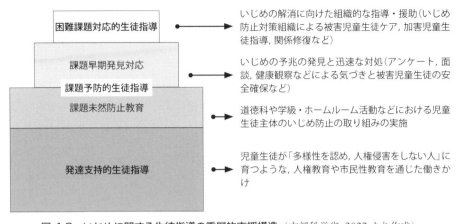

図 4-8　いじめに関する生徒指導の重層的支援構造（文部科学省, 2022 より作成）

切な対応を組織的に進めることがそれぞれ求められている（図 4-8）。

　各対応についてより詳細に述べると，①発達支持的生徒指導では，「多様性に配慮し，均質化のみに走らない」学校づくりを目指すこと，児童生徒の間で人間関係が固定されることなく，対等で自由な人間関係が築かれるようにすること，「どうせ自分なんて」と思わない自己信頼感を育むこと，「困った，助けて」と言えるように適切な援助希求をうながすことの 4 点に留意した取り組みを進める（文部科学省, 2022）。②課題未然防止教育では，いじめる心理（いじめの衝動を発生させる要因），いじめの構造（被害者・加害者・観衆・傍観者・仲裁者・相談者），法律的側面（人権侵害・犯罪行為）といった 3 つの視点からの働きかけを実践する（文部科学省, 2022）。先述した事例 3 では，学級内の女子が 2 つのグループに分かれており，双方のグループが対立関係にあったことから，文部科学省からのコメントにもあるとおり，いじめの未然防止の観点から，いじめの構造を踏まえたうえで，学級全体のあり方（いたわり，相互支持，思いやりといった学級成員が取るべき規範など）について指導を行うことも考慮すべきであったと考えられる。③課題早期発見対応では，「発見」「訴え」「情報」の 3 つの窓を開放しておくことでいじめを早期に把握する（嶋﨑・中村, 2024）。「発見」の窓を開放するには，児童生徒一人ひとりに関心を持ち，「小

さなサイン」を鋭くとらえる感性を磨くことが求められる。「訴え」の窓を開放するには，児童生徒自身の援助希求力を高めると同時に，児童生徒と向き合う時間を確保し，信頼関係を構築することが望まれる。「情報」の窓を開放するには，教職員・児童生徒・保護者・地域住民・関係機関職員などと日頃から緊密な連携・協働を行うことが求められる（嶋﨑・中村，2024）。なお，いじめ（の兆候）を発見した場合は，保護者とも連携を取りながら，被害児童生徒の保護と心のケアを行い，被害児童生徒のニーズを把握し，加害児童生徒への指導と当事者間の関係修復を図り，いじめの解消を目指す（文部科学省，2022）。こうした一連の対応では，いじめを察知した担任ひとりが行うのでなく，いじめ防止対策推進法第23条に則り，学校いじめ対策組織へ状況を報告したうえで，当該組織を中心に教職員が役割分担をして取り組む必要がある。先述した事例1では，文部科学省からのコメントにもあるとおり，相談を受けた担任が学校組織へ報告を行わなかったことがいじめを深刻化させる要因の1つになったと考えられる。それに対して，先述の事例2では，いじめの事実を把握した初期の段階で，生徒指導担当が，管理職・学年団・部活動担当職員を招集し，事実の共通理解と今後の対応について協議を行っている。また，後日，校内生徒指導委員会にて，他の学年生徒指導担当職員へ報告し，それ以外の教職員には職員会議で報告している。同様に，先述の事例3でも，学校が一丸となって組織的に対応を進めることにより，いじめの全容把握や加害生徒への毅然とした指導が可能となり，いじめをやめさせることにつながっている。こうした学校全体での取り組みがいじめの早期対応には必要不可欠である。④困難課題対応的生徒指導では，スクールカウンセラーやスクールソーシャルワーカーを含めたケース会議において，アセスメント（被害児童生徒の傷つきの程度，加害行為の背景，加害児童生徒の抱える課題など）を行い，被害児童生徒への援助方針と加害児童生徒への指導方針，周囲の児童生徒への働きかけの方針について計画を立て，被害児童生徒と保護者に対して，確認された事実や指導・援助方針などについて説明し同意を得たうえで，指導・援助計画を実施し，モニタリング（3か月を目途にした丁寧な見守り，被害児童生徒と保護者への経過報告や心理的状態の把握など）を行う。なお，いじめが認知されたあとの対応として，教育

委員会などへの報告，情報の整理と管理，ケース会議などの記録の作成と保管も併せて行う（文部科学省，2022）。先述した事例3では，文部科学省からのコメントにもあるとおり，いじめの当事者に対する指導を実施したあと，見守りを継続したことにより，いじめの継続を確認することができ，加害生徒に対して教育上必要となるより厳格な指導を実施することができている。

5　本章のまとめ

　いじめが発生することは避けられないが，いじめの問題を個人の問題ではなく，集団の問題としてとらえ解決に臨むことにより，いじめを抑止することは可能である（森田，2010）。その具体策の一例として，学校の児童会・生徒会活動の活用があげられる（粕谷，2020; 森田，2010）。児童会・生徒会活動において，いじめ問題に集団全体で自主的に取り組むことで，成員間の連帯感が高まり，学校が成員全員にとって居心地のよい環境となる。こうした児童会・生徒会活動の活用は，個人の心ではなく，集団の中にいじめの歯止めを埋め込む試みである（森田，2010）。成員同士が相互に認め合い，尊重し合える集団となれば，たとえいじめが生じた場合でも，傍観者の中から仲裁者が必ず現れ，結果としていじめが早期に解決されることが期待できる。

　終わりに，いじめが発生した場合に，教員が心がけるべき4つの要点（森田・清水，1994）を紹介する。まず，いじめの実態を把握するためには，教員の「感知性」を高めると同時に，本当に目を配るべき悪質ないじめを把握する「要点性」を身につける必要がある。次に，いじめが感知された場合は，態度として「積極性」を持ち，時間として「迅速性」が求められる。さらに，いじめを止める場合には，その対応について，当事者ならびに関係者に「妥当性」と「信頼性」を持って説明を行う必要がある。最後に，いじめを克服するために，先を見越した「継続性」と学級全体を対象とした「普遍性」に基づくいじめ教育を展開することが望まれる。これらのことは，生徒指導における4層の支援構造に沿ったいじめ問題への対応の要点ともいえるものである。

第5章 暴力行為

1 はじめに

　文部科学省は，2007年「問題行動を起こす児童生徒に対する指導について（通知）」の中で，暴力行為の状況について，対教員あるいは生徒間の暴力行為や施設・設備の毀損・破壊行為だけでなく，授業妨害も見られるとし，その対応については，未然防止と早期発見・早期対応の取り組みが重要であるとした。そのうえで，「学校の秩序を破壊し，他の児童生徒の学習を妨げる暴力行為に対しては，児童生徒が安心して学べる環境を確保するため，適切な措置を講じることが必要」とし，十分な教育的配慮のもとで，出席停止や懲戒など，毅然とした対応を行うことの必要性が指摘されている（文部科学省, 2007）。このことを踏まえ，本章では暴力行為の実態や，その対応について紹介する。

2 暴力行為の定義と調査方法

　文部科学省が毎年実施している児童生徒の問題行動・不登校等生徒指導上の諸課題に関する調査では，暴力行為を，「自校の児童生徒が，故意に有形力（目に見える物理的な力）を加える行為」と定義している（文部科学省, 2023a）。

◆◆◆ 1．暴力行為の形態

　暴力の対象により，「対教師暴力」「生徒間暴力」「対人暴力」「器物損壊」の4つの形態に分類されている（文部科学省，2023a）。以下に，調査実施時の「記入に当たって」をもとに具体例を示す。

対教師暴力の例
①担任（教科担任）の指示を不満に感じ胸倉（むなぐら）をつかんだ。
②教員の腕をカッターナイフで切りつけた。
③保健室に行き養護教諭めがけて椅子を投げつけた。
④定期的に来校する教育相談員を殴った。
⑤その他，教職員に暴行を加えた。

生徒間暴力の例
①在籍する学校の生徒同士でけんかとなり，双方殴り合いとなり，お互いが怪我を負った。
②別々の学校に在籍している顔見知りの生徒同士が口論となり，お互いが身体を突き飛ばした。
③高校生が，自身が卒業した中学校の後輩である中学生に対して一方的に暴力を振るった。
④遊びやふざけを装って，特定の生徒の首を絞めた。
⑤その他，何らかの人間関係がある児童生徒に対して暴行を加えた。

対人暴力
①学校行事に来賓として招かれた地域住民に足蹴りをした。
②偶然通りかかった他校の見知らぬ生徒と口論になり，暴行を加えた。
③登下校中に，通行人に怪我を負わせた。
④その他，他者（対教師および生徒間暴力の対象を除く）に対して暴行を加えた。

器物損壊の例
①学校のトイレのドアを故意に手拳で殴り穴をあけた。

②学校の壁にスプレーを噴射して補修を要する落書きをした。
③学校の備品（カーテン，掃除用具，消火器など）を故意に壊した。
④他人の私物を故意に壊した。
⑤その他，学校の施設・設備などを故意に壊した。

◆◆◆ 2. 調査計上の注意点

　この調査においては，当該暴力行為によって怪我があるかないかといったことや，怪我による病院の診断書，被害者による警察への被害届の有無などにかかわらず，暴力行為に該当するものをすべて対象とすることとしている。また，学校の管理下，管理下以外のいずれで発生したかにかかわらず計上している（ただし器物損壊については学校の管理下で起きた場合のみ計上）。発生学校数は実数を計上し，加害児童生徒数は実人数を計上することとしている（文部科学省，2023a）。

◆◆◆ 3. 調査対象

　調査対象は，調査開始の1982年度には公立中・高の「校内暴力」のみを対象としていた。その後，1997年度からは公立小・中・高等学校を対象として，「学校外」の暴力行為についても調査し計上していたが，2006年度からは国・私立学校も調査対象に加えた。さらに，2013年度からは高等学校に通信制課程を含めて計上することとした。また，小学校には義務教育学校前期課程，中学校には義務教育学校後期課程および中等教育学校前期課程，高等学校には中等教育学校後期課程を含めている（文部科学省，2023a）。

3　暴力行為の実態と要因

　文部科学省の「令和4年度 児童生徒の問題行動・不登校等生徒指導上の諸課

第 2 部　個別の課題に対する生徒指導

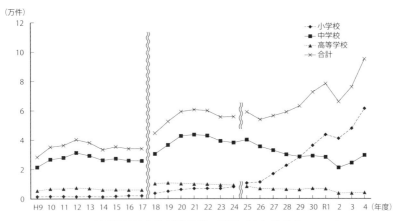

図 5-1　校種別暴力行為発生件数の推移（文部科学省，2023a）

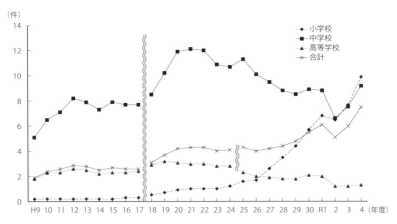

図 5-2　児童生徒 1,000 人あたりの暴力行為発生件数の推移（文部科学省，2023a）

題に関する調査結果の概要」では，次のように調査結果をまとめている（文部科学省，2023b）。

　小・中・高等学校における暴力行為の発生件数は 95,426 件（前年度 76,441 件）であり，前年度から 18,985 件（24.8%）増加となっている。これは，過去最多を記録している。また，児童生徒 1,000 人あたりの発生件数は 7.5 件（前年度 6.0 件）であった。校種別に見てみると，小学校の発生件数は，61,455 件で，前年度に比べ 13,317 件（27.7%）増加し過去最多となり，中学校は，29,699

件で前年度に比べ5,249件（21.5％）増加した。高等学校は，4,272件で，前年度に比べ419件（10.9％）増加した。形態別では，小・中・高等学校において，最も割合の高い生徒間暴力が増加し，全体の約70％を占めている（図5-1，図5-2参照）。

　増加理由としては，文部科学省は，「令和2年度は全国一斉休校など教育活動が制限されたことにより全校種で暴力行為の減少が見られたが，令和3年度は新型コロナウイルス感染症流行前の令和元年度並みとなり，令和4年度では再び増加傾向となり過去最多となった」としている。また，「部活動や学校行事などの様々な活動が再開されたことにより接触機会が増加し，いじめの認知に伴うものや生徒に対する見取りの精緻化によって把握が増えたことなどが，暴力行為の発生件数の増加の一因となったと考えられる」としている（文部科学省, 2023b）。

4　暴力行為の状況について

◆◆◆ 1．なぜ小中学校の暴力行為は増加しているのか

　文部科学省は，「暴力行為のない学校づくりについて（報告書）」の中で，暴力行為増加の要因については，児童生徒の成育，生活環境の変化，児童生徒が経験するストレスの増大，また最近の児童生徒の傾向として，感情を抑えられず，考えや気持ちを言葉でうまく伝えたり人の話を聞いたりする能力が低下していることなどをあげている（文部科学省, 2011）。

　また，同じ児童生徒が暴力行為をくり返す傾向が指摘されているが，その背景には，規範意識や倫理観の低下，人間関係の希薄化，家庭の養育力に関わる問題，あるいは映像などの暴力場面に接する機会の増加やインターネット・携帯電話の急速な普及に伴う問題，若年層の男女間における暴力の問題など，児童生徒を取り巻く家庭，学校，社会環境の変化に伴う多様な問題があるものと考えられるとしている（文部科学省, 2011）。

第 2 部　個別の課題に対する生徒指導

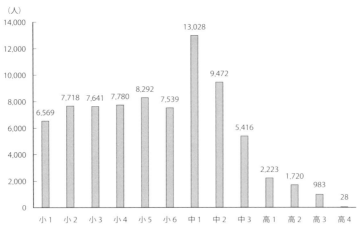

図 5-3　学年別加害児童生徒数（文部科学省，2023a）

◆◆◆ 2. 暴力行為加害児童生徒数

　学年ごとに，暴力行為加害児童生徒数を見ると，中学校では，中学 1 年生が 13,028 人に対し，中学 2 年生が 9,472 人，中学 3 年生が 5,416 人と，中学 1 年生が他の学年と比較し突出して多いことがわかる（図 5-3）。このように中学 1 年生での問題行動などが増加する現象のことを指して「中 1 ギャップ」と表現することがよくある。これは，小学校を卒業して中学校へ進学した際に教科担任制になったり，複数の小学校から生徒が入学するため，新しい集団形成を余儀なくされるなど，これまでの小学校生活スタイルとは異なる新しい生活スタイルなどになじめず，授業についていけなかったり，暴力行為やいじめが起こったりする現象をいう。

◆◆◆ 3. 生徒指導上の基本的な考え方

　文部科学省（2011）は，「暴力行為のない学校づくりについて（報告書）」の中で，「暴力行為が発生する学校」を「落ち着いた学習環境」に改善するための生徒指導上の基本的な考え方として，「学校の秩序を乱し，他の児童生徒の学習

を妨げる暴力行為に対しては，児童生徒が安心して学べる環境を確保するため，適切な指導，措置を行うことが必要である」と示している。

　具体的には，生徒指導にあたっての基本姿勢として，「個に応じた指導」では，個々の暴力行為の背景に児童生徒の抱えるさまざまな課題があることを理解し，個人を取り巻く家庭，学校，社会環境などの要因があることを認識するとしている。次に，「教職員と児童生徒の人間関係の重視」では，問題の有無にかかわらず，児童生徒一人ひとりの人権に配慮する。そして，「家庭や関係機関等との連携」では，近年の暴力行為の状況から，その背景に児童生徒の学校外における活動範囲の拡大や，インターネットや携帯電話の普及に伴う問題などがあるため，関係機関などとの行動連携のシステムづくりが必要であることを示唆し，学校が暴力行為の問題に適切に対応するために，日常から関係機関などとの連携を密にし，情報を収集し，新しい傾向に対応できる指導体制の整備や，平素から保護者と十分に話し合い，学校の指導方針についての理解と協力を得ること，信頼関係を確立することが不可欠であるとしている。また，生徒指導主事（各学校の生徒指導担当責任教員）や学級・ホームルーム担任の果たす役割について整理している。

　さらに，「未然防止」「早期発見・早期対応」「課題解決」の３つの観点から，生徒指導上の留意点をまとめている。たとえば，「未然防止」の観点からは，校内指導体制の整備として，既存の指導方針や指導マニュアルなどの現状にあったものかどうかの見直しを求め，きまりや暴力行為への対応の基準の明確化と周知などによる未然防止への取り組みを求めている。さらに，学校全体における取り組みとして，正義感や公正さ，命の大切さ，人権の尊重，倫理観の育成などをテーマに取り入れた道徳教育の充実などの発達支持的な取り組みが紹介されている。「早期発見・早期対応」の観点からは，児童生徒の発する心のサイン（落ち着きがない，投げやりになる，神経過敏など）や行動のサイン（欠席する・遅刻する・早退する・授業を抜け出す，自暴自棄な行動をするなど）に気づくために，日常の学校生活における児童生徒の観察や教職員間の情報交換などの課題予防的な取り組みが紹介されている。そして，「課題解決」の観点から，保護者，地域，関係機関などと連携しつつ，状況によっては出席停止の措

置を講ずることも検討するなど，困難課題対応的生徒指導の具体的な留意点などが整理されている。

5 暴力行為に関する生徒指導の重層的支援構造

図5-4は暴力行為に関する重層的支援構造モデルの2軸3類4層である（文部科学省, 2022）。常態的先行的時間軸では日常の授業や体験活動を通した「育てる生徒指導」が行われる。具体的には，まず「発達支持的生徒指導」では，児童生徒が「他者を思いやり，傷つけない人」に育つことを意識した，校内の雰囲気づくりや道徳教育，人権教育，法教育などの教育，および日常の働きかけが該当する。また，「課題未然防止教育」では，児童生徒への暴力防止，非行防止，薬物乱用防止などをテーマとする教育が該当する（富山県教育委員会, 2022）。

次の時間軸，すなわち即応的継続的時間軸では，子どもたちが，諸課題に直面した場合に事後対応的に関わり続ける「直す生徒指導」が行われる。具体的には，「課題早期発見対応」では，暴力行為の前兆のある児童生徒に関する早期発見と早期対応（アセスメントとチーム対応など）が該当する。また，「困難課

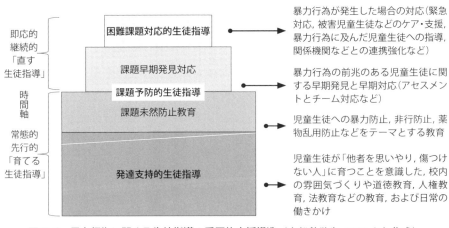

図5-4　暴力行為に関する生徒指導の重層的支援構造（文部科学省, 2022より作成）

題対応的生徒指導」では，暴力行為が発生した場合の対応（緊急対応，被害児童生徒などのケア・支援，暴力行為に及んだ児童生徒への指導，関係機関などとの連携強化など）が該当する（富山県教育委員会，2022）。

6 教員の体罰は児童生徒の暴力行為に影響する

　学校現場における教員による児童生徒への体罰は，否定派が多い（水谷・高野，2019）と思われるもののなかなかなくならず，体罰を行ったことにより懲戒処分や訓告を受けている教員は毎年報告されている（文部科学省，2024）。体罰が発生した場合には，当該体罰に至った経緯や体罰の程度の差により肯定派，否定派に分かれて議論されることが多かったが，2012年12月に発生した大阪市立（現府立）桜宮高校におけるバスケットボール部顧問教員による体罰を理由とした男子生徒の自死事件以降，体罰は社会問題となった。大阪市が2013年に作成した「体罰・暴力行為を許さない開かれた学校づくりのために」（大阪市教育委員会，2013）によると，当該生徒が所属していたバスケットボール部の顧問は暴力を指導の一環と位置づけ，日常的に暴力を振るっていた。事案発生後に大阪市教育委員会が実施した全校調査および児童生徒・保護者アンケートの結果によると，264件の体罰・暴力行為の報告があり，5,123人から体罰・暴力を受けたことがあるとの回答があった。こうして多くの学校で教員による体罰・暴力行為が行われていた実態が判明した。

　体罰は，学校教育法第11条において禁止されており，教員は，児童生徒への指導にあたり，いかなる場合も体罰を行ってはならない。当然ではあるが，体罰よる指導では，正常な倫理観を養うことができず，むしろ児童生徒に力による解決への志向を助長することにつながるため，絶対に許されない行為だと認識することが重要である。なお，児童生徒に怪我をさせた場合には，刑法の暴行罪や傷害罪が適用され，刑事上の責任を追及されることになる。また，民事上では，損害賠償の責を負うことになり，さらに行政処分（懲戒処分）も受けるため，大きく社会的に制裁を受けることになる。

第 2 部　個別の課題に対する生徒指導

 暴力的傾向を持った児童生徒への未然防止対応を考える

　学校において，暴力行為が起こった際の対応も重要になるが，未然防止対応を目的とした対応も求められるだろう。このことについて，栃木県教育委員会（2003）の資料を一部変更し，以下に紹介する。

具体的な働きかけの視点
①他の児童生徒との比較は絶対に避け，当該児童生徒の優れた点を認める。
②座学以外の運動や音楽などを通したストレスの解消の仕方を指導する。
③暴力行為が刑事民事補償を伴う法的問題に発展することを伝えるとともに，当該児童生徒の自制心を高めるように働きかける。
④頭髪，服装などの校則違反については毅然として対応するが，指導にあたっては感情的にならず，児童生徒の弁明の時間を取り指導した理由を丁寧に説明し，自ら改善する方法に導く。
⑤「自分だけ特別」という意識を持たせないよう配慮しながらも，折に触れ教員から声をかけるなどなど当該児童生徒に「自分を気にしてくれている」という気持ちを持たせるよう配慮する。
⑥当該児童生徒を叱責する際には，集団から離した場所で個別対応する。
⑦当該児童生徒が活躍できる場を意図的に設定し，取り組みをうながす。また結果については必ず励ましの言葉をかけるが，過剰にならないように留意する。
⑧学習に対して劣等感を持つ児童生徒が多く見られることから，本人の気持ちに配慮しつつ補習指導を行い，学力を身につけさせる。
⑨とくに集団の場で当該児童生徒が恥をかくことのないように配慮するなど，プライドを傷つけることのないよう工夫する。
⑩今までの行動を振り返り，自己理解を深めさせるための作文指導や個別面談などを通して，指導・援助を行う。
⑪体験的な活動を中心とした特別指導を行うなど，指導者もともに活動しな

がら共感的な理解に努めるとともに生き方・あり方について道を示す。
⑫自分の行った行為にきちんと向き合わせ，被害者や保護者の痛みについても自覚させる。
⑬興奮状態に陥ったときに，「心の中で10までゆっくり数える」（クールダウン）などの具体的な行動やコントロールの仕方を伝え，当該児童生徒に合った方法で自らコントロールできるようにする。

8 社会的絆理論活用による暴力行為など逸脱行動への未然防止や再発防止

　ハーシ（Hirschi, T.）の主張する社会的絆理論では，社会に共通の価値体系が存在していることを前提としており，個々の逸脱行動（ここでは児童生徒の暴力行為）の有無を，その個々人が社会に対して持っている絆の強弱で説明している。すなわち，ある個人が逸脱行動をするのは，その人の社会的絆（家庭・学校・社会）が弱まったり，壊れてしまったりしたからと見なしている（小林，1993）。そこで，4つの社会的絆を児童生徒に実感させることが重要である。以下で4つの社会的絆を説明する。

愛着（attachment）
　愛着は家族や友人，仲間といった他者との間にある感情的な絆である。児童生徒のほとんどは，家族に愛され，自分自身も家族に愛着を持つことで，他者への愛着を学び，愛着を感じる相手の期待に応えようとする。他者に愛されることや他者を愛することが暴力行為などの逸脱行動への抑止力となる。

投資（commitment）
　行動を選択する際に損得を考慮することや，社会的に好ましい目標を達成するために関わりを持とうとする意識レベルである。目標があって達成したり自分で意思決定できたりすることは，他者からの称賛などが得られることが期待できる。これは承認欲求を満たすうえで重要な絆である。

巻き込み (involvement)

巻き込みは，あることをするのに忙しければ，暴力行為などの逸脱行動を起こす暇がなくなってしまうという考えである。たとえば部活動や勉強に時間をかけている児童生徒はこの絆が強いが，逆に部活動や勉強に価値が見いだせなくなった場合は絆が弱くなっていくことになる。

規範観念 (belief)

規範観念とは，法に対する尊敬の念のことであり，法や規則（校則）を守るべきであると信じている児童生徒ほど暴力行為などの逸脱行動はしないという考えである。

9　学校現場における暴力行為の実際

ここまでの内容を踏まえたうえで，以下では，事例と学校の対応指導経過，指導のポイントについて，「生徒指導に生かす法律知識 改訂版」（三重県教育委員会，2011），「中学校における暴力行為事象への指導事例集」（奈良県教育委員会，2012）に加筆修正して引用紹介する。

◆◆◆ 1．事例1：対教師暴力

事例の概要

中学2年男子生徒Aは，体育館で体育祭の練習中，無断で競技用のボールを持ち出し，面白半分で練習中の他の生徒にぶつけてからかうので，担任教員は生徒Aに対し，ボールを片づけて練習に戻るよう指導した。ところが，生徒Aは指導に従わないばかりか，指導を受けたことに腹を立て，担任教員の顔面に殴りかかり，全治2週間の怪我を負わせた。

指導の経過

①体育館内にいた別の教員と教頭が生徒Aを取り押さえ，体育館内の控室に連れて行き，深呼吸をさせるなどしてAを興奮状態から落ち着かせた。

②担任教員は病院で診察を受け，全治2週間の診断書を受けた。
③生徒Aの保護者にすぐ学校に来るように連絡したが，仕事中であることを理由に学校へ来なかった。
④校長，教頭，生徒指導主事，2年学年主任および担任が集まり，今後の対応を協議した結果，担任教員が怪我をしていること，担任教員が冷静に生徒Aの行為を注意したにもかかわらず一方的にAが殴りかかったこと，以前にも怪我には至らなかったが同様の行為を行ったことから，警察へ被害届を提出することにした。
⑤緊急の職員会議を開き，生徒指導主事が事件の内容を全教職員に説明し，被害届の提出を含め今後の指導方針について説明した。また，事後の対応をすべての教職員で役割分担して協力していくことを確認した。同時に校長から生徒Aの保護者に被害届を提出する旨の連絡を行った。
⑥担任教員，教頭，生徒指導主事が所轄警察署に出向き，被害届を提出した。
⑦生徒Aは後日警察に逮捕され，少年鑑別所での観護措置を経て，審判の結果，保護観察処分になった。
⑧学校は，生徒Aが逮捕されたあとも家庭訪問をくり返し，保護者と協力してAの立ち直り支援を伝えた結果，保護者との関係が徐々に改善し，学校，保護者，保護司との連携を密にして立ち直りプログラムを作成し実行した。

組織的な対応のためのポイント
①別の教員と教頭の2人で生徒Aを取り押さえ二次被害を防止。
②体育館から控室に移動し，深呼吸をさせるなどアンガーマネジメントを実施し，生徒Aをクールダウンさせ，興奮を抑えた。
③生徒Aは，再犯性が高いため警察に被害届を提出し，専門機関と連携して，更生プログラムにより立ち直り支援を行った。

関連法令
刑法第204条傷害罪，刑法第208条暴行罪

◆◆◆ 2. 事例2：生徒間暴力（DV）

事例の概要

高校2年男子生徒Aは，同学年の女子生徒Bと入学当初から交際していた。2年生になってから，BはAから，常に暴言を吐かれたり，気分が優れないときには暴力を振るわれたりしていたが，Aに嫌われたくないという気持ちが強く，誰にも相談できずにいた。AはBへの身体的暴力行為が軽度のものであることやBが強い抵抗を示さなかったことから，自分の行為が犯罪行為であるとの認識もなく，暴力はますますエスカレートしていった。夏になっても長袖ブラウスを着用しているBに担任が理由を尋ねたところ，日常的に暴力被害を受けており，傷を隠すために長袖ブラウスを着用していたことがわかった。Bは同時にこれまでの心のつらさを打ち明け，事件が発覚した。

指導の経過

① 女子生徒Bに対して，養護教諭から，男子生徒Aの行為は愛情表現ではなくDV（ドメスティック・バイオレンス）であること，BがAから受けているのは肉体的，精神的暴力の被害であることを教示した。

② 生徒指導主事と学年主任から，DVは一般的には家庭内暴力を指すが，大人だけの問題ではなく，高校生の間でも起こり得ること，またそれは「デートDV」と称される犯罪行為であることを教示した。

③ 教育相談担当教員と養護教諭から，DVは「力による支配」「暴力を容認する意識」「彼氏・彼女の役割の押しつけ」などがその根底にあり，人の尊厳を著しく傷つける行為であることを認識させた。また，どのような理由があっても暴力を振るうことは許されない行為であり，本当の愛情関係とは，平等・対等な関係であることを自覚させた。

④ 女子生徒Bの担任と生徒指導主事から，男子生徒Aは暴力行為のあとには決まって「謝罪」と自分の行為が「愛情表現」であることをBに言うことから，再発性が強いのでBに対して警察へ被害届を提出することを説得した。同時にBの保護者にも事実を伝え，学校，スクールカウンセラーが精神的に支えていくことを約束したところ，保護者も今後の被害の防止のた

めに同意した。
⑤女子生徒Bと保護者，担任，養護教諭が付き添い，怪我の診断書を添えて所轄警察署に被害届を提出した。
⑥後日，男子生徒Aは警察に逮捕され，少年鑑別所での観護措置を経て，審判の結果，常習性があること，加害の再発性の可能性が高いこと，女子生徒BがAの処罰を望んでいることから少年院送りとなった。

組織的な対応のためのポイント
①養護教諭から生徒Bに対して，DVは，肉体的，精神的暴力であることを教示した。
②生徒指導主事から，DVは交際中の男女でも成立することを教示した。
③生徒Bの被害防止を最優先し，担任が保護の承諾を得て，警察に被害届を提出させた。

関係法令
刑法第204条傷害罪，刑法第208条暴行罪

◆◆◆ 3. 事例3：器物損壊

事例の概要

中学2年女子生徒Aが，4限目授業終了後，「実験棟校舎1階廊下のガラスが割れている」と職員室に知らせに来た。数名の教員が駆けつけるとガラス6枚が割られており，ガラス破片とともに小石数個と黒板消しが見つかった。また，状況から廊下側から外に向かって小石が投げられていたことがわかった。

指導の経過
①校長，教頭，生徒指導主事，各学年主任が集まり，対応を協議した。協議内容は，5限目を全校集会にすること，全校集会後に学級活動を行い無記名で生徒アンケートを取り，情報提供を求める，その情報をもとに再度協議し，警察への被害届を提出するか検討することにした。また，証拠保全のため，被害現場にはロープを張り，出入りできないようにして保存した。

②5限目の全校集会では，校長と生徒指導主事から事実を伝え，全生徒に情報を求めた。また，関係した生徒は自主的に申し出てほしいと伝えた。
③2年生の学級活動で生徒から，「3限目終了後の休み時間に3年生男子生徒3名が現場付近にいた」との情報が寄せられた。当該3名はその日遅刻して登校し，4限目の終了5分前に教室に入ったことがわかった。
④当該3名に対して，生徒指導主事，3年学年主任，3年生徒指導担当教員の3名の教員が話を聞いたが，ガラス破損に関する情報は得られなかった。
⑤放課後，臨時の職員会議を開き，経過報告と今後の対応について意見交換した結果，生徒が持つ悩みや不安と学校に対する不満について学校，学級生活アンケート行い，臨時の教育相談週間を設けて学級担任が面談を行うことと，警察への被害届を提出することを確認した。
⑥警察は実況見分のため来校し，写真撮影と遺留指紋採取，足跡採取を行っていたが，その様子を多くの生徒が見ていた。
⑦生徒への生活アンケートには，さまざまな悩み，不安，不満が書かれており，それぞれの担任が一人ひとりの個別面談を丁寧に行った。
⑧結局のところ，ガラス破損の行為者は不明であったが，それ以降，窓ガラス破損は発生しなかった。

組織的な対応のためのポイント
①事案認知直後に，全校集会と学級活動の時間にアンケートを実施し，生徒の日常生活上の不満を認知し，丁寧な個別面談を実施したためその後の再発防止につながった。
②すべての教職員が生徒アンケート結果を情報共有し，危機感を持つことにつながった。
③多くの生徒が警察官の指紋採取や足跡採取などの実況見分の様子を見ていたことが，抑止力につながった。

関係法令
刑法第261条器物損壊罪（親告罪）

第 6 章

少年非行

本章では，第1節で日本の非行少年の法的定義や少年非行の現状を確認し，第2節では，非行のある児童生徒の理解や対応において有用な知見や理論について紹介したい。続く第3節では，少年非行の中から喫煙，飲酒，薬物乱用を取り上げ，その現状を概観する。そして第4節では，喫煙，飲酒，薬物乱用に対する指導・援助の方向性について述べる。

1 少年非行の定義と実態

　少年非行に関する世論調査（内閣府, 2015）によると，20歳以上の国民の78.6％が少年による重大な事件は「増えている」と思うと回答している。また，少年非行だけを対象としたものではないが，治安に関する世論調査（内閣府, 2022）では，18歳以上の国民の54.5％が（ここ10年で）日本の治安は「悪くなったと思う」と回答している。こうした認識は少年非行の実態を適切にとらえているだろうか。本節では，少年非行に関わる法的定義を確認したうえで，公的統計をもとに日本の少年非行の実態を概観する。

◆◆◆ 1．非行少年の定義・種類

　日本の少年法では20歳未満を「少年」と定義している。少年が刑罰法令に違反した場合または違反する可能性がある行為を行った場合，特別な取り扱いが行われる。刑法第41条において刑事責任を科すことができるのは14歳以上

と規定されているため，少年法第3条第1項では，適用される法律の違いなどから非行少年を次の3つに分類している。

①14歳以上で20歳未満の罪を犯した少年（犯罪少年）
②14歳未満で刑罰法令に触れる行為をした少年（触法少年）
③保護者の正当な監督にしたがわないといった一定の虞犯事由があり，かつ，将来犯罪や刑罰法令に触れる行為をする虞がある少年（虞犯少年）

なお，2021年の少年法改正により，18歳以上の犯罪少年は，「特定少年」として，17歳以下とは異なる取り扱いを受けることとなった。

少年法が刑罰法令に違反する行為を非行ととらえているのに対して，より広く非行をとらえた法令もある。たとえば，少年警察活動規則では，第2条第7項において「非行少年には該当しないが，飲酒，喫煙，深夜はいかいその他自己又は他人の徳性を害する行為をしている少年」を不良行為少年と規定して補導の対象としている。また，児童福祉法において規定されている要保護児童（保護者のない児童又は保護者に監護させることが不適当であると認められる児童：第6条の3第8項）や要支援児童（保護者の養育を支援することが特に必要と認められる児童であって要保護児童にあたらない児童：第6条の3第5項）には，非行や犯罪行為を含む不良行為をする，またはする恐れのある児童も含まれている。

このように，ひと口に少年非行といっても，どのような行為を指すかは法令によって異なる。生徒指導においては，学校が問題行動として把握する場合と，関係機関が活動する場合とでは拠って立つ法令や枠組みが異なる場合があることを理解する必要がある。また，児童生徒の問題行動が生徒指導の対象かどうかだけでなく，それが非行にあたるか否かを判断するための知識を持たなければならない（文部科学省, 2022）。

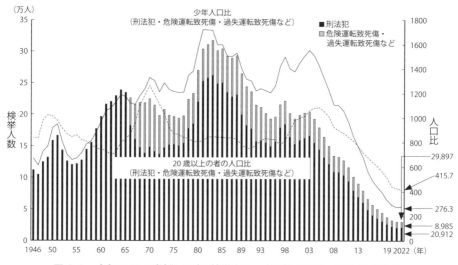

図 6-1　少年による刑法犯などの検挙人員・人口比の推移（法務省，2023）

◆◆◆ 2．日本の少年非行の現状（戦後から現在まで）

　図 6-1 は少年による刑法犯，危険運転致死傷および過失運転致死傷などの検挙人員の推移を示したものである。これを見ると，日本の少年非行には，1951 年をピークとする第一の波，1964 年をピークとする第二の波，1983 年をピークとする第三の波という 3 つの大きな波が見られることがわかる。ここで注目したいのは，1983 年のピークから現在まで，少年による刑法犯は全体として減少傾向にあることである。1983 年には 30 万人を超えていたが，2012 年までの 30 年間で 3 分の 1 程度に減少し，その後は 2022 年にわずかに増加するまで，戦後最少を更新し続けてきた。少年人口比についても，2022 年は前年に比べて上昇したものの，全体としては低下傾向にあり，最も高かった 1981 年の約 7 分の 1 となっている。

　図 6-2 は近年の少年による刑法犯の罪種別検挙人員の推移を示したものである。軽微な事件だけでなく，凶悪犯も含めた少年犯罪全体が減少傾向にあるといえる。新型コロナウイルスの世界的な流行によって社会活動が制限された

89

第 2 部　個別の課題に対する生徒指導

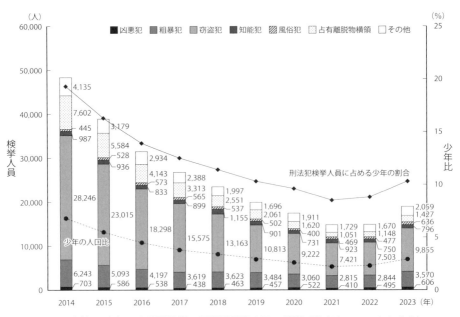

図 6-2　近年の少年による刑法犯の罪種別検挙人員の推移（警察庁，2024 より作成）

2020〜2022 年においては，その傾向が一層進んだといえる。2023 年は全体的に増加に転じているものの，これは社会活動の制限緩和による揺り戻しと考えられる。

2　少年非行の理解と対応

　2021 年に閣議決定された「こども政策の新たな推進体制に関する基本方針」によれば，児童生徒の抱える困難は，「発達障害などのこどもの要因，保護者の精神疾患などの家庭の要因，虐待などの家庭内の関係性の要因，生活困窮などの環境の要因といった様々な要因が複合的に重なり合って，いじめ，不登校，ひきこもり，非行といった様々な形態で表出する」とされる（こども家庭庁，2021）。生徒指導上問題となる児童生徒の行動には複雑な背景があること，そのような

行動は表現形態であって，児童生徒の抱える困難そのものではないことを理解することが重要といえる。児童生徒が非行を手放すこと，あるいは変化させることを目的とした働きかけを行うためには，児童生徒を多面的にとらえるとともに，彼らが自分の抱える困難に対処できるように指導することが必要である。以下，そのような働きかけを行う場合に有用と思われる視点や留意点について述べる。

◆◆◆ 1．非行の理解

（1）被害体験と非行

　非行のある児童生徒は，時に，その行為によって他者に被害を与えた「加害者」となる。しかし一方で，彼らもまた，それまでの人生を通して他者から何らかの危害を加えられた「被害者」としての体験を持っていることがある。

　法務省（2023）によると，2022年における少年院入院者のうち何らかの被虐待経験があると申告した者は，男子で40.3％，女子で69.8％であった。また，生後18年間における被虐待経験や家庭の機能不全といった小児期における逆境体験（Adverse Childhood Experiences：ACE）については，少年院在院者の87.6％，保護観察処分少年の58.4％が，何らかの体験を有していた。ACEの4つ以上の累積は深刻例とされるが，松浦（2012）によれば，男子の少年院在院者の12人にひとり，女子の少年院在院者にいたっては5人にひとりが該当している。フェリッティら（Felitti et al., 1998）は，ACE研究の結果を受けて，薬物依存は心身の健康を損なうリスクの高い生活習慣であるが，当事者にとっては自己治療のために手放せない手段となっている可能性を指摘している。非行のある児童生徒も同様である可能性を理解しておくことは，非行への対応を考えるうえで重要である。

（2）対処行動としての非行

　ヒーリーとブロナー（Healy & Bronner, 1936）は長期間にわたって非行の原因に関する調査を行い，非行をする児童生徒には情動障害が多いことを見いだ

した。そして，非行の原因を幼少期の満たされない人間関係によって生じる情動障害と考えた。彼らは，非行とは特殊で異常な行動ではなく，他の行動と同じような生活における活動の一部であり，満たされない願望や欲求を表現する手段の1つと見なした。家庭，友人関係，学校などで十分な愛情や承認を得られなければ，児童生徒は不快な感情や欲求不満を持たざるを得ない。非行はそれらを低減させる機能を果たすと考えられる。

(3) 非行の保護要因・抑制要因

　非行や犯罪行動の理論が「人はなぜ犯罪をするのか」という問いに対する答えを見いだそうとしてきたのに対し，ハーシ（Hirschi, 1969）は「人はなぜ犯罪をしないのか」という視点から考察している。つまり，犯罪の保護要因や抑制要因に着目したのである。そして，その社会的絆理論（social bond theory）の中で，「愛着（attachment）」「投資（commitment）」「巻き込み（involvement）」「規範概念（belief）」の4つをあげ（第5章を参照），これらの社会的絆が何らかの形で弱まったり欠如したりするときに犯罪が起こりやすくなると主張したのである。

◆◆◆ 2. 非行への対応

(1) 3層の対応

　生徒指導提要（文部科学省，2022）では，課題性と課題への対応の種類という観点から，生徒指導を発達支持的生徒指導，課題予防的生徒指導，困難課題対応的生徒指導という3層に分類している。この分類をもとに，学校における非行への対応を図式化したものが図6-3である。

　発達支持的生徒指導とは，すべての児童生徒を対象として，「個性の発見とよさや可能性の伸長と社会的資質・能力の発達を支える」ような働きかけを行うことである。コミュニケーションや問題解決の力の育成などがこれにあたる。広い意味で非行の予防につながるような指導であり，必ずしも直接的に非行と関連している必要はない。

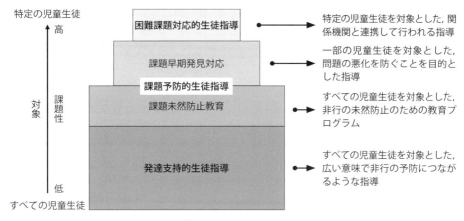

図 6-3　非行に関する生徒指導の重層的支援構造（文部科学省，2022 より作成）

　課題予防的生徒指導は，課題未然防止教育と課題早期発見対応から構成される。前者は，すべての児童生徒を対象に，生徒指導上の諸課題の未然防止を目的として教育プログラムを実施することである。多くの学校で実施されている薬物乱用防止教育や非行防止教育などがこれにあたる。後者は，非行の兆し（身だしなみの変化，遅刻・早退・欠席の増加など），不良行為，初発型非行（万引き，自転車盗，占有離脱物横領など）のある児童生徒を対象に，深刻な問題へ発展させないことを目的として，初期の段階で諸課題を発見し，対応することである。この段階で有効な指導・援助を行うことができれば，多くの児童生徒は非行内容が深刻化する前に引き返すことができる。

　困難課題対応的生徒指導とは，特別な指導・援助を必要とする特定の児童生徒を対象に，関係機関と連携・協働して指導・援助を行うことである。非行傾向の進んだ児童生徒は，本人の資質的な問題だけでなく，家庭や交友関係といった環境にも深刻な問題を抱えていることが多い。警察，児童相談所，家庭裁判所だけでなく，少年鑑別所，保護観察所，少年院といった機関とも連携・協働する可能性がある。

表 6-1　少年非行に対応する関係機関（文部科学省, 2022; 押切, 2019 より作成）

分野	機関名	主な役割	所属する主な専門職	協力する主なボランティアや施設
福祉	児童相談所	児童福祉の専門機関として，非行相談，児童虐待相談などに対応する。	児童福祉司，児童心理司，医師	民生・児童委員，主任児童委員，メンタルフレンド
	児童自立支援施設	入所型の児童福祉施設の1つで，不良行為などのある児童生徒に対して指導を行い，その自立を支援する。	児童自立支援専門員，児童生活支援員，家庭支援専門相談員	
捜査・少年補導	警察・少年サポートセンター	非行をした児童生徒の検挙・補導と少年事件の捜査・調査，児童生徒に関する相談への対応，街頭補導，継続補導などを行う。	警察官，少年補導職員，少年相談専門職員	少年補導員，少年指導委員，少年警察協助員
	検察庁	警察から送致された少年事件の捜査を行う。	検察官，検察事務官	
司法	家庭裁判所	少年事件について調査・審判を行い，少年の処分を決定する。	裁判官，家庭裁判所調査官	補導委託先，少年友の会会員
	少年鑑別所（法務少年支援センター）	国の機関で，家庭裁判所の観護措置の決定により少年を収容し，面接，心理検査，行動観察などによる鑑別を行う。法務少年支援センターとして地域における非行防止活動にも取り組む。	法務技官，法務教官，医師	
	保護観察所	国の機関であり，家庭裁判所が保護観察の処分をした少年などに対し，地域社会の中で再非行防止と更生のための指導や支援を行う。少年院に収容されている少年の帰住先の調整も行う。	保護観察官	保護司，協力雇用主，BBS（ボランティア団体）会員，更生保護施設，自立準備ホーム
	少年院	国の機関であり，家庭裁判所が少年院送致を処分した少年を収容し，生活指導，職業指導，教科指導などの矯正教育を行う。	法務教官，福祉専門官，医師	篤志面接員，教誨師

注）これらの他に，依存症などの治療を行う場合，医療機関などの相談治療機関との連携も考えられる。捜査・少年補導分野では，少年補導センター（設置主体が市町村の機関であり，少年補導，環境浄化活動，相談活動などを行う）との連携も考えられる。

(2) 学校外の関係機関との連携

　非行の中には学校内での対応のみで終結するものもあるが，課題予防的生徒指導の課題早期発見対応段階や困難課題対応的生徒指導の段階においては，学校外の関係機関との連携が必要となることも多い。そのため，非行に関してどのような機関が何を行うのかを理解しておくことが重要である（表 6-1）。

(3) 対応における留意点

　非行のある児童生徒の中には，家庭や学校，友人関係において十分な愛情や承認を感じられていない者も多い。そのような困難への対処行動として非行があるとすれば，厳しく罰するといった指導は逆効果である。児童生徒の言葉に耳を傾け，彼らの抱える困難を把握し，その解決を目指すといった問題解決的な指導が重要となる。その際，児童生徒の抱えている「このままではいけない」「本当はこうなりたい」という思いに注目し，働きかけることは，彼らの変化をうながすことに役立つ。

　このような指導を効果的に行うためには，信頼関係の構築が不可欠である。少年非行の場合，児童生徒の行動に対して教職員自身が被害感を抱えていることも少なくない。児童虐待が大きな社会問題となっている昨今では，親が加害者で児童生徒が被害者という見方も広がってきている。このような加害－被害という関係性にとらわれると，児童生徒や保護者を敵視することになりかねない。教職員が自分の抱えている被害感や怒りなどに対して自覚的になり，それらに対して適切に対処することは，児童生徒や保護者がどうしてそうせざるを得ないのかといった事情に目を向けるゆとりを持つことに役立つ。

　非行のある児童生徒への対応では，彼らに物理的な力が用いられることがある。しかし，こうした対応はできる限り避けるべきである。非行のある児童生徒の多くは，物理的な力による関わりを受けてきていることが多い。学校においてもそれを行えば，児童生徒の傷つきを深めたり，信頼関係を損なうことになるだけでなく，「相手の行動を変えるためには物理的な力を使ってもよい」という誤ったメッセージを伝えることにもなりかねない。

　多くの困難を抱えた児童生徒をひとりで，あるいは，1つの機関で対応することは難しい。他の専門機関との情報共有やチームづくりを行い，正確なアセスメントの共有やさまざまなリソースを検討することなどが必要である。一方で，対象となった児童生徒への対応が他の専門機関に任せきりにならないようにし，学校の中で彼らが居場所や役割を見いだせるようにしていくことも必要である。

3 喫煙・飲酒・薬物乱用の実態

1. 中高生による喫煙および飲酒の動向

2021年から2022年にかけて実施された飲酒・喫煙・薬物乱用についての全国中学生意識・実態調査（嶋根ら，2023）および薬物使用と生活に関する全国高校生調査2021（嶋根ら，2022）によれば、これまでに喫煙したことのある中高生の割合は全体として減少傾向にあり、2022年には中学生で1.3％、高校生で2.6％と推定されるものの、どちらも経験率は学年が上がるにつれて増加している。喫煙に対する考え方は、中高生とも「吸うべきでない（中学生94.7％，高校生93.0％）」が最も多いものの、「少々なら構わない（中学生2.5％，高校生3.7％）」や「全然構わない（中学生1.4％，高校生2.6％）」といった回答も一定の割合で見られている。また、これまでに飲酒したことのある中高生の割合は減少し続けており、2022年には中学生で14.8％、高校生で20.6％と推定される。喫煙と同様に、経験率は学年が上がるにつれて増加していた。飲酒に対する考え方は、中高生とも「飲むべきでない（中学生84.2％，高校生75.2％）」が最も多いものの、「時と場合に応じては構わない（中学生12.5％，高校生19.3％）」や「全然構わない（中学生2.2％，高校生4.7％）」といった回答も一定の割合で見られている。

このように、多くの児童生徒は喫煙や飲酒に対して否定的であり、それらを経験したことのある児童生徒数は減少している。しかし、学年が上がるにつれて喫煙や飲酒に対して肯定的な態度を示す児童生徒は増加しており、とくに飲酒に対してはその傾向が強いことに注意しなければならない。

2. 中高生による薬物乱用の動向

令和5年版犯罪白書（法務省，2023）によれば、薬物犯罪（覚醒剤取締法，大麻取締法，麻薬取締法，あへん法および毒劇法の各違反）による少年の検挙者

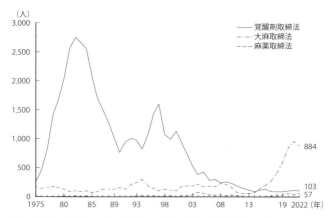

図 6-4 少年による薬物犯罪の検挙人員の推移（法務省，2023）

数は，1982年をピークとして減少を続けていたものの，2015年以降は増加に転じ，2022年は8年ぶりに減少した。その内訳を見ると，大麻取締法違反が2014年から2021年にかけて増加し続け，2015年以降は薬物犯罪の中で最多を占めている（図6-4）。

嶋根ら（2022, 2023）によれば，これまでに薬物を使用したことのある中高生の割合はコロナ禍において全体的に減少しているものの，高校生においては，生涯経験率および過去1年経験率が最も高い違法薬物が大麻となった。また，コロナ禍以前に行われた調査では，覚醒剤および危険ドラッグを使用したことのある中学生の数は横ばいであるのに対し，大麻は増加傾向であった。つまり，近年，日本の中高生による違法薬物の乱用は減少傾向にあるものの，大麻の使用が広まっているといえる。それを裏づけるように，違法薬物の使用に誘われた経験は中高生とも大麻が最も多かった（嶋根ら，2022, 2023）。

大麻の広がりには，その健康影響を矮小化する考えが影響している可能性がある。嶋根ら（2022, 2023）によれば，薬物乱用に関する知識では，90%以上の中高生が「薬物依存」「精神病状態」については「知っている」と回答したものの，大麻に関する知識の周辺状況はそれらを下回っていた。一方，違法薬物の使用に対する考え方では，大麻に対して「少々なら構わない（中学生1.2%，

高校生2.1％)」「全く構わない（中学生0.6％，高校生1.0％)」と回答した中高生の割合が最も多く，その割合は学年が上がるにつれて増加していた。海外における大麻の合法化といった知識に影響され，「大麻には依存性がなく，酒やタバコよりも害が少ない」と考えている中高生が一定数いるものと推測される。

4 喫煙・飲酒・薬物乱用への対応

　多くの児童生徒は喫煙・飲酒・薬物乱用に対して否定的であり，それらを経験することなく生活している。しかし，年齢が上がるにつれて，それらに対して肯定的な態度を示す児童生徒の数が増えることも事実である。高校生の市販薬乱用の経験率は大麻経験率の10倍に相当することが報告されている（嶋根ら，2022）が，喫煙や飲酒はその他の薬物乱用へとつながるゲートウェイ・ドラッグである。生徒指導においては，喫煙，飲酒，薬物乱用に対して早期発見・早期対応を行うことが重要であるが，それらを一部の児童生徒の問題とせず，すべての児童生徒に対して予防教育を行う必要がある。

　学校における喫煙・飲酒・薬物乱用に関する予防教育は，学習指導要領に基づき，小学校の体育科，中学校および高等学校の保健体育科において取り組まれることになっている。しかし，それだけにとどまらず，学校の教育活動全体を通じて指導が行われる必要がある（文部科学省，2022）。ここで留意しなければならないことは，喫煙，飲酒，薬物乱用に関わる従来の指導方法のすべてが効果的なわけでもなければ役立つわけでもなく，場合によっては逆効果ですらあるということである（Washington State Health Care Authority, 2019）。それでは，具体的にどのような指導が効果的だろうか。

◆◆◆ **1．効果的な指導**

　喫煙，飲酒，薬物乱用に関わる指導を効果的なものにするためには，指導において取り扱う内容や学び方に工夫が必要である。たとえば，児童生徒の社会

的能力と社会規範に対する介入を取り入れたプログラムには，薬物使用の防止における保護的な効果が認められている（Faggiano et al., 2014）。つまり，自己コントロールの力や自尊心を高める，同級生と良好な関係を築く，コミュニケーションの力を高める，問題解決やアサーションに関わるスキルを獲得する，薬物に対する抵抗感を強めるといった目的を持った活動や学習面での支援を提供することによって指導の効果が高まる（Washington State Health Care Authority, 2019）。

　伝達する知識の内容を工夫することも有効である。前節で取り上げた全国調査が示すように，多くの中高生は喫煙，飲酒，薬物乱用などの健康影響について何らかの知識を持っている。それにもかかわらず，学年が上がるにつれてその影響を矮小化する傾向が強まっている背景には，指導において与えられる情報と彼らが重視する内容との食い違いが影響していると考えられる。児童生徒は薬物使用がもたらす長期的影響よりも，短期的影響のほうにより関心を向ける傾向がある。したがって，喫煙，飲酒，薬物の長期使用によって引き起こされる障害や依存症のリスクを取り上げるよりも，歯の汚れや口臭，運動機能の低下による怪我や事故の可能性といった即時的影響を示すほうが児童生徒に与える影響は大きくなる可能性がある（嶋根ら，2023; Washington State Health Care Authority, 2019）。

　学び方も指導の効果に影響する。視聴覚教材の視聴や講話といった一方的な知識伝達ではなく，協働学習，断るといった行動の練習，グループ演習といった方法によって児童生徒が新たに学んだスキルを練習する機会を設ける必要がある。児童生徒自身が考え，話し合い，発表するといった双方向的なアプローチが指導を有意義なものにする（嶋根ら，2023; Washington State Health Care Authority, 2019）。

◆◆◆ 2. 効果的でない指導

　Washington State Health Care Authority（2019）によれば，薬物の危険性を過度に誇張したりグロテスクなイメージを使ったりといった古典的な「脅し教

育」に予防効果はなく，有効ではない。未然防止を目的とした指導の中で恐怖や脅しがメッセージの中心となると，児童生徒はそれを信じず，むしろ，教育者を信用しなくなるという。

　また，1回限りのイベントや経験者による講話といった指導方法もすべての児童生徒に対して有効な介入とはいえない。警察関係者を招いての集会といった1回限りのイベントは児童生徒の意識を一時的に高めるものの，薬物使用に関わる行動や考えには影響を与えないとされる。また，経験者による講話などは，使用経験のない児童生徒にとっては「薬物はやめることができる」というメッセージとして伝わる可能性がある。

　知識の伝え方にも注意が必要である。ファジアーノら（Faggiano et al., 2014）は，学校での違法薬物の使用に対する予防プログラムについて，知識の伝達に焦点を当てたものは児童生徒の知識を改善するものの，薬物の使用行動そのものには影響を与えていないことを報告している。また，データを用いて薬物の広がりを強調する，薬物に関する間違った知識を示したあとに事実を伝える，早期から薬物に関する多くの情報を提供するといった方法を用いた場合，「みんな薬物を使っている」と考えるようになったり，間違った知識と事実を結びつけて理解するようになったりと，児童生徒の健康的な判断や行動に影響を与える可能性がある（Washington State Health Care Authority, 2019）。

5　本章のまとめ

　直近10年の推移に注目すると，わが国では凶悪犯罪だけでなく，軽微な事件を含めた少年犯罪全体に明確な減少傾向が認められる。しかし，中高生の間で大麻の使用が広まっている可能性が示唆されている。少年非行に対応する場合，犯罪行為に対する抵抗感を涵養することも重要である。したがって，非行内容の深刻化した一部の児童生徒に対してだけでなく，すべての児童生徒に指導・援助を提供しなければならない。このとき，児童生徒の不全感や孤独感に目を向ける必要がある。非行傾向のある児童生徒の中には被害体験を抱えた者

が少なくない。その体験は，他者との情緒的な交流を困難にし，規範意識の獲得や向社会的集団への所属を阻害する。非行には，そうした状況における対処法略という面がある。したがって，非行に対する指導・援助においては，それを止めるように働きかけるよりも，より健康的な方略を使えるようにすることや，向社会的な大人，仲間，集団とのつながりや絆を強化することが重要である。

第 7 章

児童虐待

  教員として児童虐待を学ぶ意義

　学校には多様な背景を持つ児童生徒がいるが，その中には，虐待を受けている児童生徒もいる。虐待を受けた経験は，短期的に被害児童生徒の身体的・心理的側面における否定的な結果と関連することはもちろん，長期的にもその後の人生における否定的な結果と関連することが多くの研究によって示されている。また，虐待の結果，子どもが死亡してしまうという事件もしばしば報道されるところである。従来，児童虐待は家庭の中で起こることであり，その対応は児童福祉の専門領域としてとらえられることが多くあった。しかしながら，虐待の問題が社会的問題として取り上げられる中で，文部科学省が通知などでくり返し，児童虐待対応の重要性を強調するなど，保護者以外の子どもに一番身近な大人として，学校および教職員が果たす役割に多くの期待が寄せられている。もちろん教員は児童虐待対応の専門家ではないが，教員として，虐待を受けて目の前で苦しんでいる児童生徒に，どのように対応するのか，何をしなければならないのかを学んでおく必要がある。本章では，生徒指導提要（文部科学省，2022）に沿って，児童虐待とは何か，児童虐待は子どもたちにどのような悪影響があるのかを踏まえたうえで，とくに学校現場で必要な知識・対応として，学校教職員の責務や課題予防的生徒指導（おもに早期発見）および困難課題対応的生徒指導（おもに通告および通告後の対応）について概観する。

2　児童虐待とは

　児童虐待と聞くと皆さんはどのような行為を想起するだろうか。たとえば，しつけのためにお尻を叩く行為は虐待になるのだろうか。あるいは，手を出さなければ虐待にはならないのだろうか。児童虐待という行為について，何を想起するかは人によって異なることも考えられる。そこで，まず児童虐待とは何かという定義について確認しておきたい。

　わが国における児童虐待の定義は，児童虐待の防止等に関する法律（以下，児童虐待防止法）に定められている。児童虐待について，①誰が，②誰に，③どのような行為をするのか，という3点から定義を確認する。

　まず，①「誰が」については保護者（親権を行う者，未成年後見人その他の者で，児童を現に監護するもの）である。保護者というと親子関係にある人を思い浮かべやすいかもしれないが，たとえば，親の交際相手のように，週に数日間や日中のみ，夜間のみなど，定期的に児童の養育に一定の関与がある者も含まれる。次に，②「誰に」については，その保護者が監護する児童である。児童という言葉からは小さい子だけが思い浮かべられやすいが，この場合の児童は18歳に満たない者を指す。そして，③「どのような行為をするのか」については，身体的虐待，性的虐待，ネグレクト，心理的虐待の4種類の行為を指す。以下，厚生労働省（2013）を参考に，それぞれの具体的内容について説明する。

　身体的虐待とは，児童の身体に外傷が生じる暴行，または生じる恐れのある暴行を加えることとされる。外傷とは，打撲傷やあざ（内出血），骨折，刺傷，やけどなどのことである。ここで重要なのは，実際に怪我をしたかどうか，ではなく，暴行が行われたかどうか，によって判断されるという点である。

　性的虐待とは，児童にわいせつな行為をすることまたは児童をしてわいせつな行為をさせることとされる。具体的には，子どもへの性的行為や性的行為を見せること，性器を触るまたは触らせることに加え，児童生徒を児童ポルノの被写体にすることなども含まれる。

ネグレクトとは，児童の心身の正常な発達を妨げるような著しい減食または長時間の放置，保護者以外の同居人による虐待行為の放置，その他の保護者としての監護を著しく怠ることとされる。具体的には，乳幼児を家の中に残したまま外出する，重い病気になっても病院に連れて行かない，食事を与えない，ひどく不潔にするなどに加え，同居人が行う暴力などの虐待行為を保護者が止めないことなども含まれる。

心理的虐待とは，児童に対する著しい暴言または著しく拒絶的な対応，児童が同居する家庭における配偶者に対する暴力その他の児童に著しい心理的外傷を与える言動を行うこととされる。具体例としては，児童生徒への言葉による脅かしや子どもの心をくり返し傷つけることを言うこと，拒否的な態度だけでなく，家庭内における配偶者間の暴力（ドメスティック・バイオレンス）がある場合などが例示されており，広く児童生徒の心の傷になるものが含まれる。

これら4種類の行為が虐待行為とされるが，実際にはいくつかの種類の被害を重複して受けている場合も多くあることが報告されている。また，個別事例においての虐待であるかどうかの判断は，子どもの側に立って判断すべきであるとされている（厚生労働省，2013）。

これらの児童虐待は，わが国ではどのような状況にあるのだろうか。2022（令和4）年度における日本全国の児童相談所における虐待相談の対応件数は214,843件であり，過去最多となっている（図7-1）。このうち約1万5,000件（約7％）は学校などからの相談によるものであり，学校が虐待の発見や対応に重要な役割を果たしていることがわかる（こども家庭庁，2024）。また，214,843件という件数はこうした統計を取り始めた1990（平成2）年度（1,101件）と比べて約200倍となっている。ただし，こうした急激な増加については，①実際に児童虐待が増加しているという解釈と②児童虐待防止の広報・啓発活動の結果としての社会的関心の高まりや法整備などが進んだことによる通報や相談の増加という，2つの解釈があることには注意が必要である。なお，この数字は，あくまで相談の対応件数であり，児童虐待の実数ではないため，これらの数字を上回る児童虐待の実態があるとも考えられている（川崎，2008）。いずれにしても，わが国において，多くの児童虐待が存在していることには間違いな

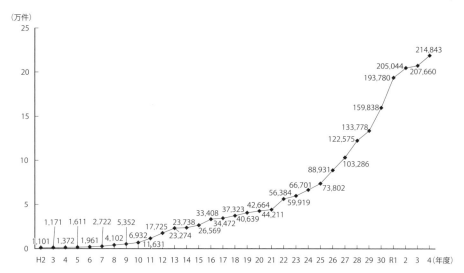

注）平成22年度の件数は，東日本大震災の影響により，福島県を除いて集計した数値。

図7-1　児童虐待対応件数の推移（こども家庭庁，2024）

いと考えられよう。

3　児童虐待が子どもに及ぼす悪影響

　児童虐待の被害経験は，非常に広範囲にわたって否定的な結果と関連することが多くの研究によって示されているが，実は児童虐待が子どもに及ぼす影響は明らかにされていない。なぜなら，虐待の種類や頻度，強度，持続時間，虐待を受けている子どもの特徴，被害を受けている子どもと虐待をする人との関係性の質，虐待に対する周囲の人の反応，虐待が行われている家庭の経済的状況など，虐待の被害結果に関連する多様な要因が存在し，虐待だけの直接的な影響を明らかにすることは極めて困難なためである。
　しかし，児童虐待が多様な否定的な結果と関連していることはくり返し示されており，ここでは，多くの研究で示されている児童虐待の身体面，知的発達

面，心理面への影響について概観する。ただし，先に述べたように，さまざまな要因が交絡している可能性があるため児童虐待を経験したすべての子どもがここで説明するような状態になるわけではなく，児童虐待を受けた子どもたちは下記のような状態を持つリスクが高い，というように理解されたい。

　まず，身体面への影響として，おもに身体的虐待による身体損傷があり，頭部外傷，腹部外傷，四肢や肋骨の骨折，焼傷などが見られる。また，性的虐待による外性器の損傷，妊娠，性感染症への感染なども見られる。また，ネグレクトによる低栄養や心理的虐待による成長ホルモンの分泌抑制によって身体的な発育に障害が認められることもある。身体的虐待が重篤な場合には，死に至ったり重い障害が残ったりする可能性もある（小野，2008）。その他にも，近年では児童虐待によって脳機能や脳の神経構造にも大きな変化が生じることが知られるようになってきた（友田，2012）。

　次に，知的発達面への影響として，児童虐待は実行機能，とくに抑制機能や注意の調節機能の問題に関連することが示されている。こうしたことから，虐待を経験した子どもが注意欠如多動症（ADHD）と類似した行動を示す可能性も指摘されている（西澤，2012）。また，児童虐待によって，学業成績の低下や知能の低下が見られることも示されている（Petersen et al., 2014; Veltman & Browne, 2001）。これらは安心できない環境で生活することにより，落ち着いて学習に向かうことができなかったり，ネグレクトにより学校への登校もままならなかったりする結果であると考えられている（厚生労働省，2013）。

　そして，心理面への影響については，非常に広範囲にわたる。具体的には，児童虐待は，アタッチメントに関する問題や解離症状，心的外傷後ストレス症（PTSD），さまざまなパーソナリティ障害，自信や自尊心の低下，感情制御の困難さ，敵意や攻撃性の高さ，うつ症状や不安症状などと関連することが示されている。また，これらの結果，長期的には，家出や非行や暴力，自傷行為や自殺企図につながったり，アルコールの乱用や薬物の使用，さらには早期の性行為や性的リスクを冒す行動にもつながったりすることが明らかにされている（西澤，2012；小野，2008；Petersen et al., 2014）。

　以上のように，児童虐待は身体面，知的発達面，心理面といった多くの側面

を変化させ，また，これらの変化は密接に絡み合って，子どもの発達や成長に否定的な影響を与え得る。しかし，その一方で児童虐待という大きなリスク因子を持ちながらも，否定的な結果をあまり経験しないという事例も存在する。こうした事例から，虐待経験から子どもたちを守ってくれる保護因子（レジリエンス要因）が存在すると考えられる。

　虐待経験に対する保護因子は，個人レベル，家族レベル，社会レベルの3つの水準から考えることができる。ピーターセン（Petersen et al., 2014）によれば，個人レベルの保護因子としては，高い自尊感情や自我弾力性，外的な原因帰属スタイル，成功時の自身の努力への帰属，内的統制，関係形成能力などが有効であることが示されている。家族レベルの保護因子としては，思いやりのある安全な家庭環境や支援的な家族関係，介入による家族のポジティブな変化などが有効であることが示されている。そして，社会レベルの保護因子として，教員や仲間など家族以外の人との支援的な関係が有効であるとされている。学校では虐待を直接的に減らすことは難しいかもしれないが，こうした保護因子を学校の中で育てることによって，間接的に子どもを守ることができるのである。

4　児童虐待に対する対応

　児童虐待防止法では，学校・教職員に以下の役割を求めている。それは①虐待防止のための子どもおよび保護者への啓発（虐待防止の啓発：努力義務）②虐待の早期発見（努力義務），③虐待を受けたと思われる子どもについて，市町村（虐待対応担当課）や児童相談所等へ通告すること（虐待の通告：義務），④虐待の予防・防止や虐待を受けた子どもの保護・自立支援に関する関係機関への協力（虐待に関しての関係機関との協力：努力義務）である。また，その他に，児童相談所や市町村（虐待対応担当課）などから虐待に係る子どもや保護者，その他の関係者に関する資料や情報の提供を求められた場合，必要な範囲で提供することができるとされている。このうち，③虐待の通告については，とくに学校，教職員としてだけではなく，すべての国民の義務でもある。

これらのように学校および教職員が児童虐待について果たす役割は大きいが，虐待の有無を調査・確認したり，その解決に向けた対応方針の検討を行ったり，保護者に指導・相談・支援したりするのは，権限と専門性を有する児童相談所や市町村（虐待対応担当課）である。したがって，学校および教職員としては，関係機関である児童相談所や市町村（虐待対応担当課），警察と連携しつつ，学校としての役割を果たすことが重要となる（文部科学省，2019）。これらの役割について，生徒指導の重層的支援構造に基づいて，具体的にどのような対応を行う必要があるのかを確認する。学校における児童虐待対応の全体的な流れは図 7-2，図 7-3 に示したので，随時それを参照されたい。

◆◆◆ 1. 児童虐待防止につながる発達支持的生徒指導

　生徒指導の重層的支援構造のうち，発達支持的生徒指導は，特定の課題を意識することなく，すべての児童生徒を対象に，すべての教育活動において進められる生徒指導である。上述した児童虐待に対する保護因子のうち，自尊感情を高めることや関係形成能力の育成，教員や仲間との支援的な関係の醸成は，すべての児童生徒の良好な発達のために重要な要素である。したがって，これらの要素を目的とした働きかけを日常の教育活動を通して行うことは児童虐待防止につながる発達支持的生徒指導と考えることができる。あるいは，人権意識を高める観点から，子ども基本法や児童の権利に関する条約について学習を行うことも児童虐待防止につながる相乗的な効果を持つと考えられる。

◆◆◆ 2. 児童虐待の課題予防的生徒指導

　生徒指導の重層的支援構造のうち，課題予防的生徒指導は，課題未然防止教育と課題早期発見対応の 2 つから構成される。まず，児童虐待の課題未然防止教育として，虐待防止の啓発に努める必要がある。すなわち，児童生徒に対して，児童虐待防止・予防教育の授業を行うことや，つらいときに相談できる力を育てること，そして養護教諭やスクールカウンセラー，スクールソーシャル

第 7 章　児童虐待

```
┌─────────────────────────────────────────────┐
│ 発生予防など（課題未然防止教育）                │
│ ・子どもや保護者への相談窓口の周知, 相談対応    │
│ ・児童虐待未然防止のための教育, 啓発活動        │
│ ・研修の実施, 充実                              │
└─────────────────────────────────────────────┘
┌─────────────────────────────────────────────┐
│ 早期発見（課題早期発見対応）                    │
│ ・日常の観察による子ども, 保護者, 家庭状況の把握 │
│ ・健康診断, 水泳指導                            │
│ ・教育相談, アンケートなど                      │
│ ⇒ 子ども・保護者・状況について違和感あり       │
│ ⇒ チェックリスト（文部科学省, 2019）に複数該当 │
└─────────────────────────────────────────────┘
        ┌─────────────────────────────────────┐
        │ ・本人（子ども, 保護者）からの訴え       │
        │ ・前在籍校, 学校医や学校歯科医, 他の保護者│
        │ ・放課後児童クラブや放課後子ども教室など │
        └─────────────────────────────────────┘
```

直ちに管理職へ報告・相談

```
┌─────────────────────────────────────────────┐
│ チームとしての対応, 早期対応（情報収集・共有, 対応検討）│
│ ［メンバー］管理職, 養護教諭, 学級担任, 学年主任,  │
│   スクールソーシャルワーカー, スクールカウンセラーなど│
└─────────────────────────────────────────────┘
```

①明らかな外傷（打撲傷, あざ〔内出血〕, 骨折, 刺傷, やけどなど）があり, 身体的虐待が疑われる場合 ②生命, 身体の安全に関わるネグレクト（栄養失調, 医療放棄など）があると疑われる場合 ③性的虐待が疑われる場合 ④子どもが帰りたくないと言った場合（子ども自身が保護・救済を求めている場合）	①明らかな外傷（打撲傷, あざ〔内出血〕, 骨折, 刺傷, やけどなど）があり, 身体的虐待が疑われる場合 ②生命, 身体の安全に関わるネグレクト（栄養失調, 医療放棄など）があると疑われる場合 ③性的虐待が疑われる場合 ④この他, 子どもの生命・身体に対する危険性, 緊急性が高いと考えられる場合
①〜④に該当　／　①〜④に該当せず 通告　　　　　　　通告	①〜④に該当 通報
児童相談所　　　市町村（虐待対応担当課）	警察

通告後の手続き → 在宅での支援（登校）

児童相談所や市町村の役割

いずれにおいても通告・通報したことを連絡 → 教育委員会など

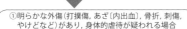

図 7-2　学校における虐待対応の流れ：通告まで（文部科学省, 2019 を改変）

109

第 2 部　個別の課題に対する生徒指導

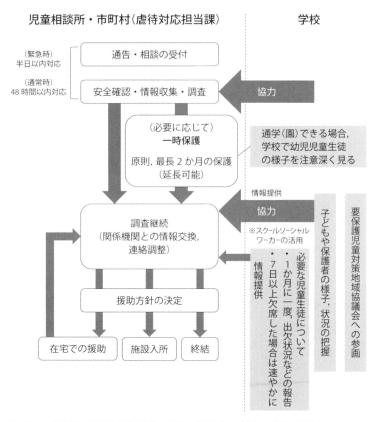

図 7-3　学校における虐待対応の流れ：通告後の対応（文部科学省, 2019 より作成）

ワーカーを含めた相談先を紹介することなどが必要になる。また，保護者に対しては，保護者会や学校便りを通じて，2020 年に施行された児童虐待防止法の改正による，親権者などによる体罰禁止規定について周知することや，子育てに不安や悩みがあるときには地域の相談窓口に積極的に相談するように伝えることが必要である。これらの取り組みによって，児童生徒が児童虐待の被害を受けた際に，早期に発見できる可能性を高めたり，保護者が児童虐待を行う可能性を低めたりすることができる。

　次に，児童虐待の課題早期発見対応として，学校や教職員が児童生徒の様子の変化や言動などから虐待を受けている可能性を把握しやすい立場であること

を踏まえ，児童虐待の早期発見に努める必要がある。才村（2007）は，学校での虐待発見の経緯について，身体的様子，子どもの言動，子どもの話，登校状況，保護者の様子から発見されることが多いことが報告している。したがって，児童虐待を受けている児童生徒を把握するには，日常のやりとりにおける子ども，保護者，家庭状況の把握や子どもへの定期的なアンケートの実施が必要となると考えられる。また，健康診断や水泳指導も，児童虐待を発見するきっかけになり得る。あるいは，他の子どもや保護者などからの訴え，児童クラブなどからの訴えによる発見もある。

　これらの早期発見を効果的に行うためには子どもや保護者，状況の違和感について，気づきの目を養うことが重要になる。文部科学省（2009）では，児童虐待への気づきの目を養うために，子どもの示す言動に注意することと，虐待を疑うための3つの「変」，すなわち，子どもが何となく変，保護者の様子が何となく変，状況が変であることを見逃さないことが示されており，その具体的な内容は表7-1に示した。もちろん，こうした兆候が見られるからといって，児童虐待を受けているということにすぐにつながるわけではないし，あるいは，いじめや不登校の兆候などとも重なる部分があるが，これらの違和感を持った際には，文部科学省（2019）に示されている虐待リスクのチェックリストなどを用いて，精査していくことが必要になる。

　また，先に見たように，生徒指導上の課題としてしばしば見られる児童虐待の影響には，激しい暴力，いじめの加害のくり返し，家出，薬物などへの依存，自傷行為やパーソナリティ障害，自殺企図などがある。これらの生徒指導上の課題で苦慮する児童生徒には，児童虐待を受けた者が含まれている可能性があるが，長友ら（2007）では，教員は子どもの教室での問題行動を虐待の兆候として認知する傾向が低いことが報告されており，児童虐待被害を受けている可能性をしっかりと頭に入れておく必要がある。

　なお，子ども自身からの訴えがあったときなどは，誘導的な質問（お母さんが叩いたの？）は避け，オープンクエスチョン形式（この傷はどうしたの？）で話を進めつつ，記録を取ることが必要である。また，通告の義務に反するような約束（誰にも言わないよ）は決してせず，根気強く子どもに他の人にも相

表 7-1　虐待を疑うための 3 つの「変」（文部科学省，2009 を一部改変）

子どもについての異変・違和感
- 表情が乏しい
- 触られること，近づかれることをひどく嫌がる
- 乱暴な言葉使い，あるいは極端に無口
- 大人への反抗的態度，あるいは顔色をうかがう態度
- 落ち着かない態度，教室からの立ち歩き，家に帰りたがらない
- 嘘や単独での非行（万引きなど），家出，性的に逸脱した言動
- 他人へのいじめや生き物への残虐な行為
- 集中困難な様子（白昼夢）
- 持続的な疲労感，無気力
- 異常な食行動（拒食，過食，むさぼるように食べる）
- 衣服が汚れている，着替えをしたがらない
- 頻繁に保健室に出入りする
- 理由の不明確な遅刻や欠席が多い，あるいは急に増えた

保護者についての異変・違和感
- 感情や態度が変化しやすい，イライラしている，余裕がないように見える
- 表情が硬い，話しかけてものってこない
- 連絡が取りにくい
- 子どもへの近づき方，距離感が不自然
- 子どもの普段の様子を具体的に語らない
- 人前で子どもを厳しく叱る，叩く
- 弁当を持たせない，コンビニ物で済ませる
- 家庭訪問，懇談などのキャンセルが多い，行事に参加しない
- 「キレた」ような抗議をしてくる
- 家の様子が見えない

状況についての異変・違和感
- 説明できない不自然なケガ，繰り返すケガ
- 体育や身体計測のときにはよく欠席する
- 低身長や体重減少
- 親子でいるときに子どもが示す親をうかがう態度や表情の乏しさ，親がいなくなると急に表情が晴れやかになる
- 子どもが熱を出したり，具合が悪くなったりして保護者に連絡しても，緊急性を感じていない様子がうかがえる
- その家庭に対する近隣からの苦情や悪い噂が多い

談することを納得してもらうこと（あなたがこれ以上，怖い思いをしたり傷ついたりしないように，他の人にも相談したい）が大切である。

◆◆◆ 3．児童虐待の困難課題対応的生徒指導

（1）児童虐待の通告

　児童虐待を早期発見した場合，あるいは児童虐待が疑われる場合には，校長

などの管理職に相談，報告したうえで，児童虐待の困難課題対応的生徒指導として，組織的な対応の中で虐待の通告を行う段階に進んでいく。児童虐待防止法では「児童虐待を受けたと思われる児童を発見した者は，速やかに」通告しなければならない，とされている。学校が通告する際のポイントは，①確証がなくても通告すること（誤りであったとしても責任は問われない），②虐待の有無を判断するのは児童相談所などの専門機関であること，③保護者との関係よりも子どもの安全を優先すること，④通告は守秘義務違反にあたらないこと，である（文部科学省，2019）。岩崎ら（2007）では，ほとんどの教職員が児童虐待の通告義務を認識しているものの，多くの教員が通告を躊躇することが報告されている。その理由として，虐待の判断に自信が持てず，正確に事実を確認してから通告へつなげたいと考えてしまうこと，また，家庭との関係を考慮してしまうことがあげられている。しかし，そのようなことを懸念して通告が遅れ，重大な事態に至ってしまった事例も存在する。通告は親の告発や糾弾ではなく，すべての人を救うために行う行為であり，また，間違いのない判断はない。そして，児童虐待防止法により，通告を受けた機関が通告者に関する情報について，保護者を含めて対外的に明かすことはない。虐待の通告は，ひとりで判断するのは難しい事象であるため，チーム学校の中で，疑わしい場合には通告を行うことを念頭に置いて，対応することが重要となる。

　なお，子どもや関係者から教員などが児童虐待の内容の詳細を聴取することは原則として避けるべきだと考えられている（文部科学省，2022）。その理由としては，子どもに児童虐待の詳細を尋ねることで，つらい気持ちが呼び覚まされ，子どもが再び傷つき，回復に悪影響を与える可能性があるため，そして，子どもに対して影響力がある教員が詳細を尋ねることで，質問内容が誘導ととられる可能性があり，その後の法的な措置に影響を及ぼす可能性があるためである。したがって，子どもを傷つけることを避け，子どもを法的に守るためにも，速やかに通告することが必要になる。

(2) 通告後の対応

　学校が図 7-2 の流れで通告を行った場合，教育委員会などにも報告する必要

がある。また、児童相談所や市町村の虐待対応担当課の情報収集に協力するために、通告に関わるさまざまなことについて、後日の資料となるように記録していく必要がある。具体的には、児童生徒の発言内容は、要約せずにそのままを書き残すことなどが求められる。こうした学校において作成または取得した虐待に関する個人の記録は、各学校に適用される個人情報の保護に関する法令に基づき適切に取り扱われる必要がある。

　児童相談所などの安全確認の結果、子どもの安全を確保する必要があると判断された場合や、現在の環境に置くことが子どもの安全な生活を確保するうえで明らかに問題があると判断された場合、児童生徒は児童相談所の一時保護所などに一時的に保護される。児童生徒が学校に通学できない場合には、一時保護所での学習機会を充実させるため、児童相談所や一時保護所と連携して必要な対応を行うことが求められる。また、児童生徒が学校に通学できる場合には、児童生徒の様子に気を配り、適切な声かけを行ったり、気になることがあったりした際には、児童相談所に相談を行うことになる。

　市町村（虐待対応担当課）や児童相談所が通告を受けたあとや一時保護の解除後に継続して子どもや家庭に関わっていく必要がある場合、要保護児童対策地域協議会（要対協）の進行管理台帳に登録され、当該家庭や子どもの状況、課題などについて、定期的に会議を通じて関係者（市町村児童福祉担当部局、児童相談所、福祉事務所、保健所、医療機関、教育委員会、学校、警察、弁護士など）で情報が共有される。こうした要対協管理対象となる児童生徒については、おおむね月に１回程度、児童生徒の出欠状況や家庭からの連絡の有無、欠席の理由について情報提供することになっている。さらに、対象となる児童生徒が学校を欠席する旨やその理由について、保護者などから説明を受けている場合であっても、その理由の内容にかかわらず、休業日を除き引き続き７日以上欠席した場合には、定期的な情報提供の期日を待つことなく、速やかに市町村（虐待対応担当課）や児童相談所に情報提供することが求められる。

(3) 虐待を受けた子どもへの関わり

　通告をすれば児童虐待の問題が解決するわけではなく、通告をしたあとも児

童生徒への支援は続くことになる。虐待を受けた子どもは，大人への不信感や恐怖心を抱いていることや，自己肯定感が低下していることが多く，また児童虐待被害による知的発達面や心理面への影響としてさまざまな課題を示したり，その結果として，生徒指導上のさまざまな課題を示したりすることもある。したがって，教職員としては，子どもの言動の背景をよく理解したうえで，学校で安心して過ごせるよう，共感的，受容的に接し，また，スクールカウンセラーやスクールソーシャルワーカーなどと連携しながら心のケアを行い，自尊感情を育むように工夫をしたり，不安や緊張を和らげたりすることが必要になる。文部科学省（2019）では，虐待を受けた子どもへの関わりの中で配慮すべき事項として，以下の点をあげている。それは①安心感・安全感が感じられる，受容的な学校・教室づくりに努めること，②感情を思い通りに表現することができないことが多いことから，周囲に許容される方法を身につけるように支援すること，③自分の行為とそれが引き起こした結果との因果関係を認めることができず，結果として周囲に責任を転嫁してしまうことなどがあるため，社会的な行動のスキルを獲得できるように支援すること，④子どもは「自分は価値のない悪い子だ」という自己イメージ，「大人は自分をいじめるものだ」という他者イメージができあがっていることが多く，これらの間違ったイメージを取り除いていくため，子どもを認め，励ましていくこと，の4点である。しかし，学校は社会生活の場でもあり，虐待被害を受けた児童生徒であったとしても，最低限の求めるべき規範は存在する（文部科学省, 2009）。たとえば，自分を傷つけない，他の人を傷つけない，物を壊したりしない，などについては最低限求められるべきルールであるし，その他，学校で生活するための一定のルールを明示することは，子どもの生活の見通しを助け，安心感を与えることにもつながるのである。

5　本章のまとめ

児童虐待の問題は，大きな社会問題であり，学校の中だけで解決できる問題

ではない。しかしながら，学校でできることは確実にあり，一人ひとりの教員が学校の役割を認識し，関係機関との連携の中で，児童虐待で悩み，苦しんでいる子どもたちを支えることはできるはずである。児童虐待は難しい事例が多いが，学校に，教職員にできることを１つ１つ行うことが大切なのだ。

◆◆◆ コラム1 ◆◆◆
支援を要する家庭状況

経済的困難を抱える場合

　学校にいる児童生徒は，さまざまな家庭的背景を持っているが，そのうちの1つに，経済的困難を抱える場合がある。厚生労働省（2023）によれば，平均的な所得の半分以下の世帯で暮らす18歳未満の子どもの割合（子どもの貧困率）は11.5％であり，およそ9人にひとりが貧困の中にあることが示されている。また，子どもを持つひとり親家庭の貧困率は44.5％であり，約半数が経済的に厳しい状況にあることが示されている。これらの数字は経年的に若干の改善は見られるものの，それでもなお，経済的困難は大きな社会的な問題である。

　さて，経済的困難を抱える状況とは，食事が取れない，物が買いそろえられないといった直接的な影響だけでなく，広範にわたる身体的・心理的な側面において否定的な結果をもたらすリスク要因になり得ることが知られている。研究において，貧困については社会経済的地位という概念で研究されており，子どもにおいて，認知的発達や社会的情動発達（Bradley & Corwyn, 2002），学力（Johnson et al., 2007）や運動能力（Klein et al., 2016），そして精神的健康や適応（Reiss, 2013），非行（Knaappila et al., 2019），自殺（Hawton et al., 2001）といった否定的な結果と関連することが知られている。また，第7章で説明した児童虐待の生起要因の1つとしても，家庭の経済的困難さがあげられる。

　こうした状況の中，子どもの貧困対策の推進に関する法律が成立し，それに基づき子どもの貧困対策に関する大綱も閣議決定されている。こうした国の動きの中で家庭の教育費負担軽減のためのさまざまな仕組みが整備され，また，学校へのスクールカウンセラーやスクールソーシャルワーカーの配置などが進められている。

　学校現場における経済的困難を持つ場合への発達支持的生徒指導，課題未然防止教育としては，子どもに自己肯定感を持たせる取り組みや学力保障のための授業改善はもちろんのこと，スクールカウンセラーやスクールソーシャルワーカーなどを中心に，経済的困難を持つ家庭を早期の段階で行政の関係機関における生活支援や福祉制度につなげていくことが必要となる。そして，経済的困難を抱える場合は，不登校や非行，

自殺，児童虐待といった生徒指導上の課題や学習に関する課題につながるリスクがあることを認識し，それらの枠組みの中で各課題に対する早期発見対応および困難課題対応的生徒指導にあたっていく必要がある。

児童生徒の家庭での過重な負担（ヤングケアラー）についての支援

　第7章では児童虐待について扱ったが，それに関連して，ヤングケアラーに関する課題も近年では取り上げられるようになってきた。ヤングケアラーとは，法令上の定義はないが，一般に，本来大人が担うと想定されている家事や家族の世話などを，日常的に行っているような子どものことをいう（文部科学省，2022）。もちろん，子どもが家庭でお手伝いをするのは当たり前という考え方も存在するが，こうした子どもは，いわゆる「お手伝い」の範囲を超えて，普通は大人がするとされているようなレベルの家事や家族の世話などの負担を負うことで，子ども基本法や児童の権利に関する条約にある子どもの権利が侵害されている状態にあるとされる。

　学校場面においては，ヤングケアラーは，欠席や遅刻が多くなったり，学業や友人関係に支障が出たりするなどのリスクが高いことが調査によって示されてきた（安部，2019）。また，ヤングケアラーは，児童虐待の1つであるネグレクトと重複する部分もあることが指摘されており，また，その家庭背景として，家庭の経済的困難があることが多いことが指摘されている（安部，2019; 結城ら，2023）。こうしたヤングケアラーの子どもたちの問題は，本質的には児童福祉の領域に位置する問題であり，こうしたことで悩んでいたり，苦しんでいたりする子どもに教育現場ではどのような関わりができるのかは現在の大きな課題になっている（結城ら，2023）。

　生徒指導の中では，課題予防的生徒指導として，ヤングケアラーについての啓発を行うことや，ヤングケアラーの特性を踏まえたうえで子どもたちと関わる中で早期発見を行うこと，そして，支援が必要なヤングケアラーである児童生徒を把握した際には，困難課題対応的生徒指導として共感的，受容的な態度で児童生徒の悩みを聴くことや，スクールソーシャルワーカーと連携し市町村の福祉部門を通じて必要な支援につなげることが求められる。また，要保護児童対策地域協議会を活用し，その枠組みの中で，子どもの見守りや支援を行っていくことも必要である（有限責任監査法人トーマツ，2023）。他にも，ヤングケアラーの持つ生徒指導上の課題と関連して，本書の第7章（児童虐待）や第10章（不登校）における対応の仕方を踏まえた子どもへの関わ

りが必要になろう。

社会的養護の対象である児童生徒

　学校にいる児童生徒たちの中には，児童福祉法で定められる要保護児童と呼ばれる児童生徒もいる。要保護児童とは，保護者のいない，または保護者に監護させることが不適当であると認められる児童のことであり，具体的には，親の死亡や行方不明，親の病気や就労，離婚や不和，経済的な理由，親の養育拒否や放任，虐待の被害，児童の問題による監護困難などがあげられる（こども家庭庁, 2024）。また，そうした子どもを公的責任によって社会的に養育や保護するとともに，養育に大きな困難を抱える家庭への支援を行うことを社会的養護という。社会的養護のうち，児童が保護者と分離して養育されているものは代替養育と呼ばれ，乳児院や児童養護施設，児童心理治療施設，児童自立支援施設，母子生活支援施設，自立援助ホームで養育されたり，里親やファミリーホームで養育されたりし，その対象人数は 2022 年度では約 4 万 1 千人であることが示されている（こども家庭庁, 2024）。

　社会的養護の対象となる児童生徒は，その措置の経緯によって，さまざまな背景が存在するため，一概にはいえないものの，何らかの事情で心身に傷ついた経験があり，保護者や家族とも離れて生活していることにより，大きな困難を抱えている。また，代替養育を受けているものは，精神的・情緒的な安定や友人との関係，職員（里親・養育者）との関係や家族との関係，基本的な生活習慣や自己表現力，行動上の問題に支援上の留意が必要であることが多いことや，心的外傷後ストレス症や反応性愛着障害などの精神疾患，知的障害や注意欠如多動症，自閉スペクトラム症などの発達障害を有することが多いことも示されている（こども家庭庁, 2024）。

　こうした要保護児童への対応は，容易ではなく，教員ひとりで抱え込むことは教員の精神面にも多くの負担がかかる。そこで，こうした事例は要保護児童対策地域協議会（要対協）の対象ケースとすることが通例であり，その支援は要対協を通じた関係機関間の連携のもと，チーム学校による生徒指導体制の中で見守っていく必要がある。また，本書の少年非行，児童虐待，発達障害・精神疾患の各章における対応の仕方を踏まえた子どもへの関わりが重要になる。その他にも，学校の授業や行事などで，実親に育てられていないことや，出生以降の家庭生活が継続していない児童生徒が少なからず存在するということに配慮した取り組みが求められる。

外国人児童生徒など

　学校にいる児童生徒には，外国籍の児童生徒や日本国籍であっても日本語が十分に習得できていない児童生徒もいる。2023年度における，全国の国公私立小，中，高等学校（義務教育学校や中等教育学校含む），特別支援学校に在籍する外国籍の児童生徒は138,609人であることが示されている（文部科学省，2024）。また，2023年度において，全国の公立小，中，高等学校（義務教育学校や中等教育学校含む），特別支援学校における日本国籍と外国籍を含む日本語指導が必要な児童生徒は69,123人いることが示されている（文部科学省，2024）。これらの数字は年々増加しており，国籍はもとより母語，母文化，宗教，生活習慣など，多様な背景を持つ児童生徒が増加していることがわかる。

　こうした児童生徒は，文化の違いや言葉の違いによる学校への適応の課題や学習に関する課題を持つリスクが高く，こうした結果，不登校やいじめなどに発展してしまうこともある。また，自己のアイデンティティの確立に困難を示すことがあると指摘されている（文部科学省，2019）。そして，これらに関連して，日本語指導が必要な中学生の高等学校への進学率が全中学生と比較して低いこと，高校に進学したとしても中途退学率が高いこと，大学への進学率が低いこと，就職をしたとしても離職率が高いことなど進路の課題も大きいこと，進学も就職もしていないケースが多いことが示されている（文部科学省，2021）。さらに，外国人児童生徒の場合，就学義務がないため，不就学の問題が生じやすくなることや，保護者との間の連絡や話し合いも文化や言語の壁があるため円滑に進まないことも大きな課題である。

　こうした課題に対応するためには，発達支持的生徒指導，課題未然防止教育として，児童生徒の多様性を認め，すべての子どもたちが安心，安全を感じる学級づくりや多文化共生に関する学習を行うことなどが必要になる。また，校内支援チームと市町村教育委員会との連絡，相談を定期的に行うことも必要になる。そして，課題早期発見対応，困難課題対応的生徒指導としては，スクールカウンセラーやスクールソーシャルワーカー，日本語指導担当教員，および市町村教育委員会などと連携しつつ，適切な支援につなぐことが必要になる。

第 8 章 自殺

1 自殺の実態

　日本において，1日におよそ1.4人。これは，2022年に全国の小学生から高校生が自殺を遂げてしまった数514人（厚生労働省, 2023b）から，1日あたりの平均自殺者数を計算したものである。目を覆いたくなるこの数字は，この国のどこかで，ほとんど毎日，子どもたちが自らの命を絶っているという事実を示している。近年は増加傾向も見られ，2022年は統計のある1980年以来，過去最高となっており，子どもの自殺について，その対策は急務である。とくに学校においては，すべての児童生徒を対象とする自殺予防教育と，自殺の危険の高い児童生徒への直接的支援としての危機介入を並行して進めることが求められている（文部科学省, 2022a）。

◆◆◆ 1．学校段階や性別による差異

　子どもたちの自殺は，学校段階が上がるにつれて増えることが示されている。先ほどの2022年の自殺者数514人のうち，小学生はおよそ3％（17人），中学生は，およそ28％（143人），残りのおよそ69％（354人）は，高校生であった。人口10万人あたりの自殺者数のことである自殺死亡率についても，小学校でおよそ0.28，中学校でおよそ4.46，高等学校でおよそ11.97と，上昇していくことがわかる（「令和4年度 学校基本調査」（文部科学省, 2022b）における在学者数を使用して算出。ただし，学校段階の区分が異なる義務教育学校と

中等教育学校，特別支援学校については考慮せずに算出した）。学校段階が上がるにつれて自殺者数が多いという傾向は，過去20～30年さかのぼっても大きくは変化しておらず，より上の学校段階ほど，子どもたちの自殺という問題への意識を高く持つ必要がある。

　自殺者数に男女差が見られることは，一般的な傾向として認知されていることが多いだろう。2022年に起こった自殺についても，そのうち67.4％が男性，32.6％が女性であることが報告されており（厚生労働省，2023b），自殺は男性に多いという一般的な傾向が表れている。ただし，中学生では51.0％が男性，高校生では58.8％が男性といったように，その比率は全体ほど顕著ではないことも示されている。一般的に自殺は男性において高リスクであるものの，子どもの自殺については，性別にかかわらず注意が必要と考えられる。

◆◆◆ 2. 他の発達段階や諸外国との比較からとらえる日本の子どもたちの自殺

　子どもの自殺は，メディアでも多く取り上げられるなど，注目を集めやすい一方，生涯発達の中で自殺が最も起こるのは，実は小中高生の年齢ではない。たとえば2022年において，自殺死亡率が最も高いのは，50歳代（23.4）であり，それに40歳代（21.1）が続く（厚生労働省，2023a）。こうした中年期は，あと何年生きられるか，何が成し遂げられ，何が捨てられるべきかなど，残された時間という視点から人生や時間をとらえるようになることが古くから指摘されており（Neugarten, 1979），危機に陥りやすい段階とされる。子どもたちの保護者が中年期にあたることも少なくないため，その点も注意が必要かもしれない。

　子どもの自殺は，中年期をはじめ，他の発達段階に比べると多いとはいえないが，特徴が1つある。日本全体の自殺死亡率は，経済状況などの影響も受け，1998年頃に急増し，最も多いときで男性は40.0，全体でも27.0という高水準であった。これは平均すると毎日94人ほどが，自ら命を絶っていたことになる。こうした状況を受けて，2006年には自殺対策基本法が成立するなど，国をあげての自殺対策が行われ，2022年は全体で自殺死亡率が17.5（1日平均の人数はおよそ60人）となっている。しかし，ほとんどすべての年代で自殺死亡

率の減少が見られる中，10代については減少が見られなかった。若い世代への自殺対策は喫緊の課題と認識され，2016年の自殺対策基本法の改正にあたっては，学校において心の健康の保持にかかわる教育や啓発に努めるものとされた。さらに翌年に改定された自殺総合対策大綱でも，援助要請の出し方に関する教育などの推進が求められ，学校において自殺予防教育に取り組むことは努力義務とされている。ただし，依然として10代の自殺死亡率の低下は見られておらず，ここ数年は増加の傾向すら見られているのが現状である。

　日本の自殺者数は，世界的に見ても多いことが示されている。2023年の世界保健機関が公表しているデータをもとにまとめられた厚生労働省（2023b）では，韓国，リトアニア，ベラルーシ，スロベニアに次いで，日本全体の自殺死亡率は5位の高さであった。とくに女性の自殺死亡率は韓国に次ぐ2位の高さであった。G7に限れば，日本は全体の自殺死亡率で1位の高さであり，アメリカ・フランス・ドイツ・カナダ・イギリス・イタリアと続く。10代に関しても，G7の中で自殺死亡率は1位であり，さらに10代の死因の1位が自殺であったのは日本のみであった。世界の中で見ても日本の自殺問題は看過できないものであり，その理解と対策が急がれる。

2　自殺を理解する

◆◆◆ 1．自殺の原因・動機

　中高生の自殺の原因・動機として，どのようなものが多いかと問われたとき，何が頭に浮かぶだろうか。2009年から2021年に起こった学生・生徒などの自殺の原因・動機の割合をまとめた厚生労働省（2022）によると，約2〜4割は不詳であるものの，それを除くと小学生では家庭問題が男女いずれも3割を超えて最も多く，中高生では学校問題が3割程度と最も多いことが示されている。家庭問題は小学生のみでなく中高生でも一定程度見られており，中でも目立つのは，家族からのしつけ・叱責と，親子関係の不和である。子どもたちの基盤

となる家族の関係性が，自殺の原因・動機として上位にあげられることは想像と近い結果かもしれない。

　中高生では最も多く，小学生でも2番目に多い学校問題について，その中でも多く見られるものとしては，何が思い浮かぶだろうか。教職課程の学部生と現職教員を含む大学院生およそ50人を対象として，厚生労働省（2022）と同様の自殺の原因・動機カテゴリーについて，どの程度中高生の自殺の原因・動機となっていると思うか調査を著者が行った結果，他とは圧倒的な差をつけて1位となったものがあった。それはいじめである。しかし厚生労働省（2022）の実際の結果においては，いじめの割合は他と比べて多くはなく，この認識は必ずしも正しいとはいえない。実際に割合として多いのは，いじめ以外の友人関係，そして学業不振や進路に関する悩みである。

　友人関係や学業，進路は，子どもたちの自己価値や自尊感情と関係の深いものである。大谷・中谷（2010）が中学生に行った調査の結果では，他の領域に比べ，友人関係や学業能力が自己価値と随伴している程度が高いことが示されている。友人関係や学業領域の自尊感情の低さ，未来展望は，自殺念慮や自殺企図のリスクを高めることも示されている（Wild et al., 2004）。子どもたちにとって友人関係や学業成績は，自己の評価的な一面でもあり，将来どう生きていくかという進路の問題とともに，自殺の原因や動機の上位になっていると考えられる。

　実際の統計的な傾向とは異なるにもかかわらず，現職教員を含む教職課程の学生でさえも，子どもの自殺の原因・動機の多くにいじめがあると考えてしまう背景には，人の考え方の癖が関わっている可能性がある。そもそも自殺は，1つの原因や理由では説明できず，生物，遺伝，心理，社会，文化，環境的な多くの要因が相互作用して起こる複雑な現象とされる（World Health Organization, 2000）。自殺統計についても，自殺の原因・動機はひとりにつき複数計上可能なものである。一方で，人は多くの原因による複雑な説明よりも，より少ない原因による単純な説明を好むことが明らかにされている（Lombrozo, 2007）。いじめによる自殺は，メディアでも取り上げられやすく，世間もこれに反応を示しやすいように見受けられるが，明確な原因があるものとして好まれることが

その一因かもしれない。

　自殺を理解し，その予防や対応をしていくためには，明確な原因や動機を考えたくなる心情を少し抑え，その複雑さに目を向ける必要がある。学生・生徒などの自殺の原因・動機の割合のうち，不詳は最も少ない高校生女子でも23.5％，最も多い小学生男子では46.9％にものぼる（厚生労働省，2022）。自殺の原因や動機が計上されているものについても，それらがどのように他のさまざまな要因と相互作用して自殺に至ったのかを知ることは容易ではない。そして単純化した原因や動機を当てはめて考えることが，自殺の効果的な予防や対応につながらないことも想像に難くない。なぜ自殺が起こるのかという問いへの答えは，非常に複雑であり，学術的にも未だ理解しきれていないことを知ることが，自殺の予防や対応を行っていくうえでの第一歩になると思われる。

◆◆◆ 2.　自殺のメカニズム

　自殺について，近年最も有力と考えられている理論に，自殺の対人関係理論がある（Joiner et al., 2009）。この理論では，なぜ自殺をするのかという問いに対して，自殺を望む願望と，自殺ができる能力の2つを発達させるからと考える。

(1) 自殺を望む願望

　自殺を望む願望（自殺念慮や希死念慮など）は，負担感の知覚と所属感の減弱という2つの対人関係に関連した心理状態が，同時かつ持続的に起こることで生じるとされる。1つめの負担感の知覚は，自分の存在が，家族，友人，社会にとってお荷物であるという自分についての1つの見方とされる。この見方が，家族，友人，社会にとって，自分は生きているよりも死ぬほうが価値があるという，致命的になり得る誤った考え方に結びついてしまう。2つめの所属感の減弱は，家族の一員，仲間の輪，価値を感じる集団などの他者から疎外されている体験とされる。負担感の知覚と所属感の減弱を同時に体験している状況は，自分の存在が他者にとって害となっており，また大切な他者からも大切にされていないと感じるような状況と考えられる。こうした状況が持続するこ

とが，自殺を望むようになるメカニズムと考えられている。

(2) 自殺ができる能力

　自殺を望むようになった人が，必ずしも自殺を実行してしまうわけではない。命に関わるようなレベルで自分を傷つける行為は，通常，大きな恐怖，そして苦痛を伴うものであり，簡単にできるものではない。ノックら（Nock et al., 2013）においては，自殺念慮のある青年のうち，自殺の遂行に至るのは3分の1程度とされており，たとえ自殺念慮を持っていたとしても，致命的な自傷行為をすることは容易でないことがわかる。

　生存本能を持つ人間が，致命的な自傷行為を行ってしまうことには，自傷行為に対する恐怖と痛みに慣れることが関わっているとされる。日常には，程度はさまざまであっても，恐怖や痛みに慣れる体験が存在している。たとえば，怪我や事故，暴力，無謀な行動，格闘技や一部のスポーツ，医師の仕事などがそれにあたるとされる。致命的なものでなくとも，こうした体験を習慣的に行うことを通して，人は段々と自分自身を傷つける行為に対する恐怖や痛みを減少させ，その結果として致命的な自傷行為，つまり自殺ができる能力（自殺の対人関係理論においては身についた自殺潜在能力と呼ばれる）を発達させてしまうと考えられている。そのため，死ぬことを意図しているかどうかにかかわらず，自傷行為を過去に行っていることは，自殺潜在能力を身につけることにつながり，強力な自殺のリスクとなり得るのである。

(3) 自殺の対人関係理論のまとめとその実証知見

　自殺の対人関係理論は，負担感の知覚，所属感の減弱，身についた自殺潜在能力の3つによって自殺のメカニズムを説明する。つまり，恐怖や痛みの習慣化によって潜在能力を身につけた人が自殺をできる人であり，大切な人にとって自分はお荷物な存在であり，そうした人たちから疎外されていると感じる人が，自殺を望むようになるのである。

　自殺の対人関係理論に基づいた実証研究は，何らかの精神疾患を抱えている人たちや入院患者を対象にしたものから，一般の人たちを対象にしたものまで，

たくさん積み重ねられてきた。たとえば，13歳から17歳の入院患者について，退院後の4週間を調査したチジュら（Czyz et al., 2019）では，負担感の知覚と所属感の減弱が，その日および次の日の自殺念慮の頻度や持続時間，強さと関連することを示している。他にも，一般の人たちを対象に行われた100以上の調査結果を統合したチュウら（Chu et al., 2017）においても，負担感の知覚と所属感の減弱が自殺念慮と関連し，そこに身についた自殺潜在能力が加わることで自殺企図と関連することが示されている。こうした実証知見にも支えられ，自殺の対人関係理論は現在，自殺のメカニズムを説明する最も有力な理論と考えられている。

3 自殺の危機介入

自殺に関わる実際の言動や心理状態などはさまざまであるため，自殺の危機介入を行ったり，予防を行ったりする際には，その取り組みが自殺につながるどこへの介入なのかを把握しながら行う必要がある。衞藤（2011）は，自殺のリスク要因を持つ人の中で，一定の心理状態に陥った人が自殺行動を起こし，その中の一部が死に至ることを図8-1のようにモデル化している。このモデルに従えば，まずは自殺のリスク要因を見つけ，自殺の危機にある子どもを発見す

図8-1　**自殺行動の階層モデル**（衞藤, 2011）

ることから，自殺の危機介入は始まる。

◆◆◆ 1. 自殺のリスク要因の理解

　高リスク者を早期に発見し，自殺を予防するためには，自殺のリスクを理解しておく必要がある。自殺の対人関係理論にあるように，負担感を知覚していたり，所属感が減弱していたり，また自傷行為や自殺未遂歴を持つなど痛みや恐怖に慣れていたりすることはもちろんリスクとなる。それ以外にも，自殺のリスクはさまざまに報告されている。

　自殺のリスク要因について，その頭文字を取った SAD PERSONS scale（Patterson et al., 1983）はよく知られたものであり，また現代においても重要なものと考えられている（表8-1）。表内の「Age」にもあるとおり，学校段階にある子どもたちの年齢は自殺のリスクが高いことになる。また World Health Organization（2000）の自殺のリスク評価とも重なるところとして，子どもの自殺にもとくに重要な指標と考えられるものに，「Social support deficit（社会的援助の欠如）」と「Organized plan（練られた計画性）」がある。

　社会的援助の欠如が自殺のリスクとなることに，特段説明は必要ないかもしれない。自殺に限らず人とのつながりが人の適応にとって重要であることを示した研究は枚挙にいとまがない。自殺の対人関係理論においても，その名が示

表8-1　SAD PERSONS scale（Patterson et al., 1983）

Sex	男性
Age	20歳未満，45歳以上
Depression	うつ状態
Previous attempt	自殺企図の既往
Ethanol abuse	アルコール・薬物の乱用
Rational thinking loss	合理的思考の欠如
Social support deficit	社会的援助の欠如
Organized plan	練られた計画性
No spouse	配偶者がいない
Sickness	身体疾患

すとおり，対人関係は非常に重要なものとしてとらえられている。大人が持つ広範な対人関係と異なり，子どもが持つ対人関係は家庭と学校に限られがちであり，その限られた中での関係性で問題をきたした場合，大人が想像するよりも大きな心理的苦痛を伴う可能性が高い。家族や友人から，どの程度の援助が受けられているのかは，子どもについてアセスメントする際には必ず入る項目と思われるものの，自殺リスクのアセスメントにおいては，より重要度の高いものになることを押さえておく必要がある。

「Organized plan（練られた計画性）」は，自殺のリスクを評価するうえで重要な指標であり，また本人や周囲からも確認できる可能性のある指標の1つでもある。死にたいという気持ちを聴いたときにはとくに，どの程度そのための計画が進んでいるのかを尋ねる必要がある。その際には，いつそのような行動をしようとする危険があるのか，またそのための方法は具体的に考えているのかといった点がポイントになる。自殺しようと計画しているタイミングが近かったり，場所や道具といった方法まで具体性を持っていたりする場合には，かなりリスクが高まっている可能性がある。

さらに，SAD PERSONSの中に「Depression（うつ状態）」があげられているように，何らかの精神疾患への罹患は注意すべき自殺のリスク要因である。赤澤ら（2010）は，日本の23か所の都道府県や政令指定都市で起こった46事例の自殺について心理学的剖検による検討を行っている。心理学的剖検とは，自死遺族や友人など，自殺既遂者についてよく知る人たちに調査を行い，遺書や自殺時の状況などの情報と併せて，自殺既遂者が自殺に至る経緯や動機，背景などを探るものである。その結果，85％を超える自殺者が，生前に何らかの精神疾患に罹患しており，そのおよそ7割がうつ病などの気分障害であったことが示されている。その一方で，精神科の受診歴があった人は全体の半分にも満たず，適切な治療を受けていれば助かった命も少なくなかったと考えられる。

赤澤ら（2010）の調査は子どもに限定されたものではないものの，子どもの自殺リスクを評価するうえでも，精神疾患への罹患は1つの重要な要因と考えられる。たとえば疫学調査において，小学6年生になる頃には1％を超える児童が，中学1年生では4％を超える生徒がうつ病に罹患していることが示され

ている（傳田, 2008）。中学生では，1学級にひとり以上，うつ病の生徒がいることになる割合である。児童青年期のうつ病は，自殺との関連が指摘されているにもかかわらず（Avenevoli et al., 2015），うつ病の児童青年のうち，およそ4割は治療を受けていないことも報告されている（Lewinsohn et al., 1998）。こうしたうつ病などの精神疾患に罹患している可能性のある子どもを早期に発見し，適切な医療機関等へつなぐことが，自殺のリスクを低めることにもつながる。

　自殺リスクとなる精神疾患への罹患について，注意すべき子どもの様子がある。文部科学省（2009）は，「教師が知っておきたい子どもの自殺予防」のマニュアルを作成し，登校渋り，不眠や食欲不振，自責やイライラ感，好きなことを楽しめない，検査で異常が見つからない身体の不調などが見られる場合には，うつ病の可能性を考えるよう推奨している。他にも同マニュアル（文部科学省, 2009）では，幻聴や妄想といった陽性症状と，感情表出や意欲，関心，会話が乏しくなるといった陰性症状に特徴づけられる統合失調症と，摂食障害についても，思春期によく起こる精神疾患として注意をうながしている。子どもの様子から，何らかの精神疾患が疑われる場合には，専門家の助言を求め，適切な治療につなげていく必要がある。

◆◆◆ 2. 自殺のリスクが高い子どもへの対応

(1) 最後の避難所という理解

　死にたいという気持ちを子どもから打ち明けられたとき，あなたはどのような言葉をかけるだろうか。生きることの素晴らしさを懸命に伝えるだろうか。それとも，死にたいだなんて言うものじゃないと叱るだろうか。あるいは頑張れと励ますだろうか。死にたい気持ちを打ち明けてくれる子どもは，図8-1における「自殺者の心理状態」にあると考えられる。この状態への対応としていずれの言動もやってしまいがちだが，よい対応とはいえない。

　こうした言動の根底には，自殺してはいけないという認識があると考えられる。20代から50代の1,000人以上を対象として調査を行った山本・堀江（2016）によれば，自殺は絶対すべきではないということには，およそ7割弱が肯定的

な反応を示す。生命の尊さについては，多くの家庭のみならず学校教育においても扱われるものであり，その尊い生命を自ら絶つ自殺はすべきではないと多くの人が考えるのは自然なことである。そしてその考えのもと，自殺をしたいという言葉を耳にしたときには，生命の尊さを改めて伝えたくなったり，励ましたり，明示的でないにしても否定的に考えてしまうのもまた自然なことと思われる。

しかし多くの人が自殺はしてはいけないという認識を持っているという事実は，裏を返せば，自殺したいという思いを持った人もまた，同じように自殺はしてはいけないものだという認識を持っている可能性が高いことを示している。ただし，自殺したいという思いを持つ人は，苦しい状況が続いたりすることで，普段であれば考えられるようなことが考えられなくなる心理的な視野狭窄に陥っており，その中で自殺は，実行可能な唯一の解決策として見えている（Shneidman, 1993）。してはいけないものであることはわかっていても，現状を解決する唯一の方法として自殺を考えざるを得ない状況にあるとしたら，自殺を改めて否定したり，励ます声かけをすぐにする意味はあまりないかもしれない。まずは，自殺はしてはいけないという自分の認識を横に置き，人間にとって必要な最後の避難所である死（Schopenhauer, 1895）を望まざるを得ない心境に対して理解することが求められる。

(2) 対応の原則：TALK

自殺のリスクの高い子どもに対応するにあたっては，教員にもTALKの原則が求められる（文部科学省, 2009）。TALKの原則とは，言葉に出して心配していることを伝えるTell,「死にたい」という気持ちについて率直に尋ねるAsk, 絶望的な気持ちを傾聴するListen, 安全を確保するKeep safeの頭文字を取ったものである。

生徒指導提要（文部科学省, 2022a）において，自殺の危険に気づいたときの対応として何より大切なことは，児童生徒の声をしっかりと聴くこととされる。TALKの原則の中でも，絶望的な気持ちを傾聴する（Listen）ことや，「死にたい」という気持ちについて率直に尋ねる（Ask）ことは，児童生徒の声をしっ

かりと聴くことと対応している。しかし，絶望的な気持ちを傾聴したり，死にたい気持ちに関して率直に尋ねたりすることは容易ではない。

　絶望的な気持ちを傾聴する（Listen）ためには，子どもの気持ちのみでなく，対応する大人側の気持ちの動きにも自覚的である必要がある。絶望的な気持ちを子どもが語ってくれたとき，ついその途中で助言をしようとしたり，「大丈夫」といった安易な励ましをしようとしたりすることはないだろうか。たとえば「大丈夫」と言いたくなったとき，「大丈夫になりたいのは誰なのか」を自身に問いかけてみてほしい。大丈夫になりたいのは，つらい話を聴いてしんどくなった自分であるかもしれない。つらい気持ちを聴くとき，聴いている側もつらくなることは特別なことではないし，それだけその子どもの身になって話を聴くことができていることの表れでもある。しかし，絶望的な気持ちにおそわれている子どもの話を聴くためには，自分自身のつらさに自覚的になり，その気持ちをコントロールする必要がある。

　「死にたい」という気持ちについて率直に尋ねる（Ask）ことは，死にたい気持ちや自殺行動を助長することになるのではないかと躊躇する人もいるだろう。しかし実際には，死にたい気持ちを真摯に受け止めてもらえることで，理解されたと感じ，高まっていた緊張が和らぐことが指摘されている（衞藤, 2011）。反対に，死にたい気持ちが話題にされないことは，誰にもわかってもらえないという孤独感にもつながるため，自殺の対人関係理論からも，自殺の危険が高まってしまうことは想像に難くない。死にたい気持ちについて，そう思ってしまうほどの背景には何があるのかも含め，率直に，真摯に聴いていくことが求められる。

　死にたい気持ちを聴く際には，その気持ちが揺れ動く性質を持つことも知っておく必要がある。死にたいという気持ちを抱えた人は，ずっと死にたいと考え続けているわけではなく，図8-2のように，生きたいという気持ちと，死にたいという気持ちを，振り子のように行き来しているとされる（衞藤, 2011）。また衞藤（2011）は，この2つの気持ちの揺れ動きを意識できていたり，言葉で表現できていたりするときは，行動に移る段階ではないが，2つの気持ちの揺れ幅が大きくなるほど，考えるだけの段階にとどまれなくなり，行動に移し

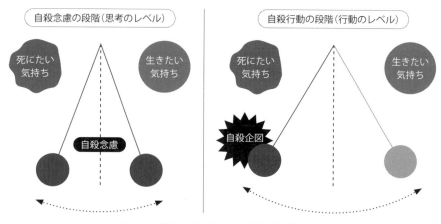

図8-2 自殺念慮の振り子モデル（衞藤, 2011）

てしまうとしている。死にたいと言っていた子どもが、別の場面では楽しそうに生きることを話す姿を見たりすると、気を引きたかっただけではないかといった考えにも至りがちである。しかし周囲がすべきことは、気持ちの振れ幅の大きさやその変動から自殺のリスクを判断しながら、話を聴いていくことである。

　TALKの原則に従った対応を行う際、大切なのはひとりで抱え込まないことである。自殺予防のための教育相談体制の構築に関して文部科学省（2022a）は、生徒指導部や教育相談部などの既存組織の実効性を高めるとともに、教育相談コーディネーターと養護教諭を核とした連携体制づくりを求めている（各段階における学校の対応については表8-2を参照）。自殺の問題は、たとえ心理学の専門家であったとしてもひとりで抱えることはできないほどの問題である。また、死にたいといった言葉に大きく反応し、そのときだけ特別な対応をすることは、自殺の予防にはつながらない。それどころか、その特別な対応がその場限りのものであった場合、子どもは見捨てられた感覚を持ってしまい、危機を高めてしまうかもしれない。特別な対応を短期間のみ行うのではなく、報告、連絡、相談を基本とした盤石な連携のもと、自分で抱えられる範囲の対応を持続的に行うことが大切である。

表 8-2　学校における自殺予防の3段階 （文部科学省, 2022a）

段階	内容	対象者	学校の対応	具体的な取り組み例
予防活動 プリベンション	各教職員研修	すべての教職員	校内研修会などの実施	教職員向けゲートキーパー研修
	自殺予防教育および児童生徒の心の安定	すべての児童生徒	授業の実施（SOSの出し方に関する教育を含む自殺予防教育，および自殺予防につながる教科などでの学習）日常的教育相談活動	・自殺予防教育 ・生と死の教育 ・ストレスマネジメント教育 ・教育相談週間 ・アンケート
	保護者への普及啓発	すべての保護者	研修会などの実施	保護者向けゲートキーパー研修
危機介入 インターベンション	自殺の危機の早期発見とリスクの軽減	自殺の危機が高いと考えられる児童生徒	校内連携型危機対応チーム（必要に応じて教育委員会などへの支援要請）	・緊急ケース会議（アセスメントと対応） ・本人の安全確保と心のケア
	自殺未遂後の対応	自殺未遂者と影響を受ける児童生徒	校内連携型危機対応チーム（教育委員会などへの支援要請は必須），もしくは，状況に応じて（校内で発生，目撃者多数などの場合）ネットワーク型緊急支援チーム	・緊急ケース会議 ・心のケア会議 ・本人および周囲の児童生徒への心のケア
事後対応 ポストベンション	自殺発生後の危機対応・危機管理と遺された周囲の者への心のケア	遺族と影響を受ける児童生徒・教職員	ネットワーク型緊急支援チーム（校内連携型危機対応チーム，教育委員会など，関係機関の連携・協働による危機管理態勢の構築）	・ネットワーク型緊急支援会議 ・心のケア会議 ・遺族，周囲の児童生徒，教職員への心のケア ・保護者会

4　自殺の予防

　典型的な抑うつ症状が自分自身に見られたとき，あなたはすぐに誰かに相談をするだろうか。それとも，誰にも相談しないでもう少し自分で様子を見るだろうか。国立成育医療研究センター（2022）が2,500人を超える小中学生を対象として行った調査では，小学5・6年生ではおよそ26%，中学生ではおよそ36%が，誰にも相談しないでもう少し自分で様子を見ると回答している。さらに図8-3のとおり，回答した子ども本人に抑うつ症状がまったくない場合には，およそ79%の子どもがすぐに誰かに相談をすると回答したのに対して，本人の抑うつ症状の度合いが高くなるに伴ってその割合は減少していき，重度の抑うつ症状を抱える子どもの場合，すぐに誰かに相談をするのはわずか13.2%で

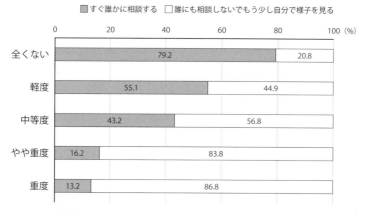

図 8-3 典型的な抑うつ症状が見られたときの行動 （厚生労働省, 2022）

あった（厚生労働省, 2022）。自殺の予防にとって，しんどい状況にある子どもを早期に発見することは重要である一方，実際にしんどい状況にある子どもが10人いたとすれば，その中で自分から相談してくれるのはたったひとりにすぎないのかもしれない。

　子どもたちがしんどいときに相談できるようにするためには，自分自身や周囲のしんどさへの気づきと，援助要請の仕方を教えていくことが必要と思われる。子どもの自殺を予防するための教育として，文部科学省（2014）も，心の健康に関する早期の問題認識と，援助希求的態度の育成の2つを目標に掲げている。およそ1,700人の中高生に調査を行った阪中（2020）では，友達から死にたいと言われた生徒の割合は，希死念慮や自傷行為の経験がない生徒では15％である一方，そうした経験のある生徒では46〜48％であった。生きづらさを抱えた子どもたちがつながることで，何らかのSOSが出しやすくなる可能性が示されている。そのため，子ども同士の関係性を支援しながら，自他の心の不調のサインにどう気づき，それをどのように信頼できる大人につなぐのかを伝えていくことが，子どもの自殺の予防につながると考えられる。

　日本においても，こうした自殺予防教育は普及してきている。たとえばその代表的なものの1つにGRIPがある（川野・勝又, 2018）。GRIPとは，段階的

に（Gradual approach），抵抗力や回復力を身につける（Resilience），学校環境の中での（In a school setting），足場づくり（Prepare scaffolding）の頭文字を取った自殺予防教育プログラムである。このプログラムは，自分や他者の気持ちに気づき，その気持ちへの対応能力を身につけるための学習を土台としており，ストレスへの対処や気持ちの伝え方などについての知識を学ぶ。そして，困難を抱えた場合に，どのように学校で援助希求をするのかという点に焦点が当てられる。オリジナルバージョンは全5回の授業，ショートバージョンは全3回の授業で構成されており，プログラムを実施することで，援助要請の能力が向上する傾向にあることや，自傷行為やストレスへの抑制といった効果も確認されている（原田ら，2019；川野・白神，2015）。

　学校で行う自殺予防の取り組みは，このような定型化されたプログラムのみではもちろんない。生徒指導提要（文部科学省，2022a）では，すべての児童生徒を対象とした発達支持的生徒指導と課題予防的生徒指導（課題未然防止教育），一部の児童生徒を対象とした課題予防的生徒指導（課題早期発見対応），そして，特定の生徒を対象とした困難課題対応的生徒指導の4層から成る重層的支援構造を提唱している。自殺に関してはこのうち，SOSの出し方に関する教育を含む自殺予防教育が課題未然防止教育として位置づけられているものの，その基盤には，未来を生き抜く力を身につけるように働きかける命の教育や，安全・安心な学校環境づくりを掲げた発達支持的生徒指導がある。また，課題早期発見対応としては，自殺の危険が高まった児童生徒の早期発見と迅速な対応を，アンケートや面談，観察などを通して行うことがあげられており，困難課題対応的生徒指導としては，危機介入や自殺（未遂，既遂）が起こった際の心のケア（本人，周囲）の実施などがあげられている。具体的な取り組みについては，たとえば相馬・伊藤（2020）が，学校で行う包括的自殺予防プログラムとして，SOSの出し方に関する教育のみでなく，さまざまな形態で行われる「"いのちと死"の授業」，そして保健室での取り組みも紹介している。文部科学省（2022a）の指針やこうした先行事例を参考にしながらも，普段関わっている教員だからこそわかる，目の前の子どもたちにあったタイミングと方法を用いて自殺予防の取り組みを進めていくことで，最大の効果が発揮されると考えられる。

5 本章のまとめ

　現在，自殺の予測は非常に難しいことが知られている。たとえば，過去50年に行われた合計365の研究結果を分析したフランクリンら（Franklin et al., 2017）では，これまでに検討されてきた多くの自殺リスク要因の予測力は，偶然の確率をわずかに上回る程度であることを示している。自殺リスクがそこまで高くないように見えるケースにおいても，突発的に行動を起こすこともあり，また本人が死にたい気持ちを隠したり取り繕ったりすることも少なくない。そのため，自殺を完全に予防することは，現在のところ難しいと言わざるを得ないだろう。

　自殺の未遂，既遂が1件起こると，その家族や友人の最低5人は深刻な心理的影響を受けるとされており，適切なケアによって心の傷を最小限に抑える必要がある（高橋・福間, 2004）。自殺が起こったあと，一般的に生じる反応の中には，自責感や不安，抑うつ，さまざまな形の「なぜ」という問い，そして怒りなどがある（高橋・福間, 2004）。答えてくれる人がいない状態で沸き起こる「なぜ」という問いには当然答えがなく，そのやりきれなさの矛先は，自分にも他人にも向くことが普通である。不幸にも自殺が起こってしまった場合，当然ひとりで抱え込むことは禁忌であり，学校内外の連携を基盤として対応をしていくことはもちろん（表8-2），その周囲にいた人もまた支援を受けるべき存在である。

　今のところ，予防しきれない自殺は存在するため，必要以上に責任を感じる必要はない。未成年の精神疾患数は2000年代以降増加しており，自殺のリスク要因としてあげられる抑うつ関連の疾患についても，2017年は1999年の2倍以上となっている（厚生労働省, 2019）。一方，自殺する子どもの数が2倍に増加しているといったことはない。歩まなかった未来は見ることができないため，自殺対策の効果が目に見えることは少ないものの，自殺のリスクが高い子どもたちの命の多くは，つなぐことができているのもまた事実と考えられる。日々の実践の中で救われてきた命があることにも思いを馳せながら，自分が無

理なく実行できる自殺の予防に取り組むことが，何よりの自殺予防になるはずである。

第 9 章

中途退学

1 はじめに

　高等学校中途退学の予防を目的とした支援の重要性が指摘されて久しい。文部科学省（2023）によれば，近年，中途退学率は1％台の割合で推移している。高校生全体のうちの約1％が中途退学している，ということから，一見すると中途退学者は少ないのではないかと思われる読者もいるかもしれない。しかし，近年の高校生総数が約300万人であり，中途退学者はその約1％となるため，毎年3万人以上の高校生が中途退学している現状となる。あくまでも数字上での議論にはなるが，この数字は約600人規模の学校50校分に相当すると考えるならば，中途退学率1％台という数値は深刻なものであるといえるのではないだろうか。また，内閣府（2012）の調査によれば，調査対象となった中途退学者の約7割が自身の将来について不安を抱いていたことを明らかにしている。自身の将来を見据えたうえで，より専門的な学びや体験をするためなど，積極的な進路変更の結果としての中途退学もある一方で，学校・学級になじめない，人間関係のトラブルや学習面に困難さを抱えてしまったことなどの結果として，中途退学に至ってしてしまうこともあるだろう。これらのことを考慮するならば，上記のような，何らかの理由によって余儀なく中途退学をしてしまうことを予防することが求められているのである。

　そこで本章では，まず，中途退学の定義と実態について紹介し，次いで，中途退学と関連している要因について整理する。最後に，これらを考慮しつつ，生徒指導提要（文部科学省，2022）で指摘されている2軸3類4層構造の分類と

◆ ◆ ◆ ◆ ◆ *139*

の対応関係を踏まえたうえで，中途退学の予防を目的とした支援のあり方について紹介する。

2 中途退学の定義と実態

　生徒指導提要（文部科学省，2022）において，中途退学は次のように定義されている。「中途退学とは，校長の許可を受け，又は懲戒処分を受けて退学すること」であり，校長の許可をもらう場合は自主的な退学となるが，懲戒処分における退学は，学校教育法施行規則第26条に懲戒の1つとしてあげられている。また，施行規則では，退学は校長が行う処分であり，その条件として次の項目があげられている。

　①性行不良で改善の見込みがないと認められる者
　②学力劣等で成業の見込みがないと認められる者
　③正当の理由がなくて出席常でない者
　④学校の秩序を乱し，その他の学生または生徒としての本分に反した者

　そして，自主的な退学，懲戒による退学にかかわらず，必要な事項は文部科学大臣が定め，懲戒による退学処分の手続きについては，校長が定めることとされている。
　次に，中途退学の実態についてである。文部科学省は，1982（昭和57）年度より中途退学者の調査を開始しており，その推移や事由について「児童生徒の問題行動・不登校等生徒指導上の諸課題に関する調査結果について」で毎年公表している（文部科学省，2023）。本書執筆時点における最新の調査結果によれば，2022（令和4）年度の中途退学者数は43,401人であり中途退学率は1.4%であった。中途退学率の推移を概観すると，1997（平成9）年度から2001（平成13）年度をピークに，その後は減少傾向で推移していたものの，2021（令和3）年度から増加傾向に転じている（図9-1）。そして，中途退学した学年に

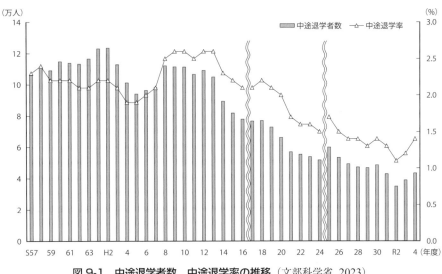

図 9-1　中途退学者数，中途退学率の推移（文部科学省，2023）

目を向けてみると，1年生が最も多く，次いで2年生，3年生の順となっている。つまり，学年進行に伴い中途退学という選択肢を選ぶ高校生は少なくなるのである。

　中途退学の事由については，「進路変更」（43.9％）（その内訳として，「別の高校への入学を希望」（25.0％），「就職を希望」（7.6％），などが含まれる），「学校生活・学業不適応」（32.8％），「学業不振」（6.0％）が上位にあげられており，この他に，「病気けが死亡」「家庭の事情」などが報告されている。そして，調査開始時より「進路変更」「学校生活・学業不適応」が事由の上位にあげられていることに変化はなく，この結果は，学校生活に起因した何らかの理由により余儀なく中途退学に至ってしまう高校生が多いことを示唆するものであろう。

　このような中途退学の実態と推移を概観することで，中途退学の傾向が見えてくるだろう。それは，高校に入学して間もない1年生の時期に，学校生活に起因した何らかの理由により学校をやめたい，という思いを抱いてしまう可能性が高いということである。そして，藤原ら（2024）も指摘しているように，中途退学の予防を目的とした支援において，1年生を対象に実施することの重

要性が増していると考えられる。ただし，2年生や3年生時点においても，一定数の高校生が中途退学に至ってしまっていることを踏まえると，高校3年間を見据えた計画的な支援を行っていく必要があると指摘することができる。その際に，生徒指導提要（文部科学省, 2022）で紹介されている，「高等学校中途退学問題への対応の基本的視点」（多様で個性的な生徒の実態を踏まえる，生徒の状況の的確な把握，個に応じた指導のための学習指導や教育相談の充実，学習指導の改善・充実，高校生の自己実現の援助）を考慮することを忘れてはならないだろう。

3 中途退学と関連している要因

　上記したように，中途退学にはさまざまな要因が関連している。そこで，以下では，まず，生徒指導提要（文部科学省, 2022）において指摘されている中途退学に至る予兆と，中途退学者の特徴をいくつかのタイプに分類した研究について紹介する。その後，中途退学と関連している要因について紹介するが，その際に，事由の上位にあげられていた学校生活と関連している要因に注目することとした。

◆◆◆ 1. 中途退学に至る予兆と中途退学者の特徴について

　生徒指導提要（文部科学省, 2022）において，中途退学を予防するためには日々の学校生活において，生徒の変化に気がつくことが重要であることが指摘されている。この変化に気づくために，次のような観点から生徒を観察することが求められている。

生活の問題
- 理由のない欠席や遅刻の増加
- 学校における諸活動への消極的な参加態度

- 授業中やグループ活動における話し合いでの発言の少なさ　など

　なお，これらの問題には，個人的背景（健康や性に関する課題など）や，家庭的背景（DV，ネグレクト，貧困，ヤングケアラーなど）が複合的に関連している場合もあるとしている。

学業の問題
- 学習の遅れ
- 学習に対する自己効力感の低下
- 病気欠席や転居に伴った学習の遅れに対する不安や悩み　など

進路の問題
- 学校での学びと働くこと（将来の進路）との関連の希薄化
- 生徒本人の特性，興味・関心とのミスマッチ
- 学校生活におけるさまざまな役割内容の未達　など

　なお，学業，進路の問題のポイントとして，上記のような予兆が見られるかどうかを観察することも重要ではあるが，これらのことが学校不適応のきっかけ要因にもなり得ることがある，ということである。

　そして，中途退学者の特徴を把握しようという試みも行われている。海外の研究（Janosz et al., 2000）になるが，この研究では，中途退学者の特徴について検討を行い，「quiet dropouts」「disengaged dropouts」「low-achiever dropouts」「maladjusted dropouts」の４つのタイプがあることを明らかにしている。具体的に，「quiet dropouts」は，学業成績は卒業者と比較して少し低いものの，学校生活におけるさまざまな教育活動に積極的に参加し，非行や逸脱行動なども見られず，中途退学後に学校生活に不適応を示していたことに気がつかれる傾向がある。「disengaged dropouts」は，学校生活そのものや学業に対してあまり関心がなく，教育活動に対しても積極的に参加していないなどの特徴がある。「low-achiever dropouts」は，学校生活において非行や逸脱行動などは少ないものの，教育活動に対する積極性が極めて低く，「maladjusted dropouts」は，学校内において望ましくない行動（反社会的行動や非行行動など）が多く，教育活動に対する積極性や学業成績も極めて低いといった特徴が

ある。中途退学者というと，「maladjusted dropouts」のような特徴を有しているとイメージされる読者もいるかもしれない。ただし，上記の研究が示唆していることは，学校生活に対してあまり意欲的ではないけれども，望ましくない行動などもあまり見られることはないから大きな問題は抱えていないだろう，というように見逃されてしまう中途退学者がいるということであろう。

以上をまとめると，生徒をアセスメントする際には，生徒指導提要（文部科学省，2022）が指摘している生活，学業，進路という側面や，ヤノシュら（Janosz et al., 2000）が明らかにした特徴に注目することが重要であるといえる。また，生徒から上記のような傾向が見られた場合には，生徒本人はもとより，生徒本人を取り巻く環境も含めた支援の検討，実施が求められるのである。

◆◆◆ 2. 中途退学と関連している要因について

中途退学と関連している要因については，これまでに国内外を問わずさまざまな研究が行われてきた。それらの研究では，対人関係（友人や教員），学習面，行動（ソーシャルスキル）など，学校生活に関連した要因から，薬物やアルコールなどとの関連についても報告されている（Jose et al., 2021; Ripamonti, 2018）。上述したように，日本では中途退学の事由として，おもに学校生活と関連した要因があげられている。そのため，以下では，対人関係面，学習面，行動面，進路面など，学校生活に関連した要因に注目し，中途退学とどのような関連があるかについて紹介する。

(1) 対人関係面

東京都教育委員会（2013）によると，中途退学者は対人関係やコミュニケーションに何らかの不安を抱えており，人づき合いがうまくできれば中途退学をしなかったと考えている者は約3割にのぼる。学校生活における対人関係と中途退学は切り離せない要因なのである。そしてこのことは，さまざまな研究によっても指摘されてきた。

まず，学校・学級内の対人関係におけるトラブルは，中途退学を引き起こす

要因（リスク要因）になり得るとされている。たとえば，学校・学級における，いじめやからかい，排斥などの被害経験は，ある一時点のみならず，その後においても中途退学や学校不適応と関連することが明らかにされている（Cornell et al., 2013; Smithyman et al., 2014）。さらに，上記のような経験を高校入学当初に被ると，その後，学校忌否感情を高め学業成績の低下にもつながりやすく，その結果として中途退学に至ってしまう可能性を高めることが報告されている（Barrington & Hendricks, 1989; Ensminger & Slusarcick, 1992; Ladd, 1990）。この他にも，所属していた仲間グループからの離脱（Kim et al., 2011），学校内に友人が少ない一方で，中途退学者や社会人の友人が多い（Ellenbogen & Chamberland, 1997），反社会的行動を示す友人との結びつきが強い（Gubbels et al., 2019; Newcomb et al., 2002）などは，中途退学のリスク要因なのである。

　その反対に，学校・学級内において良好な対人関係を形成できていることが，中途退学の予防に寄与することが明らかにされている。たとえば，学校・学級内において他者からの受容経験は，直接的に中途退学と関連する（藤原ら，2024）のみならず，教育活動に対する意欲や学業成績の向上を図り，その結果として，中途退学の予防につながるとされている（Schwarzwald., 1986）。同様に，友人，教員からのサポートは学校適応をうながし（Fuligni et al., 2001; Malecki & Demaray, 2003），反社会的，非社会的行動を抑制する（Demaray & Malecki, 2002）のである。この他に，GPA[*1]の低さや学習意欲が低下している生徒であっても，教員や友人からのサポートが学業成績や学習意欲を高め，その結果として，学校の卒業を促進するとともに中途退学の抑制にも関連していることが報告されている（Legault et al., 2006; Suh et al., 2007）。

　上記の研究知見は，学校・学級内において良好な対人関係を形成できているか否かが，中途退学の予防について考えるうえで重要な要因であることを示唆しているだろう。ただし，対人関係面に注目する際には次の点に留意する必要がある。それは，他者から認められていると感じる機会は少なく，孤立や排斥といった対人トラブルなどを抱えていない生徒と，他者から認められる機会は

＊1　GPA は Grade Point Average の略。アメリカなどの大学で実施されている世界標準の成績評価方法。

多いが対人トラブルを抱えている生徒も，将来的に中途退学してしまう可能性が高い（Janosz et al., 2000）ということである。そのため，中途退学への支援として対人関係面からのアプローチを検討する際には，いじめやからかい，排斥などをされていないか，もしくは，他者からの受容やサポートを受けられているか，といったどちらか一側面だけに注目してしまうと，中途退学のリスクを抱えた生徒を見逃してしまう可能性がある。したがって，上記した両側面を考慮した対応が求められるのである。

(2) 学習面

高等学校は義務教育ではないため，各学年で所定の単位を修得できなければ原級留置（留年）することになる（ただし，この取り扱いについては，施行規則の一部が改訂されている。その詳細については，学校教育法施行規則の一部を改正する省令等の施行について（文部科学省, 2015）を参照のこと）。そして，原級留置となった場合に，現籍校にそのまま残ることを選択する生徒もいれば，中途退学や転校を選択する生徒もいるが，中途退学に至るケースが多いことが報告されている（文部科学省, 1992）。そのため，中途退学の予防を考える際に，学習面は極めて重要な側面になり得るのである。

学習面の重要性を示唆する研究知見も多数報告されている。たとえば，Gubbels et al.（2019）は，中途退学のリスク要因として，学習困難，学業成績の低さなど，学習領域に注目することの必要性を指摘しており，同様に，学業不振が中途退学を予測するということは，多数の研究（Henry et al., 2012; Neild et al., 2008 など）によって明らかにされてきている。だが，ここでの留意点は，このような関連は高等学校時点のみの関連ではなく，小・中学校段階からの連続性として理解する必要がある，ということである。具体的には，小・中学校段階の学校教育を理解（完了）できていなかった場合（Archambault et al., 2009）や，小学生時点の学業に対する不安（Duchesne et al., 2008）が，その後の中途退学と関連しているのである。さらに，中途退学者は小学校段階からGPAが低く，学習スキルも身についていなかったことも明らかにされている（Barrington & Hendricks, 1989）。この他にも，中途退学者は，基礎学力に自信

がなくこのことを誰かに相談したかったが，相談することができていなかった（内閣府，2012）ということも留意すべき点であるといえるだろう。

　上記のことや，中途退学の事由として学業不振や学業不適応があげられていることからも，学業問題の解決は中途退学せずに学校を卒業するうえで重要な要因といえるだろう。そのため，学習面で困難さを抱えている場合，それが中途退学につながらないように支援をする必要があることはいうまでもない。現時点のみの学習だけではなく，その背景に，小・中学校段階からの学習の積み残し，不安や苦手意識だけではなく，どのように学習をすればいいのかがわからず（学習スキルの未獲得）に悩んでいる生徒もいるだろう。また，これらのことを誰にも相談することができずにひとりで悩み，抱え込んでしまっている生徒もいる可能性があることを踏まえて，支援を検討，実施していくことが求められる。

(3) 行動面

　行動面と中途退学との関連については，多数の研究からもその関連が示されていることはもとより，懲戒処分の対象事案の1つとして退学処分にもなり得る要因である。攻撃的行動や逸脱行動などに代表される外在化された問題行動である反社会的行動，引っ込み思案行動などに代表される内在化された問題行動である非社会的行動（Merrell & Gimpel, 1998）との関連は代表的なものである。これらの行動との関連について，まず，反社会的行動は中途退学のリスク要因の1つである（Newcomb et al., 2002; Saraiva et al., 2011）。それとともに，小学6年生，中学1年生時点において，反社会的行動が顕著だった生徒は，そうではない生徒よりも高等学校を卒業できていない傾向があった（Cairns et al., 1989）ことが明らかにされている。次に，非社会的行動との関連について，非社会的行動を示す生徒は，学校不適応の問題を抱えやすく，よりよい教育成果（GPAや学業成績）を得られにくく，その結果として中途退学に至ってしまう可能性が高いと指摘されている（Jimerson & Ferguson, 2007）。さらに，幼少期から非社会的行動が目立つ子どもは，高校1年生時点において中途退学する傾向があることも明らかにされている（Kerr et al., 1996）。

上記の他に，行動面との関連において注目されている要因として，ソーシャルスキルがある。これまでに，ソーシャルスキルの低さは中途退学のリスク要因になり得るため（Gresham, 1981; Jimerson et al., 2002; Rumberger & Larson, 1998），中途退学予防を目的とした取り組みとして，ソーシャルスキルに注目することの有効性が指摘されている（Gresham, 2002; Freeman & Simonsen, 2015）。また，ソーシャルスキルに注目する際の留意点として，ソーシャルスキルの知識自体を獲得していない未学習の状態（social skills acquisition deficits）なのか，それとも，ソーシャルスキルの知識は有しているが適切に実行できない状態（social skills performance deficits）なのかがあり，どちらの状態かによって支援の方向性が異なるため，これらを区別することが重要であるとされている（Gresham et al., 2011）。知識自体を獲得していないのであればソーシャルスキルを学習し，活用できるような支援が必要になるが，知識は有しているものの適切に活用していないのであれば，その活用をうながすことを目的とした支援が必要になる。そして，このことに注目し高校1年生を対象にした研究（藤原ら，2024）において，中途退学者は在校生と比較して9月の時点でソーシャルスキルの知識は同程度に有していたものの，活用できていなかったことが明らかにされている。

　以上のように，行動面は中途退学のリスク要因として見逃してはならない領域であることはもとより，対人関係面や学習面を媒介して中途退学と関連するといったプロセスにも注意を払う必要があるだろう。そして，人の行動はこれまでの生育歴において学習し身につけたものである，という学習理論の考え方を援用するのであれば，現時点において，反社会的行動や非社会的行動が目立つ，ソーシャルスキルを活用できていない，といった状態の生徒であったとしても，行動は学習し直すことができるのである。そのため，日々の学校生活の中で，行動の学び直しや，学んだ行動を練習する機会をいかに設けていくかが問われていくだろう。

(4) 進路面

　生徒指導提要（文部科学省，2022）においても注目されているように，中途

退学と進路面も切り離せない関係にある。学校での学びやさまざまな体験には，今現在の学校生活をより豊かなものにするという側面もあるが，生徒が将来どのような人生を歩んでいきたいかという側面とも関連している。しかし，今現在の側面ばかりに注目している場合，たとえば，授業についていけない，学校におけるさまざまな教育活動に対して積極的に取り組めないなどのようになってしまうと，なぜ学校に在籍しなければならないのかという疑問や，アルバイトをしているほうが自分にとって有意義な時間になり得るのではないか，などのように思ってしまうこともあるだろう。その結果として，中途退学を選択してしまう生徒もいるとされている。そのため，「キャリア・パスポート」などを活用して，生徒がこれまでにどのようなキャリアを形成してきたかを振り返り，今後，どのような進路に進みたいかということを見つめ直す支援（文部科学省，2022）など，学校におけるキャリア教育の充実が求められている（キャリア教育の詳細については，第 14 章，第 15 章を参照のこと）。

　そして，進路面と中途退学との関連についてもさまざまな検討がなされているが，おおむね同じ方向性の知見が報告されている。それは，中途退学者は進路意識が低く（古川・高田, 2000），進路選択やキャリアに関する積極的な関与や熟考が中途退学を予防する（Stringer et al., 2012）ということである。この他にも，進路面は，過去から現在，そして未来へとつながっている感覚である時間的展望との関連についても報告されており，時間的展望の発達には自己への自信の深化や他者との人間関係の構築が重要であるとともに，自己の成長（自己観）や社会についての認識（社会観）と相互に関連しながら発達することが指摘されている（都筑, 2014）。上記したように，今現在ばかりを志向している場合，学校生活で何かうまくいかないことがあった場合に，今をどのように過ごすか，ということばかりに目が向いてしまい，刹那的な選択をしてしまうかもしれない。このことを予防するためにも，時間的展望を発達させることが重要といえるだろう。その一方で，進路面については，次のような留意点がある。それは，学校の特性に応じて進路面と学校適応との関連には差異がある，ということである。具体的には，大学進学率が高い学校（進学校）では，進路に関する意欲が学校適応をうながすが，大学進学率が低い学校（非進学校）では，進

路に関連する活動場面において不適応感を感じる可能性がある（藤原・河村, 2014）。そのため，進路面への支援を実施する際には，このような特徴を考慮する必要があるといえるだろう。

以上をまとめると，高等学校で行われるキャリア教育の重要性はもとより，自己理解を深めるだけではなく他者との良好な人間関係の構築が求められることを示唆しているだろう。ただし，学校の特性に応じてその活動内容をアレンジしていくことが求められる。この他にも，関係機関（教育支援センター，高等学校就職支援教員（ジョブ・サポート・ティーチャー），地域若者ステーション，ジョブカフェなど）との連携も有効な支援の1つとしてあげられている（文部科学省, 2022）。

4 学校現場における中途退学の予防を目的とした支援のあり方

ここまで紹介してきたように，中途退学にはさまざまな要因が関連している。そのため，生徒指導提要（文部科学省, 2022）では，学校現場における中途退学対策について，次のように指摘している。キャリア教育や進路指導等の日常的な教育活動を通じて，生徒が社会的・職業的自立に向けた資質・能力を身につけるように働きかける発達支持的生徒指導を充実させることが，最も重要な中途退学対策になり得る。そして，中途退学の未然防止，中途退学に至る前の早期発見・対応および中途退学者の指導・援助に関する重層的支援構造は，図9-2のようになるとしている。そして，図9-2を参考に，中途退学の予防を目的とした支援のあり方について，2軸3類4層構造の観点からは次のように考えられる。

まず，発達支持的生徒指導，課題未然防止教育は，すべての生徒を対象に行われる支援であるため，日々の教育活動場面において，対人関係面，学習面，行動面，進路面への支援を行うことが求められる。たとえば，授業においてペアやグループ活動を取り入れることで，自分ひとりでは気がつけなかった考え方やわからないところを相手に聞くなど，学習内容の理解度を深めることにつな

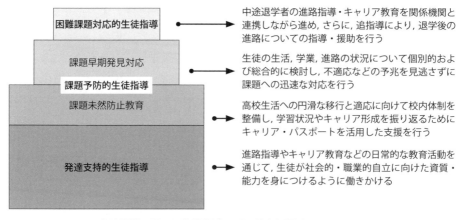

図 9-2　中途退学に関する生徒指導の重層的支援構造（文部科学省, 2022）

がるだろう。そして，このような活動が，人間関係の形成や深化のきっかけにもなり得るとともに，人の話を聴く，自分の意見を言う，グループの意見をまとめる，などを目的としたソーシャルスキルを意識させることもできる。このような学びは，「主体的・対話的で深い学び」ともつながっているため，「主体的・対話的で深い学び」の視点から授業や教育活動を行うことは，対人関係面，学習面，行動面への支援として有効だと考えられる。同様の目的のもと，進路活動場面でも行うことで進路面への支援にもなり得るだろう。これらの活動は，生徒の資質・能力の育成につながる内容であり，なおかつ，年間指導計画に位置づけ学校組織として取り組むことでより効果的な支援になるものである。このような視点から学校組織として支援を行った取り組み（たとえば，藤原・田邊，2017）や，グループワークの実践例（たとえば，大谷・粕谷，2020）についても多数報告されているので，発達支持的生徒指導，課題未然防止教育を検討・実施する際に参考になるだろう。

　次に，課題予防的生徒指導には，上記した未然防止教育と中途退学の予兆が見られる一部の生徒の早期発見対応が含まれている。そのため，上記のような活動を行っている際の生徒の言動，とくに，中途退学の予兆としてあげられている言動に注目することで，中途退学の未然防止はもとより，そのリスクを抱

えている可能性が高い生徒の早期発見にもつながるだろう。また，早期発見対応を行う際には，前節2項「中途退学と関連している要因について」で紹介した対人関係面，学習面，行動面，進路面における研究知見が参考になる。たとえば，進路活動に対して投げやりになっている生徒がいた場合に，その背景として，希望していた進路に進めない可能性が高いことがわかった，自分が将来どのように生きていきたいかに思い悩んでしまっている，個人的な事情（家庭のことなど）がある場合もある。そして，希望していた進路に進めない場合は，高校卒業までを逆算して今から何ができるのかをスモールステップで考える，将来に悩んでしまっている場合は，教員やスクールカウンセラーなどと話をすることも有効な支援になり得るだろう。このように，早期発見対応をするためには，生徒を見る視点（アセスメント）と，その結果に基づいて生徒が必要としている支援を行うことが求められる。

　最後に，困難課題対応的生徒指導は，特別な指導・援助を必要とする特定の生徒を対象に，学校内外の関係機関（教育委員会，警察，児童相談所，NPOなど）との連携・協働による対応をすること（文部科学省，2022），とされている。このことや図9-2を踏まえると，中途退学における困難課題対応的生徒指導は，中途退学を申し出ておりその意思が固まっている，もしくは，学期末などに中途退学することが決まっている生徒への支援はもとより，中途退学後のフォロー（卒業者の追指導に関する活動）も含まれるだろう。具体的な支援として，まずは中途退学後の進路について生徒本人の希望をしっかりと確認することが重要になる。そのうえで，生徒本人が別の高等学校への転校を希望しているのであれば，定時制（三部制高校を含む）や通信制課程を有した学校などを紹介することが考えられる。ただし，通信制高校と連携する施設としてサポート校があるが，これ自体は高等学校ではなく，修学支援の制度の対象外となることを情報提供することが留意点としてあげられている（文部科学省，2022）。また，通信制高校と連携しているサポート校で学び卒業した場合は高校卒業という学歴になるが，通信制高校と連携していないサポート校は学校教育法の認可を受けていないため，いわゆる塾や予備校と同じとなる。そのため，サポート校のみを卒業したからといっても，高校卒業という学歴にはならないことも留意すべ

きことといえるだろう。この他にも、「高等学校卒業資格（高卒認定）」を取得し、大学や専門学校への進学を希望する生徒もいれば、就職を希望している場合には公共職業安定所（ハローワーク）との連携や、高等学校に送付される求人票において「高校中途退学者も応募可能」という求人を紹介することも重要な支援となる。高等学校における職業紹介事業については、職業安定法に基づき行われているものである（文部科学省，2022）。なお、困難課題対応的生徒指導を必要としている背景には、発達障害、家庭的要因（虐待，家庭内暴力，経済的困難など）、いじめなどの対人関係上の重大なトラブルなどが関連している可能性が高く、中途退学においてもここまでで紹介した要因の他に、発達障害（二次障害を含む），家庭要因などもリスク要因としてあげられている（Gubbels et al., 2019）。そのため、発達支持的生徒指導，課題未然防止教育，課題予防的生徒指導，課題早期発見対応を充実させることで、困難課題対応的生徒指導が必要にならないようにすることが求められることはいうまでもないだろう。

　以上のように、2軸3類4層構造の観点から中途退学を予防するための支援のあり方について紹介してきた。そして、図9-2に示されているように、これらの支援は連続しているととらえるべきであろう。つまり、生徒が困難課題対応的生徒指導を必要としないように、課題予防的生徒指導を充実させる必要があるが、そのためには、日々の教育活動を通して発達支持的生徒指導を計画的に実施することが重要になる。また、発達支持的生徒指導，課題予防的生徒指導が充実することにより、困難課題対応的生徒指導を必要とする生徒も少なくなるだろう。つまり、2軸3類4層構造の観点からの支援は、円環関係にあるという視点に基づいて実施されることが重要になるのである。

5　本章のまとめ

　高等学校は義務教育ではないため、中途退学を選択するかしないかは生徒本人の意思決定に委ねられている。しかし、中途退学は生徒本人のその後の人生のあり方に大きな影響を与えることを考えるならば、高等学校において中途退

学を予防することを目的とした支援は極めて重要なものであろう。そして，支援を検討・実施するうえで，まずは生徒の実態についてアセスメントすることが必要となるが，その際に，教員のこれまでの経験則に基づいた視点とともに，何かしらのアセスメントツールを用いることも有効だろう（子どものストレスチェック[*2]など）。また，アセスメント結果を学校全体で共通理解をしたうえで支援を検討・実施し，一定程度時間が経過したあとに実施した支援が有効だったかどうかを確認し，今後の支援のあり方を再検討し実施していく，といったサイクルで取り組むことが重要である。中途退学への対応については，個別支援から学校環境全体をとらえた予防的教育や支援に重点が移行しつつある（Braden et al., 2001; Strein et al., 2003）ことからも，学校組織として上記のサイクルをいかにまわしていくかが問われてくるだろう。

＊2　https://www.m.chiba-u.ac.jp/class/rccmd/StressCheck/index.html

第10章 不登校

1 はじめに

　不登校という言葉を，皆さんは聞いたことがあるだろう。そして，教育における大きな問題として扱われ，解決することが難しいものの1つとして認識しているのではないだろうか。不登校そのものに問題があるのではないため，単に登校すれば解決するという単純なものではない。不登校による葛藤状態は，心身の苦痛や教育の機会を逸する可能性などの問題を生じさせる（山田, 2020）。不登校の解決とは何かということが明確にされてこなかったことが，不登校に関わる問題を難しくしてきた。不登校は，不登校の状態にある児童生徒に問題があるのではなく，本人が置かれている状況や環境との相互作用によって問題が生じている。また，日本の義務教育制度は保護者を対象とした就学義務であるため，教育の基本は家庭教育にあるとされる。そのため，不登校になった児童生徒が苦しむだけでなく，不登校になった児童生徒の保護者も，罪悪感を感じたり，自責の念で悩まされることがあった。

　しかし，2016年に教育機会確保法が成立し，生徒指導提要が2010年版から2022年版に改訂されて，不登校状態は問題行動と判断してはいけないことが示された。そして，不登校対応の重層的支援構造（第1章参照）では，すべての児童生徒を対象とする魅力ある学校づくりを発達支持的生徒指導に位置づけ，チーム学校として対応する不登校支援に関する記述が大幅に改訂された。生徒指導提要（文部科学省, 2022）の不登校の章には，「不登校児童生徒への支援は，『学校に登校する』という結果のみを目標にするのではなく，児童生徒が自らの

進路を主体的に捉え，社会的に自立する方向を目指すように働きかけること」とある。したがって，学校に行く，行かないのではなく，すべての児童生徒に教育を受ける権利をどのように保障し実現することができるのかを，支援者が問い続けながら支援していくということが重要になるといえるだろう。

2 不登校対応の変遷

　現在の不登校の定義は，「何らかの心理的，情緒的，身体的あるいは社会的要因・背景により，登校しない，あるいはしたくともできない状況にあるため年間30日以上欠席した者のうち，病気や経済的な理由による者を除いたもの」と定義される（文部科学省，2022）。このような長期的な欠席は，国による教育制度や社会経済地位などが異なるためコンセンサスは得られていないが，多くの国で学校の帰属意識に影響を与えるために着目されてきた。日本の不登校は，先進国であるにもかかわらず，長年議論されてきた特徴的な教育問題である（Fredriksson et al., 2024）。ホウら（Hou et al., 2023）は，日本の不登校の独自性を次の3つに整理している。第一に，30日の欠席という基準で，小中学校の年間授業日数約200日のうち，15％程度の欠席超過で不登校と判断される。欧米では10％以上の欠席を問題とするため，日本よりも深刻度を高くとらえている（藤田，2024）。第二に，文部科学省により欠席の背景にある多面的で多層的な理由が認められているため，特定の原因や種類に限定されないような包括的な概念である。第三に，学校に通うことに抵抗するというよりも，行きたくても行けないような個人的な困難や葛藤も含まれている。したがって，日本では不登校を児童生徒の問題としてとらえるのではなく，児童生徒を取り巻く環境との相互作用によって，多様で複合的な要因や背景を考慮するようになっている。

　このように日本における不登校は現象だけではなくさまざまな文脈を含み，要因が複雑化している。そもそも不登校はどのように日本で着目されるようになったのだろうか。きっかけは，アメリカの精神医学的分野からの支援だった。ブロードウィン（Broadwin, 1932）は，事例研究によって，学校を休むことを非

行の前兆である怠学（truancy）ととらえ，強迫性障害的症状の可能性を示唆した。その後，アメリカのジョンソンら（Johnson et al., 1941）が，非行や怠学とは異なる新たな情緒的障害である学校恐怖症（school phobia）という用語を用いて，神経症・恐怖症として概念化し，その原因を精神分析的視点から母親がいないことによる母子分離不安と位置づけた。

しかしながら，母子分離不安だけで説明できない現象が増え，学校嫌い，登校拒否，不登校といった用語でその現象を説明しようとした。1950年代後半から，日本でも学校に行かない児童生徒の研究報告がされ，学校に行けないのは学校への不安ではなく，登校することへの不安として理解されるようになり，登校拒否（school refusal）の名称が扱われ社会問題化した。1960年代までは，本人および家庭に要因を求める時期とされ，1970年からは学校に要因を求める時期，1980年代後半には，要因の特定が不可能となる時期になる（花谷・高橋，2004）。そして，文部省（1992a, 1992b）は登校拒否（不登校）問題への対応について，不登校は誰にでも起こるものとして，個々の状況に応じた要因や背景を把握するための対応策を求め，不登校の認識の転換をうながした。そのため，不登校の研究テーマが1991年から2021年の30年間に「不登校を治療・予防する」という視点から，「学校外機関や心理面へのアプローチの充実」へと変遷してきた（佐藤ら，2023）。1995年には，文部省によるスクールカウンセラー制度が導入され，2003年には教育委員会による教育支援センターが運営されるようになった（文部科学省，2003b）。

2003年の5月には，文部科学省より不登校に対する基本的な考え方として，①将来の社会的自立に向けた支援の視点，②連携ネットワークによる支援，③将来の社会的自立のための学校教育の意義・役割，④働きかけることや関わりを持つことの重要性，⑤保護者の役割と家庭への支援，という，見守るだけではなく社会的自立に向けて早期に支援するという考え方が示された（文部科学省，2003a）。

そして，不登校に関連する法令として，義務教育の段階における普通教育に相当する教育の機会の確保等に関する法律が2016年12月に公布された。第1章総則の第3条に基本理念として不登校の基本的な考え方が規定されている（文

部科学省, 2016)。

①全ての児童生徒が豊かな学校生活を送り，安心して教育を受けられるよう，学校における環境の確保が図られるようにすること。
②不登校児童生徒が行う多様な学習活動の実情を踏まえ，個々の不登校児童生徒の状況に応じた必要な支援が行われるようにすること。
③不登校児童生徒が安心して教育を十分に受けられるよう，学校における環境の整備が図られるようにすること。
④義務教育の段階における普通教育に相当する教育を十分に受けていない者の意思を十分に尊重しつつ，その年齢又は国籍その他の置かれている事情にかかわりなく，その能力に応じた教育を受ける機会が確保されるようにするとともに，その者が，その教育を通じて，社会において自立的に生きる基礎を培い，豊かな人生を送ることができるよう，その教育水準の維持向上が図られるようにすること。
⑤国，地方公共団体，教育機会の確保等に関する活動を行う民間の団体その他の関係者の相互の密接な連携の下に行われるようにすること。

　また，2017年3月には，文部科学省よりその法令のための基本的な指針も策定された（文部科学省, 2017）。その内容は，すべての児童生徒にとって，魅力あるよりよい学校づくりを目指し，安心して教育を受けられる学校づくりの推進の重要性が示されている。また，不登校は児童生徒の取り巻く環境によって，どの児童生徒にも起こり得るものとしてとらえ，学習活動や実情を踏まえて状況に応じた必要な支援を行い，児童生徒が自らの進路を主体的にとらえて，社会的に自立することを目指す必要があること，これらの支援では，不登校児童生徒の意思を十分に尊重しつつ，本人や保護者を追い詰めることのないよう配慮しなければならないことが示されている。
　2019年10月には，これまでの不登校施策を整理し，法や基本指針の趣旨との関連性について誤解を防ぐために，「不登校児童生徒への支援の在り方について（通知）」が取りまとめられた（文部科学省, 2019）。不登校児童生徒への支

援に対する基本的な考え方として，下記の4つが示された。

①支援の視点　不登校児童生徒への支援は，「学校に登校する」という結果のみを目標にするのではなく，児童生徒が自らの進路を主体的に捉えて，社会的に自立することを目指す必要があること。また，児童生徒によっては，不登校の時期が休養や自分を見つめ直す等の積極的な意味を持つことがある一方で，学業の遅れや進路選択上の不利益や社会的自立へのリスクが存在することに留意すること。

②学校教育の意義・役割　特に義務教育段階の学校は，各個人の有する能力を伸ばしつつ，社会において自立的に生きる基礎を養うとともに，国家・社会の形成者として必要とされる基本的な資質を培うことを目的としており，その役割は極めて大きいことから，学校教育の一層の充実を図るための取組が重要であること。また，不登校児童生徒への支援については児童生徒が不登校となった要因を的確に把握し，学校関係者や家庭，必要に応じて関係機関が情報共有し，組織的・計画的な，個々の児童生徒に応じたきめ細やかな支援策を策定することや，社会的自立へ向けて進路の選択肢を広げる支援をすることが重要であること。さらに，既存の学校教育になじめない児童生徒については，学校としてどのように受け入れていくかを検討し，なじめない要因の解消に努める必要があること。

　また，児童生徒の才能や能力に応じて，それぞれの可能性を伸ばせるよう，本人の希望を尊重した上で，場合によっては，教育支援センターや不登校特例校，ICTを活用した学習支援，フリースクール，中学校夜間学級での受入れなど，様々な関係機関等を活用し社会的自立への支援を行うこと。その際，フリースクールなどの民間施設やNPO等と積極的に連携し，相互に協力・補完することの意義は大きいこと。

③不登校の理由に応じた働き掛けや関わりの重要性　不登校児童生徒が，主体的に社会的自立や学校復帰に向かうよう，児童生徒自身を見守りつつ，不登校のきっかけや継続理由に応じて，その環境づくりのために適切な支援や働き掛けを行う必要があること。

④家庭への支援　家庭教育は全ての教育の出発点であり，不登校児童生徒の保護者の個々の状況に応じた働き掛けを行うことが重要であること。また，不登校の要因・背景によっては，福祉や医療機関等と連携し，家庭の状況を正確に把握した上で適切な支援や働き掛けを行う必要があるため，家庭と学校，関係機関の連携を図ることが不可欠であること。その際，保護者と課題意識を共有して一緒に取り組むという信頼関係をつくることや，訪問型支援による保護者への支援等，保護者が気軽に相談できる体制を整えることが重要であること。

この2019年10月の通知によって，2003年の3月の「今後の不登校への対応の在り方の考え方について（報告）」は廃止された。また，児童生徒理解・支援シートを活用した組織的・計画的支援が示された（図10-1）。そして，不登校の急激な増加によって，2023年の3月には，「誰一人取り残されない学びの保障に向けた不登校対策」（Comfortable, Customized and Optimized Locations of learning：COCOLOプラン）が取りまとめられた（文部科学省，2023a）。COCOLOプランでは多種多様な連携による一人ひとりに応じた支援のために次の3つの方針が明記されている。①不登校の児童生徒全ての学びの場を確保し，学びたいと思った時に学べる環境を整える，②心の小さなSOSを見逃さず，「チーム学校」で支援する，③学校の風土の「見える化」を通して，学校を「みんなが安心して学べる」場所にする，の3つである。さらには，こども家庭庁と連携しながら「誰一人取り残されない学びの保障に向けた不登校対策推進本部」が文部科学省に設置された。

3　不登校の重層的支援構造

2023年11月に「不登校の児童生徒等への支援の充実について（通知）」が示された（文部科学省，2023b）。そこでは，義務教育段階の学校の意義と役割を認識したうえで，学校教育の充実を図るための取り組みとして，学校教育制度

第 10 章　不登校

児童生徒理解・支援シート（共通シート）

作成日：　　年　　月　　日　　　　※の事項は障害のある児童生徒，外国人児童生徒等で必要な場合に記入
作成者　○○（記入者名）　追記者　○○（記入者名）／○○（記入者名）／……

（児童生徒）　名　前	性別	生年月日	国籍等※	出生地※
（よみがな）		年　月　日		

（保護者等）　名　前	続柄※	学校受入年月日※	連絡先
（よみがな）		年　月　日	

○学年別欠席日数等　　追記日→

年度	○/○											
学年	小1	小2	小3	小4	小5	小6	中1	中2	中3	高1	高2	高3	高4
出席しなければならない日数												
出席日数												
別室登校												
遅刻												
早退												
欠席日数												
指導要録上の出席扱い												
①教育支援センター												
②教育委員会所管の機関（①除く）												
③児童相談所・福祉事務所												
④保健所，精神保健福祉センター												
⑤病院，診療所												
⑥民間団体，民間施設												
⑦その他の機関等												
⑧IT等の活用												

○支援を継続する上での基本的な情報
特記事項（本人の強み，アセスメントの情報，家庭での様子，障害の種類・程度・診断名・障害者手帳の種類・交付年月日※，学習歴※，日本語力※等）

○家族関係
特記事項（生育歴，本人を取り巻く状況（家族の状況も含む），作成日以降の変化，家族構成※，家庭内使用言語※等）

○備考欄

図 10-1　児童生徒理解・支援シート（文部科学省，2019）

161

第2部　個別の課題に対する生徒指導

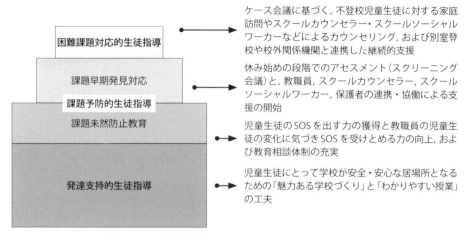

図10-2　不登校に関する生徒指導の重層的支援構造（文部科学省，2022より作成）

に基づく方針の重要性が示された。学校になじめない子どもについては，学校としてどのように受け入れていくのかを検討して，なじめない要因を解消する必要性を示した。そのためには，生徒指導の重層的支援構造（第1章参照）に基づいて，不登校の対応を考えることが重要である（図10-2）。

◆◆◆ 1．発達支持的生徒指導：魅力ある学校づくり・学級づくり

　すべての児童生徒の発達を支えるために，学校が安全で安心して楽しく過ごせる場所となるように，魅力ある学校や学級・ホームルームづくりが目指される，つまり，自分という存在が他者から承認され，居場所があり，自分にとって学校が意味や価値があるということを実感できることが求められている。そして，このような対応を行うためには，学校の特色を活かし児童生徒のニーズを把握する必要がある。

　また，不登校について，学業の不振が要因の1つになっている場合がある。そのため，授業についていけない児童生徒の興味関心に基づくことや，学校の指導体制や個別最適な学びの工夫や改善が求められる。

◆◆◆ 2. 課題未然防止教育

　悩みが生じたときに，誰かに気軽に相談できることが安心感につながるため，悩みを何かの形で言語化して伝える必要がある。安心して，周りの大人や友達にSOSを出すためのソーシャルスキルを身につけることが重要であろう。また，悩みの相談の心理は援助要請と呼ばれ，援助ニーズがあっても相談しない心理の背景には，困っていないから相談しない，助けてほしいと思わないから相談しない，助けてと言えないの3つがある（本田，2020）。近年，援助要請することはよいことなのかどうかという議論もされており，適度な援助要請や依存が自立につながることも指摘されている（永井，2020）。そのため，子どものSOSを受け止めるために，教職員が多面的・多角的に児童生徒理解をするための教育相談体制をつくる必要があるだろう。そして，子どもの言いたいことを言語化して支援することが重要である。

◆◆◆ 3. 課題早期発見対応

　子どもが抱える課題を早期に発見して対応するためには，児童生徒理解（アセスメント）が重要になる。アセスメントには，観察法，面接法，調査法があり，気づく（援助ニーズの発見），深める（援助ニーズを含めた個人と環境の理解），確かめる（指導・援助の効果の評価）の3つの場面がある（本田，2020）。そのため，児童生徒の幅広い事項（友人関係，教職員との関係，学業成績など）についての変化や成長に気づくために，児童生徒の情報収集をする必要がある。そして，アセスメントツールを活用して，児童生徒の取り巻く環境（保健室・相談室，放課後子ども教室など）のメンバー（保護者，養護教諭，教育相談コーディネーター，スクールカウンセラー，スクールソーシャルワーカーなど）と連携した情報共有が効果的であろう。

◆◆◆ 4. 困難課題対応的生徒指導

　ケース会議において，児童生徒や学級のアセスメントを行い，支援の目標や方向性，具体的な対応策などを検討していく。その際，学級・ホームルーム担任や養護教諭，生徒指導担当教諭，教育相談コーディネーター，スクールカウンセラー，スクールソーシャルワーカーとも連携することが重要になる。システムズアプローチにおける相互作用や円環的因果関係の視点が取り入れられているBPSモデル（Biopsychosocial Model）が参考になるだろう（Borrell-Carrió et al., 2004）。生物学的要因，心理学的要因，社会的要因に応じてアセスメントすることで，休みがちな児童生徒の援助ニーズに合わせた対応が可能になる。東京都教育委員会（2019）によるBPSモデルの活用例のように，それぞれの要因にどのような着目点があるのかを具体化することで，相互作用的な対応を可能にすることができるだろう。

COCOLOプランと不登校の重層的支援構造との関連

◆◆◆ 1. 持続可能で多様な学びのデザイン

　不登校になっても，小学校，中学校，高等学校などを通して，一人ひとりのニーズに応じた多様な学びの場につなげるために，①不登校特例校の設置，②校内教育支援センターの設置，③教育支援センターの強化，④高等学校等においても柔軟で質の高い学びの保障，⑤多様な学びの場と居場所の確保の5つの取り組みが示されている。なお不登校特例校は，実際に当該学校の児童生徒・教職員に対して意見を募集し，子どもたちの目線に立った名称にするという観点から，「学びの多様化学校」という新しい名称に変更された。

◆◆◆ 2.「チーム学校」による支援

　COCOLOプランでは，ICTを活用して小さなSOSに早期に気づくことで，不登校になる前に，「チーム学校」による支援を実施し，不登校の保護者も支援することが示されている。具体的には，①1人1台端末を活用し，心や体調の変化の早期発見を推進する，②「チーム学校」による早期支援を行う，③ひとりで悩みを抱え込まないよう保護者を支援する，の3つの取り組みである。教員やスクールカウンセラー，スクールソーシャルワーカー，養護教諭などだけでなく，こども家庭庁や福祉部局と教育委員会との連携を強化することについても示されている。

　心の小さなSOSを見逃さず「チーム学校」で支援するためには，チームのメンバーが専門性を活かして連携・協働する必要がある。そのため，課題予防的生徒指導（課題未然防止教育・課題早期発見対応）や困難課題対応的生徒指導と関連づけて対応することになるだろう。

　課題未然防止教育では，教育相談体制の充実が求められる。不登校への対応には，環境との相互作用に着目するために，児童生徒理解・支援シートや学校の風土などの可視化ツールを活用することで共通理解をうながし，学校全体でチームとして指導・援助をしていくことが重要になる。管理職によるリーダーシップのもと，チーム支援によって，他の教職員や専門家，関係機関と連携して組織的に対応することが大切になる。また，連携については，心理や福祉の専門家，教育支援センター，医療機関，児童相談所のような専門機関などの横の連携だけでなく，校種を越えて幼稚園・保育園，小学校，中学校，高等学校，高等専門学校および高等専修学校などの縦の連携によって切れ目のない支援を引き継いでいくことが重要になる。不登校が複雑化・多様化する中で，教育相談を支える教職員の連携・協働として，生徒指導提要（文部科学省，2022）では，次のような役割が例にあげられている。

養護教諭

　児童生徒の心身の健康の専門家として，学級担任や保護者との情報共有に

よって，不登校の早期発見や保健室登校の対応など重要な役割を担う。

教育相談コーディネーター
教職員としてカウンセリングや相談業務に関わり，教職員という立場を活かして，ニーズに対応しながらチームとして連携するための中心的な役割を担う。

特別支援教育コーディネーター
教職員として発達障害などの特別支援教育を推進するために，校内委員会や研修会の企画・運営，関係機関との連絡・調整，保護者からの相談窓口を担う。

スクールカウンセラー
心理的な要因が大きいケースでは，児童生徒へのカウンセリングによる心のケアや，教職員・保護者への助言や援助を行う。

スクールソーシャルワーカー
福祉的な視点から児童生徒への面接や教職員・保護者への助言・援助を行う。

課題未然防止教育によって教育相談体制が充実することで，ケース会議が必要とされるような課題早期発見対応や困難課題対応的生徒指導が機能する。ケース会議がうまくいかない場合の方法として，金山（2024）による解決志向（森，2015）の要素が含まれる解決志向カンファレンスというケース会議がある。解決志向カンファレンスは，「リソース（資源・資質）」「解決像（よい未来像）」「アクション（何かすること）」をホワイトボード（黒板）に見出しとして示し，ファシリテーターが参加者から上記の3要素からなるコミュニケーションをしていく会議である。

また，従来の時間を固定したケース会議だけでなく，昼休みや放課後などの比較的短時間で臨機応変な会議も必要とされる。そのような短時間化した会議として，村上（2019）によるQ-Uなどのアンケート項目を活用したブリーフミーティングが参考になる。ブリーフミーティングとは，チーム連携をうながし，解決志向（森・黒沢，2002）を強調して短時間化した，ホワイトボードを活用したケース会議である（鹿嶋ら，2022）。ブリーフミーティングは，①ルールの確認，②事例報告，③リソース探しのための質問，④「今日のゴール」の設定，⑤解決のための対応策，⑥決定，で会議が進行する。村上（2019）の方

法は，④のゴールの設定にアンケート項目を活用することで教員の負担を減らし，一定の成果が指摘されている（村上ら，2021）。

◆◆◆ 3. 安全で安心な学校風土づくり

COCOLOプランでは，学校を安心して学べる場所にするために，関係者が共通認識を持って取り組みを進めるための方法が示されている。具体的には，①学校の風土を「見える化」する，②学校で過ごす時間の中で最も長い「授業」を改善する，③いじめなどの問題行動に対する毅然とした対応を徹底する，④児童生徒が主体的に参加した校則等の見直しを推進する，⑤快適で温かみのある学校環境を整備する，⑥学校を，障害や国籍言語等の違いにかかわらず，共生社会を学ぶ場にする，の6つの取り組みである。

学校風土を把握するためのツールとして，Q-U/hyper-QUなどがあげられている。Q-U/hyper-QU（河村，1999; 河村・田上，1997）は，子どもたちの学校生活における満足度と意欲，さらに学級集団の状態を把握することができ，このツールを用いた研究知見も蓄積されている（たとえば，藤原ら，2023）。そのため，観察法や面接法によるアセスメントだけでなく，Q-Uのような調査法を用いて学級の集団の状態をアセスメントすることで，児童生徒にとって学級や学校が安全・安心の環境になっているかどうかを把握することができる。そして，安心して学校生活を送るためにルールづくりの工夫が必要なのか，リレーションのような人間関係づくりが必要なのかなどの工夫の視点を持つことができる。したがって，学校風土を把握するためのツールは，重層的支援構造の土台となる発達支持的生徒指導と関連して活用されると効果的であろう。

また，Q-Uの個人の結果に着目すれば，課題未然防止教育や課題早期発見対応に関連づけることができる。どのような質問項目に対して具体的に答えているのか，アンケートの結果とその児童生徒の様子を教員が省察することで，なぜその得点に○をつけているのかという問いを持つことができ，支援のヒントになっていくだろう。

第11章

インターネットやスマートフォンに関わる問題

1 はじめに

　近年の情報技術の進展により，私たちの生活の中にはインターネットを活用した技術が溢れている。とくに，デジタルネイティブ世代である今の子どもたちにとってインターネットやスマートフォンは，生活を営むうえで欠かせないツールの1つといえるだろう。こども家庭庁（2024）によれば，小学生（満10歳以上）から高校生（満17歳以下）のインターネット利用率は98.7％と報告されており，このことからもインターネット環境が子どもたちにとっていかに身近であるかがうかがえる。

　他方，子どもたちがこうしたツールを使うことによりトラブルや事件に巻き込まれるといった問題も報告されている（埼玉県教育委員会, 2024; 東京都教育委員会, 2024）。こうした問題を防ぐために最適なことは，子どもたちにインターネットやスマートフォンを使わせないことだろうか。現在，私たちの暮らす社会はSociety 5.0に向かい着実に進展している。今の子どもたちが大人になったときにはますます高度情報社会が実現していることが予想される。こうした子どもたちに対して，インターネットやスマートフォンを上手に活用していく力を身につけさせるとともに，使用することによるリスクを回避していく力が求められる。学校現場においても，こうした力の育成を想定しながら子どもたちのインターネットやスマートフォンに関わる問題へ対処していくことが求められる。そこで，本章ではわが国におけるインターネットやスマートフォンをめぐる諸問題に関して取り上げ，学校現場における対応方法とその際の留

2 インターネットやスマートフォン利用に関する問題の実態と関連法規

◆◆◆ 1. 子どもたちのインターネットやスマートフォンをめぐる諸問題

　子どもたちがインターネットやスマートフォンを利用することによって生じている諸問題について，とくに代表的な内容を取り上げる。

(1) SNS利用による情報発信のトラブル

　文部科学省初等中等教育局児童生徒課が行った「令和4年度 児童生徒の問題行動・不登校等生徒指導上の諸課題に関する調査」では，「パソコンや携帯電話等で，ひぼう・中傷や嫌なことをされる」と回答した件数が小学校で9,690件，中学校で11,404件，高校で2,564件，特別支援学校で262件となっており（文部科学省，2023a），いじめの態様に関する全体の認知件数に対して3.5％の割合を占める結果となっている。このことから，いじめへの対応としてもインターネットへの書き込みによる加害や被害を想定しておく必要があることがうかがえる。

　この背景には，スマートフォンによるSNS（Social Networking Service）の利用の増加が影響していると考えられる。総務省情報通信政策研究所の「令和5年度 情報通信メディアの利用時間と情報行動に関する調査報告書」によれば，10代（13歳以上）が利用しているSNSとして，LINEが最も高い割合となっているが，X（旧Twitter）やInstagramも高い利用率であることが示されている（総務省，2024；図11-1）。SNSをはじめとするインターネット上の書き込みでは，匿名性や発信の容易さなど，利用者の認知の仕方によってメールやネットを介したいじめ加害行動を促進している可能性も指摘されている（黒川，2010）。このことから，インターネット上の書き込みや誹謗中傷への対策としては，インターネットの特性を適切に指導していくことの必要性があげられる。さらに，

第２部　個別の課題に対する生徒指導

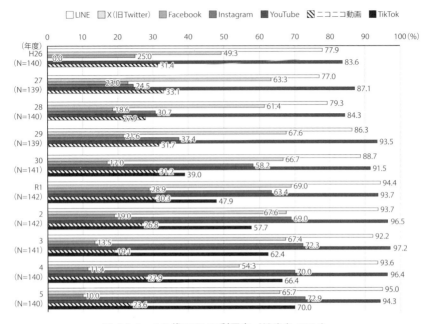

図 11-1　10代のSNS利用率（総務省, 2024）

　最近ではメッセージに限らずSNS上に不適切な情報を発信するトラブルも問題視されている。具体的には，悪ふざけで撮影した写真や動画をSNS上に発信し，社会的な批判を受けてしまう「ネット炎上」の問題や，自分の個人情報を流出させてしまい人や住所などが特定されてしまう問題などがあげられる。これらの問題に対しても，同様にインターネットの特性を加味した指導とともに，問題が発覚した場合には早急に対処し，被害を最小限にしていくことが重要である。

　また，SNS利用によるトラブルの中には，インターネット上での出会いの問題もあげられる。警察庁の「令和5年における少年非行及び子供の性被害の状況」によれば，SNSに起因する事犯（SNSを通じて面識のない被疑者と被害児童が知り合い，交際や知人関係などに発展する前に被害にあった事犯）の被害児童数は，2023（令和5）年度に1,665人であったことが示されている（警察庁, 2024）。経年変化で見ると被害人数は微減傾向にあるものの，依然高い数字といえるだろう。こうした被害を防ぐためにも，スマートフォンにおけるフィ

ルタリングの使用を家庭に周知するとともに、日常的な情報モラルに関する指導が大切である。

(2) 著作権の侵害

　著作権とは、著作物を無断でコピーされたり、インターネットで利用されたりしないために著作者に与えられる権利である。この権利により、他人が著作物を使用したい場合には、著作者への許諾や出典の明記などの手続きが必要となる。最近では、SNSの普及に伴いインターネット上に違法に著作物を公開する事案も発生している。たとえば、市販の漫画の内容を写真で撮影しSNSにアップロードしたり、音楽や動画を無許諾の状態で動画サイトへアップロードしたりするなどの事例が該当する。こうした事例では、違法にアップロードされたコンテンツが第三者により急速に拡散されることで、著作者や販売元は大きく利益を損なうことにつながる。2021年1月1日に施行された改正著作権法では、これまで規制対象外であった漫画・書籍などの静止画コンテンツやコンピュータプログラムについて、正規版が有償で提供されている場合には、ダウンロードすることも禁止された。

　また、他の事例として、自身の使用するSNSのアイコンに著名人の画像や企業のロゴなどを無許諾のまま使用することも著作権違反に該当する場合がある。このような事例では、本人には違法であるという自覚がないまま違反行為を行っている場合も散見される。

　こうした行為が行われる要因の1つに、著作権侵害が一部を除き親告罪であることがあげられる。親告罪とは、被害者である著作権者が告訴することにより侵害者が処罰されることであり、著作権者が権利を侵害されていることを認識しない状態で著作権違反が行われている場合もある。

　学校教育においても、GIGA端末が導入され、子どもたち自らが制作したり、外部に情報発信を行う機会も増加したりすることが予想される中で、こうした著作権の扱いについても適切に指導することが求められるだろう。

第2部　個別の課題に対する生徒指導

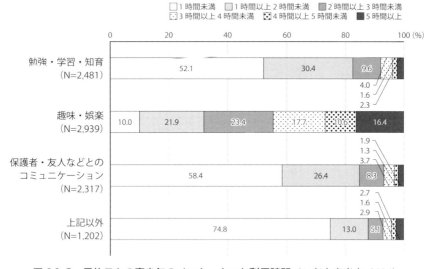

図11-2　目的ごとの青少年のインターネット利用時間（こども家庭庁, 2024）

(3) インターネットやスマートフォンの長時間利用・過剰利用

　スマートフォンやタブレットPCなどの情報端末が普及したことにより，場所を問わず手軽にインターネットが利用できるようになった。こども家庭庁（2024）によれば，インターネットを利用すると回答した青少年の平均利用時間は，前年度と比べ約16分増加し，約4時間57分となっている。また，学年ごとでは，高校生：約6時間14分，中学生：約4時間42分，小学生（10歳以上）：約3時間46分となっている。目的ごとのインターネット利用時間では，「趣味・娯楽」が約2時間57分と最も高くなっている（図11-2）。

　この背景には，SNSや動画視聴サイトをはじめとするインターネットコンテンツが広く普及したことがあげられる。スマートフォンのゲームアプリなども普及しており，従来のテレビゲームと比較して，空いた時間に短時間で遊べる内容のものが多くなっている。さらに，GIGAスクール構想の実施に伴い，学習場面においてもインターネットを利用する機会も増加している。子どもたちは，日常生活においてインターネットを活用する機会が非常に多くなってきているといえるだろう。

このような中で、「ネット依存」や「スマホ依存」といった問題も指摘されるようになった（樋口, 2013; 岡田, 2014; Young, 1998）。これらの用語が示す状態は、詳細には定義が異なる部分があるものの、インターネットやスマートフォンを使用することにより日常生活や身体に支障が生じる状態を指す場合が多い。また、子どもの情報機器活用に関して小学校高学年から高校生までを対象とした調査では、どの学校種においても最も発生率が高いトラブルは「長時間利用」であることが示されている（満下ら, 2020）。家庭でのインターネットやスマートフォンの長時間利用により、体調不良や遅刻・欠席の増加、忘れ物の増加、学習意欲の低下など、学校生活への支障が生じる子どもたちに対しては、生徒指導上の課題として学校でも適切な指導が必要となる。

(4) GIGAスクール構想後のインターネットとスマートフォンの活用

2019年12月に示されたGIGAスクール構想では、令和時代のスタンダードな学校像として、全国一律でのICT環境の整備が進められることとなった。GIGAスクール構想の実現に向けた具体的な取り組みとしては、児童生徒へ1人1台の情報端末を配布、学校内の高速通信ネットワークの整備、授業や校務でのクラウドサービスの活用などがあげられ、2023年度にはほとんどの自治体でICT環境の整備が整ったといえる（文部科学省, 2023b）。LINEみらい財団（2023）によれば、教員を対象とした調査の中で、GIGAスクール端末を使い始めてから個別対応が増加したものとして、「悪口・いじり等のコミュニケーショントラブル（学校内での人間関係のもの）」30.0％と「長時間利用による生活習慣の乱れ」29.8％が上位となっている。

また、「令和5年度 全国学力・学習状況調査」では、GIGA端末を家庭に毎日持ち帰って利用できるようにしている割合は、小学校32.6％、中学校41.9％となっており、スマートフォンを持っていない児童生徒も家庭で情報端末に触れる機会が増えている（文部科学省, 2023c）。さらに、児童生徒への携帯電話（スマートフォン）の普及が進んでいるとともに、災害時や犯罪に巻き込まれたときなどの緊急時の連絡手段としての活用の期待が高まっていることを背景に、2020年度にはスマートフォンを学校に持ち込む際の方針が学校種ごとに示され

表 11-1　学校種ごとの携帯電話の取り扱い（文部科学省，2020 より作成）

(1) 小学校
原則持ち込み禁止とし，個別の状況に応じて，やむを得ない場合は例外的に認める。（※ 2009 年の通知と同じ）
(2) 中学校
原則持ち込み禁止とし，個別の状況に応じて，やむを得ない場合は例外的に認める。（※ 2009 年の通知と同じ）
または，一定の条件（※）を満たしたうえで，学校または教育委員会を単位として持ち込みを認める。（※ 2020 年の通知で追加）
※学校と生徒・保護者との間で以下の事項について合意がなされ，必要な環境の整備や措置が講じられていること。
①生徒が自らを律することができるようなルールを，学校の他，生徒や保護者が主体的に考え，協力してつくる機会を設けること。
②学校における管理方法や，紛失等のトラブルが発生した場合の責任の所在が明確にされていること。
③フィルタリングが保護者の責任のもとで適切に設定されていること。
④携帯電話の危険性や正しい使い方に関する指導が学校および家庭において適切に行われていること。
(3) 高等学校
校内における使用を制限すべき。（※ 2009 年の通知と同じ）
(4) 特別支援学校
各学校および教育委員会において判断。（※ 2020 年の通知で明記）

た（文部科学省，2020；表 11-1）。今後は，子どもたちが学校と家庭で横断的にインターネットやスマートフォンを活用していくことも想定されることから，家庭と連携した指導が望まれる。

◆◆◆ 2. インターネットやスマートフォンに関する関連法規

子どもたちのインターネットやスマートフォン利用に関連するおもな法規についても触れておこう。

(1) インターネット環境整備法

2008 年に青少年が安全に安心してインターネットを利用できるようにし，青少年の権利の養護に資することを目的として，インターネット環境整備法（青少年が安全に安心してインターネットを利用できる環境の整備等に関する法律）が成立した。この法律では，保護者が子どものインターネットの利用を適切に

管理することや，18歳未満の青少年が携帯電話を利用する場合は保護者と携帯電話インターネット接続事業者はフィルタリング利用を条件としなければならないことが定められている。2018年には，本法律の改正が行われ，新たに携帯電話事業者は，契約締結者または端末の使用者の年齢確認，フィルタリングの説明，フィルタリング有効化措置（販売時にフィルタリングソフトウェアを設定する）などが義務化された。

他方，保護者が不要を申し出た場合にはフィルタリングの設定をしなくてもよいことや，Wi-Fiやアプリを通じてインターネットへアクセスすることも可能なため，上記の対応のみでは青少年のトラブルを回避することが難しくなっていることが課題としてあげられる。

(2) 出会い系サイト規制法

2003年に制定された出会い系サイト規制法（インターネット異性紹介事業を利用して児童を誘引する行為の規制等に関する法律）では，インターネット異性紹介事業の利用に起因する児童買春その他の犯罪から児童生徒を保護し，児童生徒の健全な育成に資することを目的として，出会い系サイトに関するさまざまな規制を設けている。具体的には，出会い系サイトの運営者に対して，届出義務や利用者の年齢確認義務など，利用者に対して，児童を相手方とする性的な行為を求める書き込みの禁止など，プロバイダなどに対して，フィルタリングサービスの提供などの内容が課せられている。

こうした取り組みから，出会い系サイトによる青少年の被害は減少傾向にあるものの，近年では，SNSやオンラインゲームのメッセージ機能を介して，不特定の人と出会うきっかけとなっている場合も多く，インターネットを介した出会いに起因するトラブルへの対策が十分とはいえない状況である。

(3) 児童買春・児童ポルノ禁止法

1999年に児童買春や児童ポルノに係る行為を処罰し，これらの行為により心身に有害な影響を受けた児童の保護を定め，児童の権利を擁護することを目的とする法律として，児童買春・児童ポルノ禁止法（児童買春，児童ポルノに係

る行為等の規制及び処罰並びに児童の保護等に関する法律）が施行された。2004年と2014年に同法の一部を改正する法律が成立し，罰則の強化や児童ポルノの単純所持罪を設けるなど，インターネットを介した犯罪被害の抑止の動きが高まっている。

　昨今では，スマートフォンやSNSの普及に伴い，盗撮による児童ポルノ製造やリベンジポルノなどの被害も発生している。また，学校においても児童生徒がGIGA端末を使用した盗撮行為の加害者になる場合や，悪ふざけで友達の裸の写真を撮影し所持するなどのトラブルも生じている。

3　学校現場における問題への対応

　ここまで概観したように，インターネット環境の整備やスマートフォン利用の増加に伴い，さまざまな問題が生じている。こうした問題に対して，学校現場ではどのように対応していけばよいのだろうか。ここでは基本的な方針について，生徒指導の重層的支援構造との対応を踏まえ，確認しておくことにしよう。

◆◆◆ 1．課題未然防止教育：問題の未然防止に向けて

(1) 情報モラル教育の実施

　2017年に告示された学習指導要領において，情報活用能力が言語能力，問題発見・解決能力と並んで学習の基盤となる資質・能力に位置づけられた。この情報活用能力の中には，「情報モラル」も含まれており，GIGAスクール構想によりネットワークに触れる機会が増加することを考慮すれば，こうした指導も一層充実させる必要がある（三井, 2021）。情報モラルとは，「情報社会で適正な活動を行うための基になる考え方と態度」（文部科学省, 2018）とされており，子どもたちがインターネットや情報端末を活用するだけでなく，その中で生じるリスクに対応していくための力として重要なものである。

　生徒指導における重層的支援構造では，情報モラル教育は主としていじめ防

第 11 章　インターネットやスマートフォンに関わる問題

図 11-3　情報モラル学習サイト（文部科学省, 2022a より引用）

止教育や薬物乱用防止教育と同様に課題予防的生徒指導（課題未然防止教育）に位置づくことが想定される。これからの情報社会の進展や学校でのICT機器の活用状況を考慮すれば，すべての児童生徒を対象にトラブルの未然防止をねらいとする必要がある。そのうえで，情報モラル教育は，子どもたちに知識を身につけさせればよいというだけでなく，日常生活で適切な態度を身につけることが目指されるべきである。そのため，学校現場においても，特定の授業で単発的に実施されるのではなく，教育課程全体の中で，計画的に教科横断的に取り組むことが望まれる。文部科学省（2022a）の「情報モラル学習サイト〜スマホ・タブレットやネットを上手に活用できるかな？〜」では，学校における情報モラルに関する指導の一層の充実を図るため，情報活用場面ごとに情報モラルに関するさまざまな問題に取り組めるコンテンツを提供している（図11-3）。インターネットやスマートフォン利用によるトラブルを未然に防止するためにも，こうしたコンテンツを活用しながら，日常的な情報モラルの指導に取り組むことが重要である。なお，情報モラルを指導するにあたり留意すべき点につ

177

いては，次節で解説する。

(2) 使用に関するルールづくり

　インターネットやスマートフォン利用の問題を未然に防ぐためには，学校や家庭で使用に関するルールを設定しておくことも重要である。LINEみらい財団（2023）の調査では，GIGAスクール端末使用のルールが「特になし」と回答した教員の割合は，小学校～高校全体で14.3％にとどまっており，多くの学校では何らかのルールが決められていることが示されている。また，ルールの決定者は小学校と高校においては「学校の方針（学校長）」，中学校では「教育委員会」と回答した教員の割合が最も多いことが示されている。このようにGIGAスクール構想開始後，インターネットや情報端末の使用に関するルールを定める学校が多くなっていることがうかがえる。また，1人1台端末環境における教員のルールづくりの傾向について，教員歴が長くなるほど低学年で利用制限・端末管理ルールを設定する教員が減ること，情報モラルの指導の自信が高くなるほど高学年で利用目的ルールを設定する教員が増えることが明らかとなっている（酒井ら，2022）。最近では，学校や家庭でのルールづくりに関する実践も取り組まれており，子どもたちの適切なインターネットやスマートフォンの利用をうながすことへ寄与している（たとえば，安藤ら，2017；近藤・梅田，2016；竹内，2014）。

　しかし，問題を未然に防ぐためには，ルールを設定することだけではなく，その内容も重要である。たとえば，「タブレットは大切に使う」「ネットで友だちの嫌なことを書かない」「不適切な写真を公開しない」といったルールは，下線部に「認識のずれ」が生じやすく，「大人と子ども」や「子ども同士」で守ったつもりが守れていないということが起こる恐れがある（塩田，2021）。そのため，学校や家庭でルールを検討する段階から，こうした「認識のずれ」に留意したうえでルールを検討しておく必要がある。

◆◆◆ 2. 課題早期発見対応・発達支持的生徒指導：問題の早期発見と対処に向けて

　児童生徒のインターネット利用により問題が生じた場合には，早期に発見し，対処していくことが重要となる。前項では，生徒指導における重層的支援構造において情報モラル教育は主として課題予防的生徒指導（課題未然防止教育）に位置づくことが想定されると示したが，適切な生徒指導を施すためにはその他の層と関連づけた対応も必要である。ここでは，トラブルが生じた際の早期発見と対処について3つのポイントを確認しておこう。

(1) 教職員に対するインターネット問題や情報モラル教育の周知

　情報モラル教育の重層的支援構造における課題早期発見対応として，アンケート調査などにより児童生徒の実態を把握し，早期にトラブルへの対応を試みることが考えられる。インターネットの問題については，普段の児童生徒の様子をうかがうだけでは，状況を把握することは難しい。そのため，インターネットの利用時間やトラブル経験の有無など，定期的に状況把握に努めることが必要である。さらに，こうした調査結果を経時的に確認することで，学校としての情報モラル教育の取り組みの成果についても確認することができるだろう。

　また，教職員の情報モラルを高めることにも努める必要がある。GIGA端末が導入されたことにより，情報端末を使う教員の姿を児童生徒が目にすることになる。まずは，特定の教職員だけではなく，学校全体で情報モラルへの意識を高め，問題の背景やトラブルへの対応方法について知見を共有し，情報端末を適切に使用する態度のお手本となることで，児童生徒の情報モラルの醸成にもつながる。学校として組織的な指導を行うためにも，インターネットの問題に関する情報を学校全体でアップデートし，個々に求められる情報モラルについても検討していく必要があるだろう。

(2) 児童生徒が相談しやすい環境の構築

　情報モラル教育において重層的支援構造の発達支持的生徒指導として，子どもたちが困ったときや悩んだときに相談できる環境を整えておくことがあげら

れる。まずは、児童生徒が困ったときに相談できる環境であることを周知し、日頃から悩みごとや困ったことを話せる信頼関係を構築しておくことが大切である。さらに、児童生徒から相談があった際の教職員の対応フローを確認しておくことも必要である。相談の内容によっては、個人情報に留意する必要があるため、問題の程度によって段階的な対応方法を想定しておくことも考えられる。また、問題の当事者だけではなく、問題を見聞きしたクラスメイトや保護者からの相談がきっかけとなり、問題が発覚する場合もある。相談先となった教員個人の判断に委ねられないよう、管理職を中心とした組織的な対応方法を検討しておくことが大切である。

(3) 基本的な対応方針の検討

　児童生徒や保護者からインターネット上の問題に関する相談や通報を受けた場合には、断片的な情報だけで最終的な判断を行うのではなく、情報収集と当事者からの丁寧な聞き取りが必要となる。その結果、問題の全体像を把握したうえで、児童生徒や保護者の意向を踏まえながら解決していく姿勢が必要となる。

　また、インターネット上の問題への対応は、必ずしも学校だけで完結させるべきではないことにも留意する必要がある。生徒指導提要においても、具体的な対応方法のうち、「①法的な対応が必要な指導」「②学校における指導等」について、下記のように例が示されている（文部科学省, 2022b）。

①法的な対応が必要な指導
- 違法投稿（著作権法違反、薬物等）
- ネット上の危険な出会い
- ネット詐欺
- 児童買春・児童ポルノ禁止法違反（自画撮り被害等）

②学校における指導等
- 誹謗中傷、炎上等悪質な投稿
- ネットいじめ

ただし，これらの分類はあくまで目安であり，被害の大きさや悪質性によって，柔軟に対応することが求められることにも注意が必要である。対応の仕方によっては，より被害を拡大してしまうといった二次被害にもつながりかねないため，学校内外を含めた連携体制を構築しておくことが必要となる。

◆◆◆ 3. 困難課題対応的生徒指導：関係機関などとの連携

(1) 保護者との連携

　インターネットやスマートフォンの問題は，すべての子どもたちに情報モラル教育を行えばなくせるわけではなく，特別な指導や援助を必要とする場合もある。とくに，インターネットやスマートフォンの問題に関しては，家庭での使用方法に起因するところが大きい。頻繁にトラブルの被害や加害に関わってしまう児童生徒に対しては，日頃から保護者と連携し，問題意識を共有しておくことが必要である。具体的には，家庭における利用時間・場所などのルールづくりやフィルタリングの設定に関する援助，児童生徒の利用実態などの情報共有があげられる。スマートフォンを所有していない低学年においても，GIGA端末を家庭に持ち帰ることが考えられるため，学校の方針に基づいて，早期に問題意識を共有しておくことも必要だろう。

　こうした情報の共有方法としては，保護者会における説明の方法が考えられる。他方，こうした情報の取得に消極的な保護者がいることにも配慮する必要がある。このような保護者に対しても，学級通信や学年便りの配布・配信などにより，情報を届けることが重要である。また，入学説明会や学校行事など，保護者の参加が多い機会と合わせて，情報共有を行う機会を設けることも方策として考えられる。

(2) その他機関との連携

　問題の未然防止や早期の対応，特別な指導をしていくためには，学校外部の機関との連携も大切である。たとえば，警察によっては，インターネットによるトラブルの情報共有や子ども向けの講演会の開催，学校向けの教材提供を行っ[*1]

ている場合もあるため，近隣の警察が発信している情報を確認することが必要である。

また，子どもたちのインターネットの問題をすべて学校だけで対応するということは現実的には難しい。そのため，子どもたちや保護者が相談できる窓口についても周知しておく必要があるだろう。最近では，電話やオンライン相談窓口の設置やSNSの機能として「通報」機能などが使用可能な場合がある。「困ったらすべて先生に相談」ではなく，こうした関係機関を活用することも子どもたちの選択肢に加えておくことが望ましい。教員についても，子どもたちからインターネットの問題に関する相談があった場合には，学校で対応すべき問題かどうかを判断したうえで，必要な場合には関係機関と連携し，対応することを想定しておくとよいだろう。

4 問題の防止と対応における留意点

最後に，生徒指導の観点からインターネットの問題の防止と対応を行うにあたり，留意すべき点について，確認しておこう。

◆◆◆ 1．問題の当事者として自覚できているのか

第3節第1項で述べた情報モラル教育では，従来の指導としてインターネットの危険性を知識として教え込むことを重視した方法が散見される。たとえば，実際に起きたトラブル事例を周知し危険性を伝える講演会や物語形式の動画教材により主人公の対応方法を子どもたちに考えさせるといった指導が該当する。こうした指導により，インターネットの危険性に関する子どもたちの認識はうながされることが期待できるものの，子どもたち自身が「そもそも，自分はそ

＊1 たとえば，和歌山県警察では，SNSに関する啓発教材「SNSによる社会への発信を考えよう」をWebページで無償提供している。
　　https://www.police.pref.wakayama.lg.jp/01_anzen/syonen/support/linekyozai/index.html

んなトラブルにはあわない」と考えてしまえば，自身の日常的な行動の変容にまではつながらない恐れがある。すなわち，子どもたちの日常的なインターネットやスマートフォン利用の問題を未然に防ぐためには，まずは「自分もトラブルにあってしまうかもしれない」という問題の当事者としての自覚をうながすことが重要である。

実際に，子どもたちにインターネットやスマートフォンの問題に関する当事者としての自覚をうながすための教材開発が行われている（酒井・塩田，2018; 酒井ら，2016; 塩田ら，2018）。たとえば，次の質問の回答を考えてみてほしい。

この中で，自分の友達から言われたら最もイヤだと感じる言葉はどれ？
①まじめだね　　②おとなしいね　　③一生懸命だね
④個性的だね　　⑤マイペースだね

この問いを子どもたちに行うと，選択に迷う子どもやすんなりと1つに絞れる子どもが見られる。クラス全体の回答を見てみると，ほとんどの場合で①〜⑤まで回答が分かれる結果となる。この質問のポイントは，「回答に迷う選択肢を入れている」という点である。よく情報モラルの指導を行う際に，「ネット上で悪口を書き込まないこと」と指導する場合があるが，ほとんどの子どもたちは「自分は悪口を書き込んだりしない」と考えるだろう。しかし，この問いにあるような「③一生懸命だね」という一見悪口には思えない言葉であっても，人によっては「嫌味」としてとらえる場合がある。この問いの回答をグループやクラスで共有することにより，「自分は嫌だと思っていなかった言葉でも，人によっては嫌だと感じる」ということに気づくきっかけとなる。これにより，「もしかすると，自分も友達が嫌だと感じる言葉を送ってしまっていたかもしれない」という自覚をうながすことが期待される。授業で行う場合には，これに加えて，インターネット上のテキストの会話では，「相手の表情や声のトーンがわからないため，相手が嫌がっていることに気づきにくい」という特性も伝えることで，より対面のコミュニケーションとインターネット上のコミュニケーションの違いを認識することができる。

このように，子どもたちに問題の当事者としての自覚をうながすためには，「悪口を言わない」や「相手の嫌なことをしない」と指導する前に，「そもそも何が悪口になるのか」「人の嫌なこととは何か」を考えさせるきっかけをつくることが大切である。

◆◆◆ 2. リスクを「見積もる力」をどう育てるか

　学校や家庭でインターネットの問題を指導する際に，子どもたちがトラブルにあわないことに主眼を置いて，「インターネットやスマートフォンを使わせない」という対応を取る場合がある。確かに，子どもたちがこうしたものを使用しなければ，起因したトラブルに巻き込まれることは防げるだろう。しかし，これからの情報社会で生きていく子どもたちは，情報モラルの力を早期から身につけておく必要があるだろう。インターネットやスマートフォンの利用を禁止する指導では，こうした情報モラルの力を身につける機会を失ってしまうことが懸念される。

　では，子どもたちにどのような力を身につけさせればよいだろうか。その1つとして，「リスクを見積もる力」があげられる。リスクを見積もる力とは，「何が危険となるか」ということだけではなく，「どれくらい危険か」を考える力のことである。たとえば，LINEみらい財団が提供している「GIGAワークブック[*2]」では，子どもたちが5枚の写真について，インターネット上に公開した際に問題になりそうな順に並べ替えるというワークが掲載されている。このワークにより他者と回答を比較することで，人によって危険だと思う要素や程度が異なることを体験できる。日常の指導でも，「この写真は公開してもよい」「この写真は公開してはダメ」という明確な線引きは難しく，本来的にはリスクのグラデーションを踏まえて，どこにどれくらいの危険があるかを適切に見積もる力が大切である。こうした「リスクの見積もり」の力を育てていくためにも，「使わせない」という指導ではなく，ルールの範囲で上手に活用していくスキル

＊2　LINEみらい財団が提供する「GIGAワークブック」の詳細については，以下のリンクを参照されたい。https://line-mirai.org/ja/events/detail/68

を育成していくことが必要である。

◆◆◆ 3.「相談しよう」「断ろう」というメッセージで十分か

　インターネットやスマートフォンのトラブルの難しいところは，使用者本人が気をつけていても，悪意を持った相手とつながる恐れがあるという点である。情報モラルにおいては，こうしたリスクにも考慮した指導を行う必要があるが，その際に「何かあったら先生や保護者に相談しよう」「誘われたらきっぱりと断ろう」といったメッセージを伝える場合がある。もちろん，こうした対応の指針を示すことは大切であるが，子どもたちの多くはこうした対応方法について知っている場合がほとんどである。

　しかし，実際に「相談する」「断る」といった行動に対して，「どのタイミングで誰に相談すればよいのか」「どのような伝え方で断ればよいのか」といった具体的な部分を子どもたちの中でイメージできていなければ，いざというときに行動に移すことが難しくなってしまう。そのためにも，子どもたちには具体的な「対応スキル」を身につけさせる指導が大切である。

　「相談する」に対しては，「どんなトラブルにあったとき，どのタイミングで誰に相談するのか」ということを想定しておくこと，「断る」に対しては，「どんなときに何と言って断るのか」という具体的な対応方法を子どもたちに事前にイメージさせておくことが有効であろう。この方法として，個別に指導するだけではなく，クラスや学校単位での意見共有を通して，教員‐子ども，子ども‐子どもで対応スキルを共有しておくことが有効であろう。「大人がメッセージを伝える指導」という指導から，「学習者同士でスキルを共有して学ぶ」という方法にシフトしていくことを意識してもらいたい。

5　本章のまとめ

　本章では，子どもたちのインターネットやスマートフォンに関わる問題につ

いて，実態を概観し，対応方法とその留意点について解説した。情報技術の進展により，年々新しい技術やサービスが提供されており，今後も社会の情報化が進展していくことが予想される。また，GIGA スクール構想に代表されるように，今日，インターネットや情報端末は子どもたちの学びや学校との結びつきも強くなっており，将来的には今の文房具のような位置づけになるかもしれない。

　インターネットやスマートフォンに関する問題は，決して問題が起きたときに学校だけで対応すればよいというものではなく，日常の情報モラル教育を通じて，子どもたちのリスクを回避する力を育てながら，家庭や関連機関と連携していくことが不可欠である。新しい時代を生きていく子どもたちに必要な能力として，まずは地域や教職員の中で，子どもたちの実態を把握し，認識や問題意識の共有を行ったうえで有効な手立てを検討していくことが必要となる。

第12章 性に関する課題

1 性犯罪・性暴力の定義と実態

◆◆◆ 1. はじめに

　性は人間にとって生物的にも社会的にも「生命」に関わって，生活のうえで切り離せない課題である。私たちは出生時から性に関する影響を受け，その後の人生を重ねるうえでも性が重要な決定要因となっていくこともある。こうした中で性を取り巻く犯罪や暴力は少なくなく，いじめや不登校につながる可能性も大いに考えられる。生徒指導提要（文部科学省，2022）においても「性犯罪・性暴力は，被害者の尊厳を著しく踏みにじる行為であり，その心身に長期にわたり重大な悪影響を及ぼすものであることから，その根絶に向けた取組や被害者支援を強化していく必要があります」とあるように，性犯罪や性暴力はどの年代においても許されざる問題であり，児童・生徒が被害者になることとともに加害者となることを防ぐことが求められる。ここでは学校における性指導について概観し，人間の性の発達や，現代における若者の性行動の特徴について検討するとともに，性非行や性犯罪の実態について把握する。

◆◆◆ 2. 学校における性指導

　学校における性に関する指導について生徒指導提要（文部科学省，2022）では，「学習指導要領に基づき，児童生徒が性について正しく理解し，適切に行動

を取れるようにすることを目的に実施」することとされており，指導にあたっては，発達の段階を踏まえ，学校全体で共通理解を図り，保護者の理解を得ることが必要とされる。そのうえで，事前に集団で一律に指導（集団指導）する内容と，個々の児童生徒の状況などに応じ個別に指導（個別指導）する内容を区別しておくことなどに留意することが求められている。これらの指導は生徒指導だけでなく，体育科や保健体育科，特別活動，養護教諭，スクールカウンセラー，スクールソーシャルワーカーなど，学校教育活動全体を通じて指導することが求められている。また，校内だけでなく産婦人科医や助産師といった外部講師の活用も考えられる。

◆◆◆ 3．性の発達

　ここでは小学校中学年頃から顕著に見られる身体的な性の発達について取り上げる。齊藤（2014）によると，女子では8歳時から10歳時にかけて，男子では10歳時から12歳時にかけて，身長の増加量が他の時期より大きな伸びを示しており，こうした伸びは思春期スパートと呼ばれる。また，身長の他にも胸囲や腰囲，体重や体脂肪といった体つきにも変化が現れ，ボディイメージの変化への戸惑いが見られる。

　また，日野林（2014）によると，思春期になると女子には女性ホルモンといわれるエストロゲンやプロゲステロン，男子には男性ホルモンといわれるテストステロンの働きが活発になり，女子の初潮・初経の開始，皮下脂肪の増加，乳房の発達，体毛（陰毛，腋毛）の発生や，男子の精通（初めての射精）や声変わり（低音化），体毛（ひげ，陰毛，腋毛）の発生が起こるのが代表現象とされる。これらの変化は第二次性徴と呼ばれ，将来子どもを産み次世代を育むための準備として欠かせないものである。

　これらの人間の成熟・成長に関して，高度産業社会の成立とともに，その速度が促進される現象が見られている。日野林（2013）によると，こうした現象は発達加速現象と呼ばれ，年間加速現象と発達勾配現象の2つの側面があるとされる。年間加速現象では発達速度や発達水準の差が異なる世代間の相違と見

第 12 章　性に関する課題

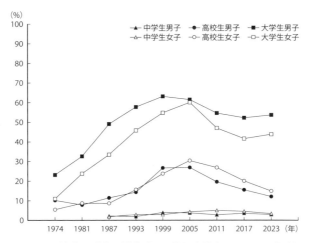

図 12-1　**性交経験率の推移**（日本性教育協会, 2025 より作成）

なされており，身長・体重の伸び，思春期スパートの低年齢化，初潮年齢に代表される第二次性徴発現の低年齢化などがあげられる。一方発達勾配現象では，市部の青少年は郡部の青少年に比較して身長が高い，市部の児童は郡部の児童よりも性成熟が低年齢化している，社会・経済的地位の高い家庭の青少年が成長・成熟が早いといったことが指摘されてきた。発達加速現象の原因として，栄養状況の改善や社会的ストレスなどがあげられているものの，複合的な要因が絡んでいるとされている。この現象は，青少年が人格的・心理的に未熟な段階で性的に成熟する危険性をもたらすと考えられており，学校教育においてもこれらの点を考慮する必要があると考えられる。

◆◆◆ **4．青少年における性行動の現状**

　実際に青少年の性経験や性行動，性規範，性意識はどのように変化し，どのような現状となっているのだろうか。日本性教育協会は 1974 年からほぼ 6 年おきに全国の中学・高校・大学生を対象に調査を行っている。

　図 12-1 は各年代における性交の経験率の推移をまとめたグラフである。性交の経験率について着目すると，最初の調査である 1974 年調査では高校生男子

で 10.2％であったところが回を重ねるごとに経験率が上昇し，2005 年調査では高校生男子が 26.8％，高校生女子が 30.3％と女子の経験率が男子の経験率を上回っている。しかし，2005 年調査をピークに男女とも経験率が低下をしはじめ，2023 年では男女ともに 15％を切る水準まで落ちている。

この低下について，片瀬（2019）はどの層においても同じように進行したのではなく，性行動に活発な層と不活発な層への分極化を伴って進んでいることに注意が必要であるとしている。また，林（2019）は 2000 年代生まれのとくに女子において 10 代前半における性行動の経験率が高まっていることや，男女ともに性的関心を持つ時期に遅れが生じているという意味での消極化と新しい世代ほど性差が拡大しているという分極化が同時に進行していることを指摘している。その一方で内閣府の「令和 4 年度 青少年のインターネット利用環境実態調査」（内閣府，2023）では，就学前からタブレット端末などを用いてインターネットを通じて情報に触れていることが日常的になっていることがわかる。子どもたちの情報環境と性に関する意識や行動がどのように結びついているのか，その変化に注目する必要がある。

◆◆◆ 5. 性非行・性暴力の実態

現代は情報化社会が進み，性に関する非行や暴力も様相が変わってきている。朝比奈（2007）によると，一般的には「相手の同意なく行われるすべての性的行為」が「性加害」と位置づけられ，このうち法律によって禁止され，有罪とされたものを「性犯罪」と呼ぶことが多い。子どもは定義上性行為に同意する能力がないとされているため，「いくら相手がよいと言っても」子どもに対する性行為は性加害と位置づけられる。

内閣府男女共同参画局が 2022 年に行った「若年層の性暴力被害の実態に関するオンラインアンケート及びヒアリング結果報告書」（内閣府，2022）によると，16 歳から 24 歳の回答者のうち，2,040 人の性暴力被害経験者の回答があった。被害にあった性暴力のうち，最も深刻な／深刻だった性暴力被害（図 12-2）は「言葉による性暴力」（38.8％）であった。言葉による性暴力は加害者が学校

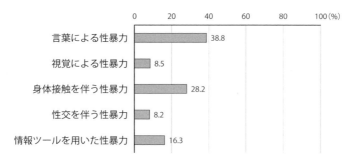

図 12-2　最も深刻な／深刻だった性暴力被害の分類（内閣府, 2022）

の関係者（教職員，先輩，同級生など）であることが多く，異性による加害が多いが，同性による加害も多い。また，どこにも相談しなかったケースが半数を超え，相談した相手は家族・親戚，友人・知人の順であった。次に多かったのが「身体接触を伴う性暴力」（28.2%）であった。こちらは学校関係者に加えて知らない人からの加害が少なくなく，異性や社会的地位が上位の者による加害が多い。この被害を受けて，「生活変化は特になし」との回答も多いが，「異性と会うのが怖くなった」「外出するのが怖くなった」という回答も見られ，被害者へのケアがより必要といえる。そして続くのが「情報ツールを用いた性暴力」（16.3%）である。こちらはインターネット上で知り合った人や知らない人が加害者である比率が高く，被害場所はインターネット・ソーシャルネットワーキングサービス（SNS）上が多い他，公共交通機関，自宅，学校，加害者の家など幅広い。また，どこにも相談をしなかったケースが半数を超えている。いずれのケースもどこにも相談しなかったもしくはできなかったケースが多くなっており，相談できる環境整備が必要である。

　最も深刻な／深刻だった性暴力被害に最初にあった年齢（図 12-3）は「高校生」（32.7%）が最も多く，次いで「中学生」（24.0%），「小学生」（15.7%）となっている。小学生や場合によっては未就学児から被害が見られ，自由意見において「小学生の頃の出来事で，自分は一体何をされたのかさえ理解できていなかった」といった回答から，幼い子どもたちを性被害からどう守っていくのかが課題である。また，「小学生のときに経験して恥ずかしく思い誰にも言えず

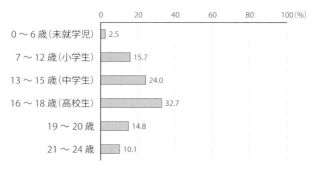

図 12-3　最も深刻な／深刻だった性暴力被害に最初にあった年齢
（内閣府, 2022）

1 人抱え込んでしまいました」という回答もあり，子どもたちに問題を抱え込ませない連携や相談体制の確立が必要であることも示されている。

また，パパ活といわれるようなおもに若年層の女子と成人男性の交際も性非行につながる問題としてあげられる。圓田（2022）によると，パパ活は援助交際の一形態であり，「パパ」を得るための活動であるとし，その中身は女性が食事やデートなどの性的行為ではない方法で年上の男性から金銭的搾取を行う活動としている。ここでは性的行為ではないということになるが，性的行為につながる可能性が高いケースも考えられ，とくに SNS を通じた「出会い」については今後も注意と啓発が必要である。

2　性犯罪・性暴力の理解と対応

◆◆◆ 1．性非行や性暴力が発生する要因

ここまで述べてきた性非行や性暴力に及ぶ要因として，どのようなものが考えられるだろうか。朝比奈（2007）は性犯罪を考えるうえで 3 つのポイントがあると述べている。1 つめは暗数の多い犯罪ということである。若年層の性暴力被害の実態に関するオンラインアンケートおよびヒアリング結果でも述べた

ように，性被害者の多くは誰にも相談できない，つまり統計上のデータとしても計上されにくく表面化しにくい特徴がある。2つめは偏った情報が耳に入りやすいことである。性犯罪を行う者は特異な人という報道がされることが少なくない。しかし，多くの性犯罪者は一見したところいわゆる「普通の人」と変わらず，性加害を行ったこと以外は社会的に問題なく生活していることも多い。そして3つめは性犯罪の原因は多様であるということである。性犯罪の主な原因は性衝動コントロールの悪さと考えられている。しかし，実際には性加害の多くが「非性的」な動機に基づくこともあり，たとえば自尊感情の低さ，認知の歪み，親密な対人関係・社会的スキル・共感性の不足などが背景要因として考えられ，個人外要因としての文化や社会規範も考慮に入れる必要があるとしている。

◆◆◆ 2. 性犯罪を防ぐ連携と性被害者への対応

こうした性非行や性犯罪を防ぐためには学校内外の連携が重要である。生徒指導提要では問題や心配事を抱えた児童生徒の早期発見と早期対応が基本であるとし，とくに保健室における会話や様子の観察から，発見されにくい性的虐待や性被害などが明らかになることも多いとされていることから，養護教諭と他の教職員との緊密な連携に基づく支援を行うことが重要としている。また，「問題への対応に当たっては，教職員の誰かが得た情報を教職員間で共有する場を設け，生徒指導部，教育相談部，保健部などのそれぞれの組織が情報を共有し，役割を分担した上でチームとして取組を進めることができる実効性のある組織体制を築いていくことが重要です」(文部科学省, 2022) とあるように，ここにおいてもチームとしての学校の考え方のもとに，教職員間の連携を明確にし，養護教諭だけでなく，スクールカウンセラーやスクールソーシャルワーカーなどとの連携も必要である。こうした連携は，「多様性を認め，自他の生命や人権を尊重することができる人」に育つように働きかける発達支持的生徒指導を土台とし，「生命（いのち）の安全教育」といった課題未然防止教育を積み重ねたうえで，「チーム学校」として連携を取る課題早期発見対応を行っていくとい

第 2 部　個別の課題に対する生徒指導

表 12-1　「生命（いのち）の安全教育」の各段階におけるねらい（文部科学省, 2022 より作成）

段階	ねらい
幼児期	幼児の発達段階に応じて自分と相手の体を大切にできるようにする。
小学校 （低・中学年）	自分と相手の体を大切にする態度を身につけることができるようにする。また，性暴力の被害にあったときなどに，適切に対応する力を身につけることができるようにする。
小学校 （高学年）	自分と相手の心と体を大切にすることを理解し，よりよい人間関係を構築する態度を身につけることができるようにする。また，性暴力の被害にあったときなどに適切に対応する力を身につけることができるようにする。
中学校	性暴力に関する正しい知識を持ち，性暴力が起きないようにするための考え方・態度を身につけることができるようにする。また，性暴力が起きたときなどに適切に対応する力を身につけることができるようにする。
高等学校	性暴力に関する現状を理解し，正しい知識を持つことができるようにする。また，性暴力が起きないようにするために自ら考え行動しようとする態度や，性暴力が起きたときなどに適切に対応する力を身につけることができるようにする。
特別支援学校	障害の状態や特性および発達の状態などに応じて，個別指導を受けた児童生徒[*1]などが，性暴力について正しく理解し，適切に対応する力を身につけることができるようにする。

う重層的支援構造として整理されている。

　また，地域ぐるみの支援や援助も重要であり，性犯罪や性非行の防止のみならず，性的被害を受けている児童生徒については学校だけで抱え込まず，地域の産婦人科医や助産師，保健師といった医療関係者や，警察，児童相談所といった関係機関と連携を取りながら，児童生徒が安心できる場所づくりをしていくことが大切である。

　第 1 節にも書いたように，性は「生命」に関わる重要な課題であり，生徒指導提要においても「生命（いのち）の安全教育」の重要性が書かれている（表 12-1）。私たちの生命がどのように育まれてきたのか，そして今後どのように育んでいくのか，生命の尊さとともに，一人ひとりの生命を大切にしていくことの重要性を地道に児童生徒に伝えていくことが，性非行だけでなく，自殺やいじめといった諸問題の防止につながると考えられる。

[*1]　生徒指導提要（文部科学省, 2022）では，被害・加害児童生徒となっているが，ここでは，被害・加害を削除している。

3 性の多様性をめぐる動向と理解

◆◆◆ 1．性の多様性をめぐる文部科学省などの動向

　文部科学省は2010年に「児童生徒が抱える問題に対しての教育相談の徹底について（通知）」を出し，性同一性障害のある児童生徒の心情に十分配慮した対応をするように依頼した（文部科学省, 2010）。2012年に閣議決定された自殺総合対策大綱では，「自殺念慮の割合等が高いことが指摘されている性的マイノリティについて，無理解や偏見等がその背景にある社会的要因の一つであると捉えて，教職員の理解を促進する」ことが明記された（厚生労働省, 2012）。2013年には文部科学省によって「学校における性同一性障害に係る対応に関する状況調査」が実施され，翌年に結果が公表された（文部科学省, 2014）。その調査を踏まえて，2015年に文部科学省は「性同一性障害に係る児童生徒に対するきめ細かな対応の実施等について」という通知（文部科学省, 2015）を出し，「悩みや不安を受け止める必要性は，性同一性障害に係る児童生徒だけでなく，いわゆる『性的マイノリティ』とされる児童生徒全般に共通するもの」であること，「学級・ホームルームにおいては，いかなる理由でもいじめや差別を許さない適切な生徒指導・人権教育等を推進すること」を示し，性同一性障害に係る児童生徒に対する学校における支援の事例を掲載した。翌2016年にはこの通知をもとに，「性同一性障害や性的指向・性自認に係る，児童生徒に対するきめ細かな対応等の実施について（教職員向け）」（文部科学省, 2016）という周知資料が公開され各学校に配付された。

　それ以降，検定教科書においても性の多様性や性的マイノリティ／LGBTに関する記述が少しずつ見られるようになり，2017年にはいじめの防止等のための基本的な方針の改定により，「性同一性障害や性的指向・性自認に係る児童生徒に対するいじめを防止するため，性同一性障害や性的指向・性自認について，教職員への正しい理解の促進や，学校として必要な対応について周知する」といった内容が盛り込まれた（文部科学省, 2017）。

2021年に中央教育審議会が出した「『令和の日本型学校教育』の構築を目指して〜全ての子供たちの可能性を引き出す，個別最適な学びと，協働的な学びの実現〜（答申）」では，今後の方向性として「学校教育の質と多様性，包摂性を高め，教育の機会均等を実現する」ことの中に，「性同一性障害や性的指向・性自認（性同一性）に悩みを抱える子供がいるとの指摘もある。こうした子供が，安心して学校で学べるようにするため，性同一性障害や性的指向・性自認（性同一性）について，研修を通じて教職員への正しい理解を促進し，その正しい理解を基に，学校における適切な教育相談の実施等を促すことが重要である」と明記された（中央教育審議会, 2021）。

　2022年に改訂された生徒指導提要では，第12章4節として「『性的マイノリティ』に関する課題と対応」（12.4.1「性的マイノリティ」に関する理解と学校における対応，12.4.2「性的マイノリティ」に関する学校外における連携・協働）が立てられた（文部科学省, 2022）。2023年には性的指向及びジェンダーアイデンティティの多様性に関する国民の理解の増進に関する法律（理解増進法）が成立・施行され，「学校の設置者及びその設置する学校は，当該学校の児童等に対し，性的指向及びジェンダーアイデンティティの多様性に関する理解を深めるため，家庭及び地域住民その他の関係者の協力を得つつ，教育又は啓発，教育環境に関する相談体制の整備その他の必要な措置を講ずるよう努めるものとする」と定められた。

◆◆◆ **2. 性の多様性の理解**

(1) 性の構成要素

　ここでは，私たちの性を，①性自認（ジェンダーアイデンティティ／性同一性），②身体の性的特徴，③法律上の性別，④性別表現，⑤性的指向の5つの要素で見ていくこととする。

❶**性自認（ジェンダーアイデンティティ／性同一性）**

　この社会において過去・現在・未来，自分の性別はこれである／ない，この性別で生きている／生きていくといった深い実感のことである。先の理解増進

法においては、「自己の属する性別についての認識に関するその同一性の有無又は程度に係る意識をいう」と定義されている。国連では「自分自身の性別について深く感じられた内面的かつ経験的な感覚」と説明されている（UN Free & Equal, 2013）。アイデンティティのカテゴリーとしては、「女性」「男性」「ノンバイナリー／Xジェンダー（どちらでもないなど）」などがある。

❷身体の性的特徴

人はおもに胎児期に染色体上の遺伝子や細胞の受容体などの働きで性腺が卵巣や精巣などに、内性器が子宮・卵管・腟上部などや精巣上体・精管・精囊などに、外性器が陰核（クリトリス）・陰唇・腟口などや陰茎（ペニス）・陰囊などに分化して発達する。社会的にはその特徴から「女性」「男性」と判定するが、これらの形状は「女性」「男性」においても、個人においても非常に多様である。この身体の性的特徴によって割り当てられた性別やそれに基づいて期待される生き方が性自認と一致する人もいれば、異なる人もいる。身体の性的特徴をホルモン療法や外科手術などの医学的アプローチによって性自認に適合させるなどのこともある。これは「性別不合に関する診断と治療のガイドライン（第5版）」（日本精神神経学会, 2024）では基本的に18歳から可能となっている。世界保健機関の「国際疾病分類第11版」（2022年発効）において、これまでの「性同一性障害」は「精神障害」の分類から除外され、「状態」としての「性別不合」の位置づけとなった（松永, 2022）。

❸法律上の性別

日本では、出生時の身体の性的特徴（おもに外性器形態や遺伝子）から判定された性別が出生届に記載され、戸籍の「続柄」に「長女」「二男」のような形で男女二分法で登録される。2003年に制定された、性同一性障害者の性別の取扱いの特例に関する法律に則って、戸籍の性別を変更することができる。外国籍の人の場合は当該国における性別がパスポートの性別欄に記載されており、「男／女」以外の記載がある国や地域もある。

❹性別表現

ユネスコ（2020）によると、「たとえば、名前、服装、歩き方、話し方、コミュニケーションの仕方、社会的役割、一般的な振る舞いなどを通して、自分

自身のジェンダーを社会にどのように表現するかということ」である。ジェンダー・エクスプレッションともいう。これが「女らしさ」や「男らしさ」といった社会的性別規範に当てはまるものもあれば当てはまらないものもあり，その度合いは個人や時々によって異なる。

❺性的指向

　性的欲求や恋愛感情が向く性別の方向性のことである。セクシュアル・オリエンテーションという。自己の性別（性自認）から見て異性や同性，男女の両性や性別を問わない場合や，もともと性的欲求や恋愛感情を誰にも抱かない場合もある。また，性的欲求と恋愛感情を分け，前者に関するものをセクシュアル・オリエンテーション，後者をロマンティック・オリエンテーションということもある。

　性的指向，性自認，性別表現，身体の性的特徴の英語（Sexual Orientation, Gender Identity, Gender Expression, Sex Characteristics）の頭文字を取って，SOGIESCと表記することがある。文部科学省などでは性的指向と性自認のSOGIを用いていることが多い。私たちにはSOGIESCの多様性の尊重が求められる。

（2）性のありようのカテゴリー

　出生時に登録された性別に標準的に期待されるものと同じ性別の現実（生活実態や身体との関わり，アイデンティティ）を生きている人を「シスジェンダー」といい，それとは異なる性別の現実を生きている人を「トランスジェンダー」という（周司・高井, 2023）。出生時に男性／女性として登録されたが女性／男性として生きる人をトランス女性／トランス男性という。

　性自認から見て性的指向が異性に向く場合を「異性愛」（ヘテロセクシュアル），同性に向く場合を「同性愛」（ホモセクシュアル，おもに女性はレズビアン，男性はゲイ），両性に向く場合は「両性愛」（バイセクシュアル），性別などを問わない場合は「全性愛」（パンセクシュアル），性的欲求を誰にも持たない場合を「無性愛」（Ａセクシュアル）という。

　埼玉県の調査（埼玉県, 2021）によると，シスジェンダーかつ異性愛である

人は96.7％で，それ以外の性的マイノリティ（性的少数者）は3.3％であった。トランスジェンダーだけを見ると全体の0.5％であった。学校を例にすると，クラスに1〜2人は同性を好きな子どもがおり，学年に1人程度はトランスジェンダーかもしれない子どもがいると考えられる。

　レズビアン，ゲイ，バイセクシュアル，トランスジェンダーと，自己のジェンダーやセクシュアリティのありようがわからなかったりカテゴライズしにくい場合などのクエスチョニング／クィアの頭文字を並べた「LGBTQ」という表記がある。これは人権獲得運動の中で互いの格差を解消しつつ連帯する際に用いられるようになったものである。これら以外にもさまざまなカテゴリーがあるため，「LGBTQ+」と表記することもある。これらの用語の省略形（たとえば「レズ」や「ホモ」）は，これまで差別の文脈で使われることが多かったため，他者が不用意に用いることはあまり好まれない。また，多数派は「普通」という名ではなく「シスジェンダー」および「異性愛」という名があり，それも性の多様性の一部をなすものだというとらえ方が重要である。

4　性の多様性をめぐる実態と課題

◆◆◆ 1．性の多様性をめぐる発達ニーズ

(1) 性自認に関わること

　私たちは生まれた瞬間からジェンダー・バイアスのかかった情報のシャワーをあらゆる場面で受け続けて成長する。出生時（もしくは出生前）に性別が判定され，それに沿った期待が込められた名前が授けられ，衣装，おもちゃなどが用意され，養育の声がかけられる。

　私たちの多くが自己の性別を意識し始めるのは幼少期であるが，周囲が認識し期待する性別に違和感がない子どももいれば，違和感を持つ子どももいる。それは期待される「らしさ」（性別表現）の部分だけではなく，存在そのものとしての性別（性自認）の部分もである。子どもの頃はそこがまだ判然としないこ

ともある。個人差はあるが，性別違和を持ち始めるのは小学校入学前からであることが多い（中塚，2017）。

　日常の多くの場に性別が関わってくる現代社会において，周囲の認識や期待と自己の認識との乖離が大きいほど生活の困難も増してくる。思春期になり大きく身体の成長・発達（体つき，声変わり，発毛，月経，射精など）が見られると，性自認とは異なる性徴だった場合に，それらを受け止めることが難しく，自己の身体への嫌悪感，拒否感を持つことがある。

　トランスジェンダーの大人がどのように生き，生活しているかということは，社会の中では非常に見えにくい。生活実態が性別移行したもので落ち着いている人は，社会の中の性別規範に「埋没」していることが多いからである。そのため，人生のロールモデルが見えないことが，生きていくうえでの困難を生じさせる。

　社会的差別も強い中では，親や養育者，保護者などの家族や友達，教員に自身のことを語ること（カミングアウト）は，とくに子ども期は非常に難しい。性自認や生活実態などの性別と書類上の性別が異なる場合，就職も難しく，貧困に陥ることもあることが指摘されている（認定NPO法人虹色ダイバーシティ，2020）。いずれも社会的差別の解消が喫緊の課題である。

(2) 性的指向に関わること

　小学校高学年から中学生の思春期に入ると，他者への性的関心が高まることがある。相手が異性であれ同性であれ，おおむねこの時期に自己の性的指向に気づくことが多い。ただし，恋愛至上主義かつ異性愛中心の社会においては，異性を好きになってもそれが「異性愛」というカテゴリーに当てはまることが意識化されることは滅多にない。それが意識化されるのは，多くが同性を好きになった場合や，誰にもそういった感情を持たないことに気づいた場合である。周囲が認識し期待する，または社会的に規範化されたものとは異なる感情であること，もしくは社会的に嘲笑，卑下され差別されているものであることに気づくことで，自己の感情を受容することが難しいと感じる場合もある。

　性的指向は見えるものではないため，自分の生活圏内で同じようなセクシュ

アリティの人と出会うことは，とくに子ども期においては難しい。親や養育者，保護者などの家族や友達，教員に自身のことを語ることも困難である。日常の恋愛や家族に関する会話では，異性愛が前提で語られることが多いため，そのたびにごまかしたり嘘をついたりすることで，罪悪感を持ったり自尊心が傷つけられたりすることもある。

(3) いじめや自殺・自傷などの実態

　性的マイノリティを対象に2019年に実施された全国インターネット調査（日高, 2021；国内在住者10,769件を集計）によると，10代の回答者（586人，約5.5％）において，学校生活（小・中・高）でいじめられたことがあると答えた人は47.4％で，とくにMTF（トランス女性）においては100％を示している（20代から40代においてもトランス女性のいじめ被害経験率は高い；図12-4）。

　2016年の調査では，「ホモ・おかま・おとこおんな」などの言葉によるいじめ被害の経験率は63.8％で，とくにゲイ男性（67.0％），バイセクシュアル男性（54.9％），MTF（76.9％），FTM（トランス男性：71.9％），MTX（出生時に男性だと割り当てられたXジェンダーの人：73.4％）が高い率を示している。また，服を脱がされるなどのいじめ被害経験率は18.3％であるが，ゲイ男性（18.8％），バイセクシュアル男性（19.1％），MTF（25.6％），MTX（22.8％）が高率である（日高, 2018；図12-5）。

　これらから，思春期の多くの時間を過ごし，人間関係を構築していく学校において，10代の性的マイノリティの約半数はいじめ被害を経験しており，とくに出生時に男性に割り当てられた層のいじめ被害経験率が他の層と比較して高いことがわかる。社会的性別規範である「男らしさ」には当てはまらない言動をした「男子」が（本人の性的指向やジェンダーアイデンティティが多数派に当てはまったり，不明であったりしても）いじめの対象になりやすいということがうかがえる。

　2022年に実施されたインターネット調査（有効回答2,623人のうち，10代は23.5％）においては，自己のSOGIについて「保護者に相談できない」と回答した人は全体の91.6％にのぼり，保護者との関係で生じた困難として「保護

第 2 部　個別の課題に対する生徒指導

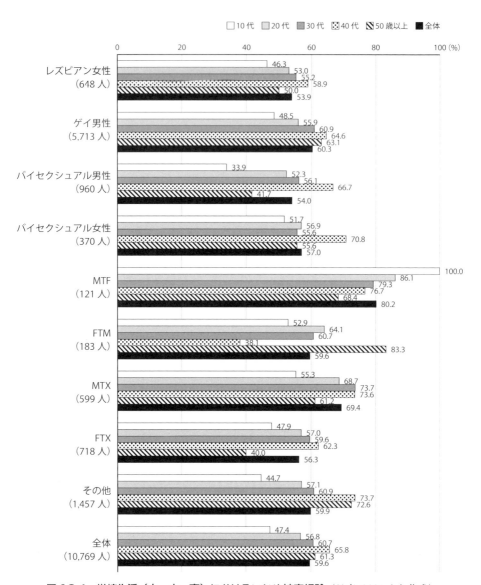

図 12-4　学校生活（小・中・高）におけるいじめ被害経験（日高, 2021 より作成）

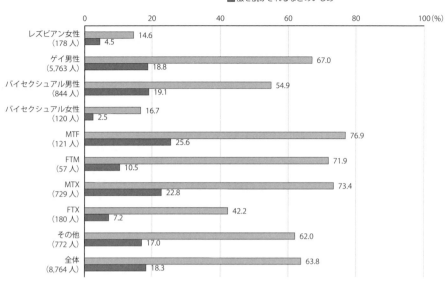

図12-5 いじめ被害の内訳（日高, 2018より作成）

者からLGBTQではないことを前提とした言動があった」(66.0％),「保護者に自分のセクシュアリティを隠さないといけなかった」(49.7％),「保護者がLGBTQに否定的な言動をした」(47.2％),「保護者へセクシュアリティがバレてしまうことを不安に感じた」(46.5％),「保護者といることがしんどいと感じた」(40.7％)が比較的高率であることが示された（認定NPO法人ReBit, 2022; 図12-6）。思春期の子ども・若者においては，保護者と離れて生活することは難しい。また，学校での「配慮」を求めるにしても，保護者の理解・了解がないために，相談のみにとどまったり，相談すらできなかったりすることにもなる。

　これらの経験の積み重ねによって，性別違和を持つ人においてジェンダークリニック受診以前に自殺念慮を経験した人は58.6％，自傷・自殺未遂を経験した人は28.4％，不登校を経験した人は29.4％，対人恐怖症などを含む不安症や鬱などの精神科合併症を経験した人は16.5％と，いずれも高率に見られる。自殺念慮を持つ年齢の最初のピークは思春期である中学生の頃で，第二のピークは社会的適応が求められる大学生・社会人になってからであるが，小学生の時

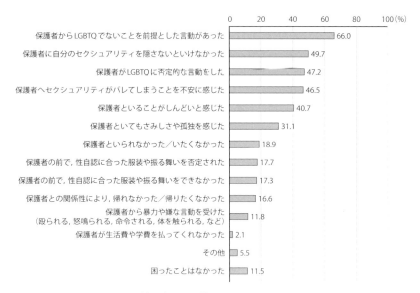

図12-6　保護者との関係で生じた困難（認定NPO法人ReBit, 2022より作成）

期に自殺念慮が強くなった人が13.9%に及ぶことにも注意が必要である（中塚, 2017）。

一方，性的指向に関する2005年調査においても，ゲイ・バイセクシュアル男性の65.9%が自殺を考えたことがあり，14.0%の人が自殺未遂を経験している。とくに未遂に至る割合は若年層ほど高い（日高, 2015；図12-7）。このことは，厚生労働省（2021）による「令和3年度 自殺対策に関する意識調査」で「自殺をしたいと思ったことがある」のは27.2%であったのと比較すると，先述のトランスジェンダー，およびゲイ・バイセクシュアル男性における自殺念慮率はかなり高いことがわかる。

◆◆◆ 2．性の多様性をめぐる教育課題

(1) 学習の機会の保障

生徒指導提要（文部科学省, 2022）に「教職員の理解を深めることは言うまでもなく，生徒指導の観点からも，児童生徒に対して日常の教育活動を通じて

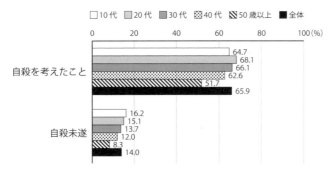

図 12-7　ゲイ・バイセクシュアル男性の自殺を考えた・自殺未遂の経験（日高, 2015 より作成）

人権意識の醸成を図ることが大切です」とあるように，学校の教育活動を通じて，さまざまな性を生きる子どもたち（および教職員，保護者）が自分（と他者）について学習できる機会を保障する必要がある。その際，「LGBTについて」のように少数派を特殊化して説明項とするのではなく，「私たちの性の多様性について」として多数派こそを多様性の中に位置づけることが重要である。

(2) 教育内容などの見直し

性の多様性に関することは言語や家族，ライフプラン，表象，人権など多岐にわたるため，保健体育科や理科だけではなく，国語科や社会科，家庭科，美術科，音楽科，情報科などあらゆる教科と教科外の教育内容と関連している。休み時間も含めて学校の教育活動全体の教育内容（教材，教具を含む）がシスジェンダーおよび異性愛に偏っていないかどうかを見直し，教材研究を進める必要がある。

(3) 学校の環境整備

不必要な性別分けをやめ，性別分けが必要な場合にも，個々のプライバシーが保障されるように工夫したり，いつでも相談できるような体制（信頼関係づくりを含む）を整える必要がある。その際，性的マイノリティは教職員や保護者の中にもいることを想定し，福利厚生の整備やハラスメントの防止などにも

取り組まなければならない。

(4) 個別支援

　子どもから相談があった場合は，否定や決めつけをすることなく子どもの話を聴き，ともに課題を整理し，対応を考える必要がある。とくにトランスジェンダー（かもしれない）の児童生徒の場合は，学校生活のさまざまな場面で個別支援が必要となることがある。対応方法は，その子どもの状況（性別移行の段階，家族関係，友人関係など）によって異なるため一律的なものではないが，先の文部科学省資料や多くの書籍などを参考に，校則などの見直しも含めて考える。

　相談者の性のありようや相談内容を，相談者本人の了解なしに他者に開示してしまうことを「アウティング」といい，相談者本人にとっては非常に恐怖を感じることである。とくに保護者への告知は慎重にしなければならない。相談やカミングアウト（自己の性のありようを伝えること）があった場合は，誰に話しているのか，誰に話していいのかを互いに確認するとよい。また，教職員などで共有しなければならない場合はその理由と伝達範囲を事前に説明することが重要である。必要がある場合，教育委員会や専門家，医療従事者などへ個人が特定されない形で相談することができる。

(5) 外部との連携

　LGBTQの子どもたちが安心して安全にLGBTQの仲間と出会うことは，自己の性のあり方をじっくり考えたり，学校や家庭での生活を生き抜く知恵を得たり，ロールモデルの発見のために重要である。そういった「居場所」をつくるNPOなどの団体や，LGBTQの子どもを持つ親の会などと連携を取っておくとよい。外部講師を依頼する際は十分な打ち合わせが必要である。「教育の中立性」の観点から，性の多様性を尊重し，さまざまな性のあり方を対等・平等に扱うことが求められる。

5 本章のまとめ

　学校における性的マイノリティへの配慮・支援は必要かつ喫緊の課題である。そもそもなぜ性的マイノリティへの支援が必要なのかは，性的マイノリティが「特殊な存在」であるからではない。そもそも人間の性のありようは多様であるにもかかわらず，それを無視して社会・学校（教育活動）をつくってきたからである。つまり，現在の学校が，性的マイノリティの子どもたちや教職員，保護者に支援を必要と「させている」と考える必要がある。今私たちがやらなければならないことは，個別支援だけではなく，性の多様性を前提に学校全体をつくり直すことである。

　性に関する課題は生命や人間の尊厳の観点からも重要な課題であり，児童生徒が被害者にも加害者にもならないために，学校だけでなく家庭や地域の諸機関と連携して臨むことは必須となっている。ここで重要なことは，この社会で生きる一人ひとりが性の課題に関わる当事者であると自覚し現実から目をそらさず，こうした尊厳について考えたうえで性について語り合い，理解を深めていくことである。今後，対話を通して性や生命について語り合える場が広がることを期待したい。

第13章

多様な背景を持つ児童生徒への生徒指導

1 発達障害の定義と実態

◆◆◆ 1. 発達障害の定義

　本章で扱う発達障害については，世界保健機関（World Health Organization：WHO, 2023）による国際疾病分類（International Classification of Diseases：ICD），アメリカ精神医学会（American Psychiatric Association：APA）による精神疾患の診断・統計マニュアル（Diagnostic and Statistical manual of Mental Disorders：DSM），そしてわが国の教育現場においては文部科学省による定義や分類の方法が使用されている。それぞれ用語の使い方や分類方法に若干の違いがあるため，教職を目指す学生や教育現場における教員・支援者においては，統一された表記方法でないことに混乱があると思われる。ICDならびにDSMの変遷については，池田（2022）による解説などを参照されたい。本書の主たる読者が教育関係者であることを念頭に置き，本章では文部科学省による表記を主として用い，DSM-5-TR（American Psychiatric Association, 2022）の表記方法を付記することとする。

　発達障害（神経発達症群）とは，APAによる最新の定義では，「典型的には発達期早期，しばしば就学前に明らかとなり，個人的，社会的，学業，または職業における機能の障害を引き起こす発達の欠陥あるいは脳内プロセスの差異により特徴づけられる」とされている（American Psychiatric Association, 2022）。以前は定型発達との明確な境界を想定した類型的な分類がなされていたが，近

年ではそれぞれの特性は連続体（スペクトラム）をなしているという考え方が主流となっている。そのうえで，発達障害の症状の有無と，どの程度生活機能が障害されているかの双方を考慮して診断がなされる。知的障害（知的発達症：intellectual developmental disorder），自閉症（自閉スペクトラム症：autism spectrum disorder），注意欠陥多動性障害（注意欠如多動症：attention-deficit/hyperactivity disorder），学習障害（限局性学習症：specific learning disorder）などが代表的なものであるが，学校教育現場ではその他に吃音（児童期発症流暢症：childhood-onset fluency disorder; stuttering）や発達性協調運動症（developmental coordination disorder）のケースに出会うこともまれではない。

　また，わが国の発達障害者支援法（2005年施行）において，発達障害とは「自閉症，アスペルガー症候群その他の広汎性発達障害，学習障害，注意欠陥多動性障害その他これに類する脳機能の障害であってその症状が通常低年齢において発現するものとして政令で定めるものをいう」と定義されている。発達障害者・発達障害児とは，「発達障害がある者であって発達障害及び社会的障壁により日常生活又は社会生活に制限を受けるもの」とされており，さらに社会的障壁とは「発達障害がある者にとって日常生活又は社会生活を営む上で障壁となるような社会における事物，制度，慣行，観念その他一切のもの」とされている。障害者の権利に関する条約（2008年発効）では，発達障害を含むさまざまな障害者の生きづらさは，心身の機能の障害そのものだけでなく，社会環境のあり方やシステムからも生まれるという考え方が根本にあり，発達障害者支援法においてもこの考え方に基づいて，発達障害者・児の社会参加や選択の機会の確保を目指している。

◆◆◆ 2．発達障害の実態

(1) 自閉症（自閉スペクトラム症）
　自閉症においては，持続する相互的・社会的コミュニケーションや対人的反応の障害，対人関係の構築・維持・発展させることの困難，限定された反復的な行動・興味・活動パターン（いわゆるこだわり）などが幼少期から認められ，

かつ日常生活に支障をきたす。APA（2022）によれば，有病率は1～2％となっている。弘前市における疫学調査においては，5歳児の3.2％が自閉スペクトラム症の診断基準を満たし，そのうち88.5％は複数の発達障害を併存しているというという報告もある（Saito et al., 2020）。

(2) 注意欠陥多動性障害（注意欠如多動症）

　注意欠陥多動性障害は，生活機能や発達を妨げるほどの不注意と多動－衝動性が持続する。不注意は，課題から気がそれる，指示に従うことができない，忘れ物や落とし物が多い，仕事や用事を完遂することが困難，などである。APA（2022）によれば，有病率は国によって大きなばらつきがあるが，成人において2.5％という報告がある。また，大学新入生を対象とした最新の国際疫学調査では，大学新入生の15.9％が注意欠陥多動性障害の診断基準を満たし，そのうちの半数以上にうつ病などの併存症があることが示されている（Mak et al., 2022）。

(3) 学習障害（限局性学習症）

　学習障害では，全般的な知的発達に大きな遅れはないにもかかわらず，読字（読み），書字（書き），算数（計算）などの特定の技能の習得・使用に著しい困難を示す。学校では特定の教科における学業成績が著しく低いことで顕在化しやすい。有病率は使用言語によってばらつきがあり，ブラジル，北アイルランド，アメリカなどのアルファベット圏の学齢期の児童における有病率は5～15％という報告がある（American Psychiatric Association, 2022）。わが国については仙台市における調査から，知的障害がなく読みに何らかの問題がある児童は2.2％，知的障害がなく国語に2学年以上（または他児に比べ明らかに）遅れている児童は0.7％と推定されている（細川, 2010）。

2 発達障害の理解と対応

◆◆◆ 1. 発達障害の理解

　発達障害や精神障害を含む障害者については，2016年4月に障害を理由とする差別の解消の推進に関する法律（障害者差別解消法）が施行され，公的機関における合理的配慮の提供が法的義務とされた。2024年4月には法的義務の対象を民間事業者にも拡大した，改正法が施行されている。発達障害についても，個々の代表的な特徴だけでなく，修学上の課題に個人差が大きいことを理解し，それぞれの児童生徒に必要な配慮を検討・提供していくことが求められる。

◆◆◆ 2. 発達障害への学校内での対応

　発達障害を含む特別な教育的ニーズのある児童生徒への支援は，特別支援教育コーディネーターを中心とし，管理職，養護教諭，当該児童生徒の支援に関わる教員などを構成員とした校内委員会にて検討することとなる。

　学校内における取り組みとして，まずは発達障害を持つ児童生徒のみならず，学校や学級全体に対する発達支持的生徒指導が基礎となる。日常における声かけ，挨拶，対話・肯定の仕方など，すべての児童生徒の個性や可能性を伸ばすための関わり方や，児童生徒がお互いを認め合う学級風土づくりが重要となる。この点の取り組みの1つとしては，近年国内でも展開されているポジティブ行動支援（たとえば，大対，2022）などが，有用なアプローチ方法の1つと考えられる。このような学級風土が醸成されることは，発達障害を持つ児童生徒の情緒面の安定や適応的な行動の獲得にもよい影響を与える。

　特定の課題を抱える児童生徒については，本人や保護者の意向や障害の状態を踏まえたうえで，通級による指導を活用することも選択肢となる。その際には，特別支援教育コーディネーター，通常学級担任，通級担当教員，教科担当教員など関係者間の校内連携を密に図る必要がある。ここで関係者間の共通認

識が不足すると当該児童生徒への対応に一貫性がなくなり，結果として児童生徒の混乱を招くことにつながるため，定期的な相互確認を行うことが求められる。合理的配慮を提供する際には，本人や保護者からの要望をもとに，学校生活における学習や対人関係の構築において達成感や成功体験を重ねていくための配慮内容の選択肢を提示する。そして，合理的配慮を必要とする児童生徒と，合理的配慮を提供する学校とが，必要な配慮の内容や学校側の過重負担の有無，代替手段の可能性などの情報を持ち寄り，対話を重ねながら相互理解を深めていく建設的対話（内閣府，2015）を経て合意していくことになる。

その他，発達障害のある児童生徒は，その障害特性ゆえに日常的に不安を感じやすい傾向にあり，かつ，困難に直面した際に他者に援助を求めることが難しいことも多い。将来的に社会で自立していくには自ら他者に助けを依頼することが必要になるため，学校内でも誰かに相談しながら解決していく経験を積んでいくことが必要である。それぞれの児童生徒にとって相談しやすい環境を各校の事情に即して整えることが求められる。

◆◆◆ 3．発達障害と二次障害

発達障害には先述のとおり，学習面，社会性，対人関係，情緒面など多岐にわたっての不安定さがあるため，日常生活を送るうえでさまざまな困難に直面しやすい。それにより失敗体験が重なり多くの（あるいは特定の）活動に対する苦手意識を強めたり，自信を失ったり，他者からくり返し叱責されるなどしていく過程で，二次障害が発生しやすい。二次障害には，身体的症状，精神的症状，パーソナリティの障害，反抗挑戦性障害（反抗挑発症）・素行障害（素行症）などがある。とくに，ある程度の学業成績を修めており，他者と大きなトラブルが発生しないケースの場合，周囲からはまじめでおとなしいと理解され，発達障害が中等教育までに気づかれずに過ごすことも多い。大学や職場で初めて大きな困難に直面し，不眠，不安，抑うつなどの二次障害のほうが先に顕著となり，医療機関の受診のあとに発達障害の存在が確認されることもまれではない。

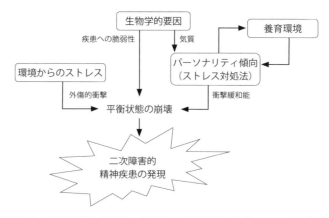

図 13-1　発達障害における二次障害の発現仮説（齊藤，2015 より作成）

　齊藤（2015）は発達障害における二次障害の発現について，次のようなモデルで説明している（図 13-1）。先述のとおり，発達障害は脳の機能的障害であるため，この生物学的要因そのものがパーソナリティ形成の基礎となり，かつ，二次障害の発現リスクそのものとなる。子どもにとって心理的余裕のある養育環境で育つ場合にはパーソナリティの発達もバランスの取れたものとなる。しかし，発達障害特性は養育者にとって育てにくさをもたらすことが少なくないため，養育者と子どもとの相互交流の質が低下すると（否定的な言動によるやりとりなど），子どもの攻撃的な行動を刺激したり，パーソナリティ形成に影響を与えたりする可能性を高める。それによりさらなる対人的葛藤を生じさせ，環境からのストレスの影響が増幅することにもつながる。一方で，それぞれの要因に個々の児童生徒なりの肯定的な側面や強みがあれば，適応がうながされやすくなり，強い二次障害を経験せずに過ごせる可能性が高まる。校内における多側面からのアセスメントによって，個々の児童生徒に対する適切な支援方法や二次障害の予防方法を見極めることが重要である。

◆◆◆ 4．関係機関との連携

　児童生徒の発達上の課題に適切に対応するためには，関係機関との連携が重

要である。当該児童生徒に小児科や精神科領域の主治医がいる場合には医療機関，各地域における支援の中核を担いセンター的な役割を果たす特別支援学校，巡回相談員，発達障害者支援センター，児童発達支援センター，放課後等デイサービスなど，個々のケースによって支援に関与している機関は異なってくる。関係機関との連携に際しては，何のためにどのような内容を相互に共有するのかを明確にしたうえで，児童生徒や保護者との信頼関係に基づく合意が必要である。また，関係機関で作成されている児童生徒の個別支援計画は，校内における個別教育支援計画の立案の礎として重要なものであるため，これを効果的に活用することが望ましい。個別教育支援計画は次の教育段階への接続・連携にも非常に重要な役割を果たす。

　たとえば，支援が必要な児童生徒の学校での様子を医療機関と共有することは，児童生徒に対する適切な診断・治療，ならびに校内における相談対応のために重要となる。医療機関では限られた診察時間内で児童生徒の健康状態の現状と変化を把握し，治療方針の決定に反映させなければならない。また，主治医は，児童生徒が地域における福祉サービスを利用するための診断書の発行を保護者などからしばしば求められる。他方，校内で児童生徒に合理的配慮を提供する際にも主治医からの診断書・意見書が根拠資料の1つとなる。公認心理師法第42条第2項においては，「公認心理師は，その業務を行うに当たって心理に関する支援を要する者に当該支援に係る主治の医師があるときは，その指示を受けなければならない」と定められている。校内に公認心理師資格を所有するスクールカウンセラーが配置されている場合には，公認心理師が中心となって主治医からの指示を仰ぎ，対象となる児童生徒への対応が迅速かつ適切に行われるようにしていくことが求められる。他の関係機関との連携についても，学校教育関係者のそれぞれの専門性を踏まえて，誰がどのように連携のリーダーとして動くのかを日頃から検討しておくとよい。

3 精神疾患の定義と実態

◆◆◆ 1．精神疾患の定義

　精神疾患についても，医学的な定義，法律上の定義，教育上の定義など，さまざまな定義の仕方がある。精神保健福祉法（第5条）においては，精神障害者とは「統合失調症，精神作用物質による急性中毒又はその依存症，知的障害その他の精神疾患を有する者をいう」とあり，実際に扱われる多くの精神疾患が「その他の精神疾患」とひとまとめにされている。生徒指導提要（文部科学省，2022）においては主として，うつ病，統合失調症，不安症群，摂食障害の4点が取り上げられている。各疾患の実態については次のような実態がある。

◆◆◆ 2．精神疾患の実態

(1) うつ病（大うつ病性障害）

　うつ病とは，抑うつ気分，興味・喜びの喪失を主症状としつつ，食欲の著しい減少または増加，不眠または過眠，精神運動性興奮または制止，疲労感または気力の減退，無価値観や不適切な罪責感，思考力や集中力の減退や決断困難，死についての反復思考・自殺念慮・自殺計画・自殺企図などが伴い，子どもの場合には悲しみの感情の訴えよりも易怒性が生じやすい（American Psychiatric Association, 2022）。

　気分が高揚し活動性が高まっている状態は躁状態と呼ばれ，うつ状態と躁状態の双方が存在する場合が双極性障害（躁うつ病）であり，うつ病とは区別されている。

　わが国においては，うつ病，気分変調性障害，双極性障害のいずれかに罹患している人の12か月有病率として3.1％という報告がある（Kawakami et al., 2005）。また，一般の中学1～2年生における調査時点でのうつ病，気分変調性障害，小うつ病（大うつ病性障害の診断基準には満たないが明確な症状が存

在するもの）の有病率は合わせて4.9％，調査時点までの生涯有病率は8.8％という報告がある（佐藤ら，2008）。

(2) 統合失調症（統合失調症スペクトラム障害）

統合失調症は，妄想（ある人もしくは組織から危害を加えられるなど），幻覚（幻聴，幻視など），思考や発話の統合不全，行動の著しい統合不全またはカタトニア性の行動（指示に抵抗する，硬直し不適切ないし奇異な姿勢を取る，発話や体動の反応がなくなるなど），陰性症状（情動表出の減少，意欲低下など）といった，認知・行動・情動の機能障害を含むものであり，生涯有病率は0.3～0.7％と推定されている（American Psychiatric Association, 2022）。

(3) 不安障害（不安症）

不安障害には，過剰な恐怖および不安と，関連する行動の障害の特徴を持つ障害が含まれている（American Psychiatric Association, 2022）。代表的なものとしては，パニック障害（パニック症），社会不安障害（社交不安症），全般不安障害（全般不安症）などがある。

パニック障害では突然の激しい恐怖と強烈な不快感が数分以内にピークに達し，その間に動悸・心悸亢進・心拍数の増加，発汗，震え，息切れ感や息苦しさ，窒息感，胸痛や胸部の不快感，嘔気や腹部の不快感，めまい感や気が遠くなる感じ，寒気または熱感，感覚麻痺またはうずき感，現実感の消失または離人感，抑制力を失うことへの恐怖，死に対する恐怖などが伴う。

社会不安障害では，他者から注視を浴びる可能性のある社交場面に対する著しい恐怖や不安が中核にあり，自身の振る舞いや不安症状を周囲に見せることによって否定的評価を受けることを恐れるものである。

全般性不安障害においては，多数の出来事や活動に対する過剰な不安と心配が，現実とは釣り合わない強度・頻度で生じ，心配を抑制することが困難となる。

このように不安障害は，特定の（あるいは全般的な）対象に対する恐怖・不安そのものや，恐怖・不安を生じさせる状況を回避することにより生活に支障もたらす。わが国においては何らかの不安障害に罹患している人の12か月有

病率は 4.8％という報告がある（Kawakami et al., 2005）。

(4) 摂食障害（食行動症）

　摂食障害の代表的なものとしては，神経性やせ症と神経性過食症がある。前者では，カロリー摂取制限，体重増加への強い恐怖や体重増加を阻害する行動の持続，そして体重や体型に関する自己認識の障害という3点が，後者については反復するむちゃ食い，反復する体重増加を防ぐための不適切な代償行動，体型や体重によって過度に影響を受ける自己評価の3点が特徴となる（American Psychiatric Association, 2022）。体重減少が著しくなると生命に関わるため，内科的な対応が同時に必要となる。

　わが国では，2002 年に行われた京都市の高等学校と大学の女子学生を対象とした有病率の調査（Nakai et al., 2014）において，神経性やせ症が 0.43％，神経性過食症が 2.32％，特定不能の摂食障害（前者2つの基準は満たさないが症状があるもの，ならびに DSM-5-TR におけるむちゃ食い症に相当するもの）が 9.99％と，摂食障害合計で 12.74％となり，その割合は 1982 年時や 1992 年時よりも増加していることが示唆されている。

4　精神疾患の理解と対応

◆◆◆ 1．精神疾患の理解

　精神疾患は生物学的要因，心理的要因，社会的要因が複合して発症するものであり（Engel, 1977），多くの精神疾患は青年期までに始まることが示されている（Solmi et al., 2022）。また，大学新入生の約3人にひとりが，大学入学までの過去1年以内に何らかの精神疾患の診断基準を満たしており，その平均初発年齢は 14.2 歳であることが示されている（Auerbach et al., 2018）。不安や落ち込みといった感情の変化は日常的に経験するものであるが，一時的ではなく慢性化していくと医学的診断基準を満たすレベルの状態に悪化していく危険性

があり，上述のように青年期までに発症する可能性が高いことを理解することが重要である。学校教育に関わる者として，児童生徒の精神面の変化を単なる努力不足としたり，過小評価したりすることのないように心がける必要がある。

◆◆◆ 2．精神疾患への対応

　児童生徒の精神疾患の可能性に気づくためには，児童生徒の本来の姿をまずよく把握しておくことが重要である。そのうえで，何らかの変化に気づいた際には，通常以上に留意しながら状態把握・見守りを継続し，必要に応じて校内の多職種で連携しながら対応することが求められる。発達障害の場合と同様，精神疾患に関わる学校内での児童生徒に関する情報は，校外の医療機関・相談機関にとっても適切な医療・福祉を提供するために重要な判断材料となるので，本人ならびに保護者の同意を得ながら連携を図る必要がある。

　関連することとして，高等学校保健体育科では，2022年4月より精神疾患に関する教育が必修化されている（日本学校保健会，2021）。生徒たちは主要な精神疾患の特徴や，心身の不調に気づいた際には専門家などに援助を求めてよいことを学んでいる。それにもかかわらず，もし学校関係者が児童生徒から相談を受けた際に，受容的に話を聴かなかったり否定的な態度を示したりしてしまったならば，彼らは将来的にも周囲に援助を求めることはできなくなるだろう。個別の問題だけでなく，児童生徒の援助希求行動そのものにも学校教育関係者の言動が影響を与えるということを忘れてはならない。

　青年期や若年層の精神健康に関連し，Sasaki et al.（2023）は，ある時点で精神症状スコアが一定基準未満の大学院生が1年後に一定基準以上になる（悪化する）要因を検討している。その結果，肯定的な未来志向（自分なりの目標があり，それに向かって努力し，将来への希望を持っている傾向）が弱い学生は，1年後の精神症状悪化のリスクが高いことが見いだされた。このことは，自分なりの目標がないまま単に学業成績や周囲の意見などに基づいて進路選択を行うと，その後の修学における不適応が生じやすくなる可能性を示唆している。つまり，近年学校教育現場で重要視されているキャリア教育は，児童生徒の職業

的・社会的自立だけでなく,将来の精神面の健康にも影響を与え得ることを理解する必要がある。

◆◆◆ コラム2 ◆◆◆

健康課題に関する理解と対応

健康課題への対応

　生徒指導提要（文部科学省, 2022）においては，健康課題への対応，生徒指導における健康課題への対応と関わり，健康課題に関する関係機関との連携についても言及されている。児童生徒の健康課題に関しては，学校保健安全法の定めに沿って取り組むこととなる。学校保健安全法においては，健康相談の実施（第8条），養護教諭その他の職員による健康状態の日常的な観察や健康相談を含む保健指導（第9条），地域医療機関との連携（第10条）を行うこととされている。また，児童生徒の健康状態の観察は，学級担任や養護教諭が中心となりつつも全教職員が多側面から行うこととされている。

生徒指導における健康課題への対応と関わり

　生徒指導提要（文部科学省, 2022）においては，とくにその職務の特質から，養護教諭の役割の重要性が強調されている。養護教諭は生徒主導主事，特別支援教育コーディネーター，スクールカウンセラー，スクールソーシャルワーカー，学校医などとの連携を図りながら，児童生徒の心身の状況確認，児童生徒へのカウンセリング，学校教員や保護者に対するコンサルテーション，関係機関との連絡調整など，校内の複数の役割の担い手として位置づけられている。

　養護教諭は保健室の利用状況や児童生徒の状態（生活時間，栄養摂取，その他）に関する調査結果を校内に提供することで，生物－心理－社会モデル（Engel, 1977）の中の生物学的な視点を補強することができる。

健康課題に関する関係機関との連携

　学校は教育の場であり，医療を必要とする児童生徒の課題については地域の医療機関・相談機関などと連携を図りながら支援することが必要である。緊急時も含め適切に医療機関と連携するためには，各学校の地域にどのような医療機関・相談機関が存在するのかを日常的に把握しておく必要がある。とくに都市部と地方都市郊外などと

の間には利用可能な社会資源の量や質に違いがあるため，留意が必要である。

また，精神障害は発症から治療までの期間（未治療期間）が長いほど，後の治療反応性が不良となったり，複数の精神障害の併存が多くなったりするなど，予後が悪くなるため（鈴木, 2022），精神障害の平均発症年齢に相当する14～15歳前後の生徒の対応にあたる中等教育においては，とくに早期に医療機関との連携を行うことが必要である。

生徒指導提要では言及されていないが，本書第14章・第15章で取り上げられている進路指導やキャリア教育にもつながることとして，中等教育から高等教育への円滑な移行も重要な課題の1つである。文部科学省（2021）は，高等学校などが大学または企業などに対し，個々の生徒が必要とする支援に関する情報を十分に伝えることの重要性を指摘している。他方，大学などの高等教育機関においては，合理的配慮は学生本人からの申請が原則となる。2022年4月の民法改正を踏まえ，大学などに進学する18歳時点ですでに成人であることも留意しなければならない。中等教育までは，本人の意向を踏まえつつも学校関係者と保護者がリードして支援内容が検討されることが多いが，高等教育においては，学生本人が自分の特性を理解し，必要な支援について自ら説明できるようになっておくことが重要である。とりわけ発達障害については，同じ診断名であっても，必要な配慮内容の個人差が非常に大きいため，自己理解に基づいて自ら説明する力が求められる。

高等教育は，授業選択の自由度が増したりひとり暮らしが開始されたりと，中等教育とは修学環境も生活環境も大きく変化するため，発達障害や精神障害のある学生にとっては心身の状態が悪化するリスクが大きい。個々人の障害特性を踏まえて，近い将来の環境変化がどのような影響を及ぼすかを予測し，あらかじめ新たな生活に向けて必要な準備や訓練をしておくことも重要である。

この点に関連し，小貫ら（2016）は，発達障害のある大学生が大学適応ならびに就労準備のために必要とする5つのスキルをまとめており（表C2-1），この他に支援を求めるスキルも重要であると指摘している。ここであげられているスキルは，発達障害や精神障害をはじめ何らかの障害を抱える学生はもとより，すべての学生にとって将来の自立のために重要なものと考えられる。これらのスキルは一朝一夕に習得できるものではないため，高等教育への進学や就職を見据え，中等教育までに一定の準備を完了しておく必要がある。

表C2-1　就労に向けて必要な5つのスキル（小貫ら，2016より作成）

スキル	目標
時間管理	時間管理において，自分なりの工夫や調整ができる
職場マナー（学内マナー）	それぞれの職場に応じたマナーについて理解し，運用できる
職場ルール（学内ルール）	自分の職場のルールを理解し，運用できる
体調管理	自分の体調を把握し，体調が悪くなりそうなとき，悪いときに悪化させないよう対処することができる
ストレスコントロール	どのような状況が自分のストレスになるか把握し，自分なりのリフレッシュ方法を持つ

第 3 部

進路指導とキャリア教育の基本的な考え方

第14章

進路指導・キャリア教育の基礎理解

1 はじめに

　社会のさまざまな領域における構造的な変化の進行により，雇用形態が多様化・流動化する中で，若年者の雇用や就労に関する問題は，わが国の社会問題となっている。2020年3月卒業者の就職後3年以内の離職率は新規高卒就職者37.0％，新規大卒就職者32.3％であり，前年に比べ増加している（厚生労働省, 2023）。中高生が思い描く将来についての意識調査（ソニー生命, 2019, 2021, 2023）によると，日本の高校生は自分の将来について，明るい見通しを持っている者と不安を抱いている者の割合は半数程度である。2019年〜2021年にかけて明るい見通しを持っているとの回答が増加し，2023年も引き続き同程度の割合となっている（図14-1）。その一方で，日本・アメリカ・イギリス・中国・韓国・インドの17〜19歳の男女に対する「国や社会に対する意識」に関する調査（日本財団, 2024）によれば，国際的にも日本の若者は人生の目標や方向性，（自分が）していることの目的や意味，将来の夢，自己有用感（他人から必要とされる感覚），人に誇れる個性があるという意識が低いとされる（図14-2）。これらの調査結果からは，将来に不安を感じながらも直面化せず，主体的な進路選択に向かうことを避ける若者の姿が浮かび上がるのではないだろうか。

　このような問題の背景には，学校から就職への移行に難しさを抱える若者の増加や，精神的・社会的自立の遅れ，勤労観・職業観の未熟さなどの児童生徒個人の発達上の問題（文部科学省, 2023）が指摘されている。そのため，学校現場において児童生徒の社会的自己実現を支える教育活動である進路指導・キャ

第 14 章　進路指導・キャリア教育の基礎理解

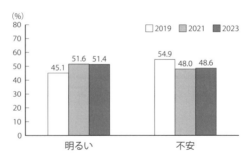

図 14-1　高校生の日本の将来への見通し
（ソニー生命, 2019, 2021, 2023 より作成）

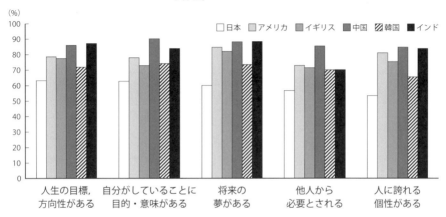

図 14-2　17～19 歳の自己に対する意識の国際比較（日本財団, 2024 より作成）

リア教育の推進・充実が求められているのである。

　そこで本章では，教員として，進路指導・キャリア教育を推進していくために必要な基本的事項を取り上げる。まず，現在の進路指導・キャリア教育の位置づけやその関係性について確認する。そのうえで，わが国における進路指導・キャリア教育の歴史的な流れに沿って，教育課程における位置づけや指導内容，指導の担当者といった基本的な事項を整理・確認する。最後に，これからの学校現場において求められる進路指導・キャリア教育のあり方について考える。

2 進路指導・キャリア教育とは

◆◆◆ 1. 現在の進路指導・キャリア教育の位置づけ

現行の学習指導要領（文部科学省, 2017a, 2017b, 2018）では，児童生徒一人ひとりの発達を支える観点から，学級経営や生徒指導とともに，キャリア教育の充実について明記された。表 14-1 に示すように，キャリア教育は，①学校の学習と自己の将来や社会とを関連づけながら，②社会人としての基礎的な資質・能力を身につけていくためのものである。小学校，中学校，高等学校すべての学校段階において同様の記載がなされており，小学校段階から高等学校段階までを見通し，特別活動を中心に各教科の中でも行われるものである。その一方で，進路指導は小学校段階には記載がなく，中学校，高等学校段階のみに記載されている。生徒が自らの生き方を考えて主体的に進路を選択できるようにするためのもので，学校の教育活動全体を通じて組織的かつ計画的に行われる。このように，現行の学習指導要領においては，キャリア教育の中に進路指導が包含されており（文部科学省, 2022），進路指導は中学校および高等学校で扱う教

表 14-1 平成 29・30 年告示の学習指導要領における進路指導・キャリア教育（文部科学省, 2017a, 2017b, 2018 より作成）

学校段階	進路指導・キャリア教育に関する記述
小学校	児童が，学ぶことと自己の将来とのつながりを見通しながら，社会的・職業的自立に向けて必要な基盤となる資質・能力を身につけていくことができるよう，特別活動を要としつつ各教科などの特質に応じて，キャリア教育の充実を図ること。
中学校	生徒が，学ぶことと自己の将来とのつながりを見通しながら，社会的・職業的自立に向けて必要な基盤となる資質・能力を身につけていくことができるよう，特別活動を要としつつ各教科などの特質に応じて，キャリア教育の充実を図ること。その中で，生徒が自らの生き方を考え主体的に進路を選択することができるよう，学校の教育活動全体を通じ，組織的かつ計画的な進路指導を行うこと。
高等学校	生徒が，学ぶことと自己の将来とのつながりを見通しながら，社会的・職業的自立に向けて必要な基盤となる資質・能力を身につけていくことができるよう，特別活動を要としつつ各教科・科目などの特質に応じて，キャリア教育の充実を図ること。その中で，生徒が自己のあり方生き方を考え主体的に進路を選択することができるよう，学校の教育活動全体を通じ，組織的かつ計画的な進路指導を行うこと。

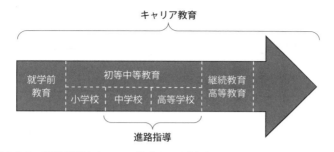

図14-3　進路指導とキャリア教育との関係（文部科学省, 2011 より作成）

育活動という位置づけになっている（図14-3）。

◆◆◆ 2. 進路指導とキャリア教育の関係

わが国において「キャリア教育」という言葉が登場したのは，1999年12月の中央教育審議会答申「初等中等教育と高等教育との接続の改善について（答申）」（以下，接続答申；中央教育審議会, 1999）においてである。それ以前は，現在のキャリア教育にあたる教育活動は進路指導と呼ばれており，現在も学校現場で耳にすることが多い教育用語である。進路指導について，キャリア教育の推進に関する総合的調査研究協力者会議は，「進路指導は，生徒が自らの生き方を考え，将来に対する目的意識を持ち，自らの意志と責任で進路を選択決定する能力・態度を身に付けることができるよう，指導・援助することである。定義・概念としては，キャリア教育との間に大きな差異は見られず，進路指導の取組は，キャリア教育の中核をなすということができる」と述べている（文部科学省, 2004）。定義やねらいに大きな違いがないにもかかわらず，現在では「キャリア教育」という概念の中核として「進路指導」が位置づけられているのである。また，中央教育審議会（2011）においても，「進路指導のねらいは，キャリア教育の目指すところとほぼ同じ」とされているなど，「本来の進路指導」と呼ばれる教育活動が現在のキャリア教育の土台となっているとも考えることができる。

3 進路指導・キャリア教育の歴史的変遷

わが国における進路指導・キャリア教育は，20世紀初頭にアメリカで始まったガイダンス・カウンセリング（Guidance & Counseling）という活動に由来する。吉田（2002）は，進路指導・キャリア教育の世界的傾向として，「職業指導から進路指導へ」，さらに「進路指導からキャリア開発へ」という流れがあると述べており，わが国の進路指導・キャリア教育においても，同様の流れを見ることができる。以下では，吉田（2002, 2003）による整理を参照しつつ，わが国の学校教育において職業指導，進路指導，キャリア教育がどのように成立し，展開してきたのかについて，歴史的流れに沿って整理していく。

◆◆◆ 1．わが国における職業指導の始まり

進路指導・キャリア教育の前身となる教育活動は，職業指導と呼ばれていた。職業指導は，アメリカのvocational guidanceを東京帝国大学教授の入沢宗寿が翻訳して紹介したものといわれている。入沢宗寿（1915）の著書『現今の教育』では，職業指導とは単に職業の紹介をするものではなく，子どもが職業を選ぶための指導であるとし，自分の長所と職業の特徴を考慮することで職業選択を誤ることがないようにするためのものと説明している（吉田, 2002）。

わが国の職業指導運動は，1917年に心理学者の久保良英が東京に設立した児童教養研究所をはじめとして，主要都市の児童相談所や職業紹介所といった相談機関において始まったとされる（吉田・篠, 2007）。当初は，慈善的，博愛的，貧民救済的な事業であったが，1921年に職業紹介法が制定されると，社会政策的，産業育成的な事業となっていった。この時期は，相談者の能力や性格を考慮して，適職に就けるようにするための「職業相談」や「性能検査」などといった形で職業指導が専門機関において実施されていたのである。

学校現場においては，1923年頃から小学校で職業指導が活発に行われるようになった。1927年には「児童生徒ノ個性尊重及職業指導ニ関スル件」（文部省

訓令第20号）が通達され，全国各地の学校で広く職業指導が実践されるようになった。この訓令は，学校教育において児童生徒の個性を尊重して長所を発揮させ，卒業後は児童生徒の能力に合う進路選択をうながすような職業指導を行う必要性を示しており，職業指導を学校教育の中に明確に位置づけるものであった。小学校における職業指導の内容としては，①職業精神と職業知識の啓発授与，②性能検査（知識，体力，性能，作業等に関する検査），環境検査，職業分析，求人開拓，求人調査の諸項目にわたる適職選定，③就職後の補導などであった。先に示したような個性の尊重や選職の自由は建前で，実際には適材適所主義を取っていた（吉田, 2002）。戦時下においてその傾向はさらに強くなり，1938年に国家総動員法が公布されて以降は，国家的要請に沿った形で労働力を配分するといった職業への配置指導といった色彩が強くなっていった。

◆◆◆ 2. 職業指導から進路指導へ

(1) 教科としての職業指導

　第2次世界大戦後の教育改革により，職業指導は，「職業科」という教科として，新たに創設された中学校の教育課程に位置づけられた。1947年に告示された学習指導要領一般編（試案）において，教科「職業」には，「職業」と「職業指導」があり，「職業」では農業，商業，工業，水産，家庭のうちから1科目または数科目を決めて学習すること，「職業指導」については，農業，商業，工業，水産，家庭の中の1科目あるいは数科目を選び，試行課程と呼ばれる職業を探索する課程として，労働の態度や職業に対する広い知識，展望を与えるような指導として位置づけられた（田中, 2017）。その後，「職業科」は1949年の学習指導要領の一部改正により，「職業及び家庭科」，1951年に改訂された学習指導要領において「職業・家庭科」に名称が変更され，その内容は，農・工・商などの枠を外し，実生活に役立つ仕事を中心として構成された（西村, 2019）。職業指導については，「職業・家庭科」に位置づけられるとともに，改訂された学習指導要領における「特別教育活動」のホームルームにおいて，生徒指導の一環としても取り扱われることになった。しかし，この時期の職業指導の内容

は，生徒指導の一環というよりむしろ知識・理解という教科の色彩が濃く，実践において試行錯誤がくり返された（竹内，2002）。教科化されたことにより，1949年には教育職員免許法において中学校・高等学校の教職免許科目として「職業指導」が規定された。さらに，学校における職業指導を振興するために，1953年には中学校に職業指導主事を置くことが規定された（文部省，1981）。

（2）特別教育活動としての進路指導へ
❶教育課程における位置づけの変化

1957年の中央教育審議会「科学技術教育の振興方策について（答申）」（中央教育審議会，1957）において，「高等学校および中学校においては，進路指導をいっそう強化すること」と「進路指導」という用語が初めて使用された。高度経済成長に伴う高校進学率の上昇を受けて，職業指導が生徒の生き方の指導に方向を拡大することになったことなども背景にある。そして，1958年の学習指導要領改訂に伴い，「職業・家庭科」は廃止され，「技術・家庭科」が新設された。この段階で，進路指導は教科から独立して，「特別教育活動」の「学級活動」に位置づけられ，学校のすべての教育活動において，教育課程の全領域を通じて全校の教職員の協力体制のもとに行われるべきものであることが明記された。

その後，1969年の中学校学習指導要領，1970年の高等学校学習指導要領の改訂により，進路指導は総則に位置づけられ，教育課程全体において指導すること，全教育活動を通じての進路指導を，さらに補充，深化，統合する場として，学級指導（ホームルーム）を中心に展開されることが改めて強調された。進路指導が学級活動で行われるようになったのは，集団を対象にして扱われてきた職業や進路に関する知識・理解の指導と，個人を対象として行われてきた進路選択の指導・適応援助の指導をこの中で統合して実践しようとするねらいがあったものと考えられる（竹内，2002）。

❷進路指導の担当者

進路指導が各教科，道徳の時間，特別活動などの教育課程全領域で行われるようになったことにより，おもには学級担任が年間指導計画に基づき特別活動

表14-2 名称変更前後の職業指導および進路指導の定義 (文部科学省, 2011 より作成)

名称	定義
職業指導 (1955) 文部省『職業指導の手びき 管理・運営編』	学校における職業指導は，個人資料，職業・学校情報，啓発的経験および相談を通じて，生徒みずからが将来の進路の選択，計画をし，就職または進学して，さらにその後の生活によりよく適応し，進歩する能力を伸長するように，教師が教育の一環として，組織的，継続的に援助する過程である。
進路指導 (1961) 文部省『進路指導の手引 中学校学級担任編』	進路指導とは，生徒の個人資料，進路情報，啓発的経験および相談を通じて，生徒みずから，将来の進路の選択，計画をし，就職または進学して，さらにその後の生活によりよく適応し，進歩する能力を伸長するように，教師が組織的，継続的に援助する過程である。

注）下線は筆者が加筆。

の時間に担当することとなった（中村，2010）。また，1971年の文部省令により，職業指導主事の名称が進路指導主事に変更され，1975年には主任制の導入・発足によって，学校教育法施行規則に他の主任と同様に進路指導主事の職務内容の規定が整備された（吉田・篠，2007）。

❸指導内容の変化

　進路指導へと名称が変更される直前に採用されていた職業指導の定義と，名称変更後の定義を表14-2に示す。下線部を比較すると，「進路指導」という用語は，職業指導の語義をそのまま引き継ぐ概念として登場したことがわかる。さらに，1983年に刊行された『中学校・高等学校進路指導の手引 中学校学級担任編（改訂版）』（文部省，1983a）では，上記の定義を継承しながらも，将来の生活における職業的自己実現に必要な能力や態度を育成するという広い理念を意味するものへと解釈が変更された。さらに，同年に刊行された『中学校・高等学校進路指導の手引 高等学校ホームルーム担任編』（文部省，1983b）では，以下のように，進路指導は職業的自己実現とともに社会的自己実現も含むことが示されている（下線は筆者挿入）。

　　進路指導は，生徒の一人ひとりが，自分の将来の生き方への関心を深め，自分の能力・適性等の発見と開発に努め，進路の世界への知見を広くかつ深いものとし，やがて自分の将来への展望を持ち，進路の選択・計画をし，卒業後の生活によりよく適応し，社会的・職業的自己実現を達成していくことに必要な，生徒の

> <u>自己指導能力の伸長を目指す</u>，教師の計画的，組織的，継続的な指導・援助の過程（である。）

これまでに行われてきた知識・理解の指導や進路選択および適応援助の指導にとどまらず，生徒の成長や発達を強く意識し，卒業後の社会生活・職業生活でのさらなる成長を願い，そのために必要な能力や態度を育成することを含む教育活動であることが示されたのである。

1989年の学習指導要領改訂により，「生き方の指導」としての進路指導が強調された。具体的には，生徒が自らの生き方を考え，主体的に進路を選択することができるよう学校の教育活動全体を通じて計画的，組織的な進路指導を行うこと，人間としての生き方についての自覚を深め，自己を活かす能力を養うこととした。生き方の指導では，生徒が自分をしっかり見つめ，判断し，自主的に，自分で生き方を決めて人生を創造していく力を育成していくことの重要性が強調されたのである。

◆◆◆ 3. 進路指導からキャリア開発へ

(1) 進路指導の理想と実際との乖離

文部省（1976）は，進路指導の教育的意義や役割について，表14-3のように示している。これは，ここまで見てきた本来の進路指導の考え方や方針を示したものであるといえるだろう。このような考え方や方針に沿って，進路指導主事を中心に学校の教育活動全体を通して，発達段階に応じ，意図的計画的に進路指導を行うことの重要性が強調されてきたのである。

しかし，実際には生徒が当該学校から次のステップへ進む際の進路選択についての指導と理解され，卒業時のマッチングを重視するいわゆる「出口指導」とされる状況が続いていた（国立教育政策研究所，2002）。進路決定場面において，学校の成績や業者テストの偏差値を基準に進路決定が行われ，生徒の個性や能力，興味・関心などが十分には反映されていなかったのである。この背景として，進学先や就職先の選定・紹介や合格可能性をよりどころとした指導が，

表14-3　進路指導の教育的意義および役割（文部省，1976 より作成）

① 進路指導は，生徒自らの生き方についての指導・援助である。
生徒の社会における自己実現を図るための指導援助として，「生き方」「人生設計」「人生観」「職業観」「価値観」の形成を図っていく。

② 進路指導は，個々の生徒の進路（職業的）発達を促進する教育活動である。
それぞれの生徒の発達段階に応じた進路（職業的）発達を促進する。

③ 進路指導は，一人ひとりの生徒を大切にし，その可能性を開花・伸長する教育活動である。
一人ひとりの生徒の個性・能力，興味・関心，価値観，希望進路の実現への援助を行う。

④ 進路指導は，生徒の入学当初から毎学年，組織的，計画的，継続的に行われる教育活動である。
全教育活動で行う「生き方」の指導であり，進級・卒業時の進学・就職指導に限定されない。

⑤ 進路指導は，家庭，地域社会，関係機関との連携・協力がとくに必要とされる教育活動である。
家庭との連携・協力（進路に関する保護者会，家庭訪問，面接），関係機関と連携・協力（地域の事業所，公共団体，ハローワーク（職業安定所）における職業理解，職場体験）などを行う。

生徒の学習への積極的姿勢を喚起するうえで有効に機能し，また，多くの生徒や保護者に受け入れられてきたという事情もあると考えられる（国立教育政策研究所，2002）。

　このような流れの中で，1993年に文部省は，「高等学校入学者選抜について（通知）」（文部省，1993）により，業者テスト依存の進路指導の是正のために，業者テストを排除することを指示した。多様な入学選抜を実施することや，生徒の個性や長所を積極的に評価するための調査書の活用など，偏差値による進学指導の改善が進められた。しかしながら，「進路指導＝進学指導」というイメージを払拭し，本来の進路指導が目指す生き方の指導までには至らない実情があった。

(2) キャリア教育の登場

　わが国では，2004年を「キャリア教育元年」と呼ぶ。当時，日本社会はバブル経済崩壊後の経済不況により，いわゆる就職氷河期と呼ばれる就職難となった時期にあり，非正規雇用やフリーター，引きこもりやニートの増加などが社会問題化した。若者の社会・職業への移行に関わる問題は，経済状況や労働環境のみならず，学校における進路指導が「出口指導」に偏重していたこととも関連すると指摘された。このような状況において，中央教育審議会（1999）の接続答申において，学校と社会および高等教育の円滑な接続を図るための教育

として，①小学校段階から発達段階に応じて，②家庭・地域と連携して体験的な学習を重視し，③各学校ごとに目標を設定し，教育課程に位置づけて計画的にキャリア教育を行う必要性が提言された。

　これを受けて，文部科学省（2004）では，キャリア教育を，「『キャリア』概念に基づき『児童生徒一人一人のキャリア発達を支援し，それぞれにふさわしいキャリアを形成していくために必要な意欲・態度や能力を育てる教育』ととらえ，端的には，児童生徒一人一人の勤労観，職業観を育てる教育」と定義した。この報告書では，「職業観・勤労観を育む学習プログラムの枠組み（例）」として，「職業観・勤労観」の形成に関連する能力を，「人間関係形成能力」「情報活用能力」「将来設計能力」「意思決定能力」の4つの能力領域に大別する「4領域8能力」が示された。小学校の低・中・高学年，中学校，高等学校のそれぞれの段階において身につけることが期待される能力・態度を具体的に示し，小・中・高等学校すべてにおいて，全教育活動を通してキャリア教育が推進されることとなった。

◆◆◆ 4. キャリア教育の推進と課題

(1) キャリア教育の新たな定義

　2011年に中央教育審議会は「今後の学校におけるキャリア教育・職業教育の在り方について（答申）」（以下，キャリア答申；中央教育審議会，2011）において，キャリア教育を以下のように定義した。

> 一人一人の社会的・職業的自立に向け，必要な基盤となる能力や態度を育てることを通して，キャリア発達を促す教育

　この定義が提示された理由として，キャリア教育導入期における定義などの解釈の仕方により，課題が生じていることが示された。具体的には，接続答申の定義については，「主体的に進路を選択する能力・態度を育てる教育」の部分が「進路を選択すること」に，より重点が置かれていると解釈されたこと，文

部科学省（2004）では「勤労観・職業観を育てる教育」としたこともあって，勤労観・職業観の育成のみに焦点が絞られてしまい，社会的・職業的自立のために必要な能力の育成が軽視されてしまったことをあげている（文部科学省，2011）。そのため，キャリア教育の本来の理念に立ち返った理解が強く求められた。

(2) キャリアおよびキャリア発達の理解

キャリア教育の本来の理念を理解するためには，当初の定義に示される「キャリア」概念や「キャリア発達」についての理解の重要性が指摘されている。

キャリア答申において，キャリアおよびキャリア発達は以下のように説明されている。

【キャリア】

人は，他者や社会とのかかわりの中で，職業人，家庭人，地域社会の一員等，様々な役割を担いながら生きている。これらの役割は，生涯という時間的な流れの中で変化しつつ積み重なり，つながっていくものである。また，このような役割の中には，所属する集団や組織から与えられたものや日常生活の中で特に意識せず習慣的に行っているものもあるが，人はこれらを含めた様々な役割の関係や価値を自ら判断し，取捨選択や創造を重ねながら取り組んでいる。

人は，このような自分の役割を果たして活動すること，つまり「働くこと」を通して，人や社会にかかわることになり，そのかかわり方の違いが「自分らしい生き方」となっていくものである。

このように，人が，生涯の中で様々な役割を果たす過程で，自らの役割の価値や自分と役割との関係を見いだしていく連なりや積み重ねが，「キャリア」の意味するところである。

【キャリア発達】

社会の中で自分の役割を果たしながら，自分らしい生き方を実現していく過程を「キャリア発達」という。

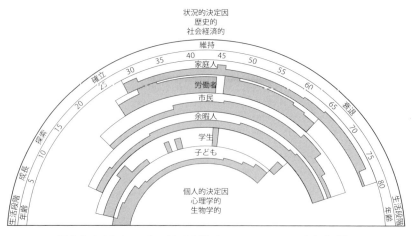

図 14-4 ライフ・キャリアの虹 （Super et al., 1996 より作成）

　このキャリアおよびキャリア発達の考え方は，1950年代にスーパー（Super, D. E.）が提唱した職業的発達理論に基づくものである。スーパーは，人が生まれてから死ぬまでの人生を「役割」と「時間」の2つの軸でとらえ，ライフ・キャリアの虹という図に示した（図14-4）。役割については，「子ども」「学生」「余暇人」「市民」「労働者」「家庭人」「配偶者」「親」「年金生活者」の9つがある。これらの役割は同時期に重複することがあり，相互に影響を及ぼすものである。時間については，「成長」「探索」「確立（成立）」「維持」「衰退（解放）」の5つの発達段階に区分されている。自分らしい生き方とは，発達の各時期に自分にとっての重要性や意味を考えながら役割を果たしていこうとすることであり，この過程を生涯における役割（ライフ・ロール）の分化と統合の過程として示されている（文部科学省, 2023）。

(3) 4領域8能力論から基礎的・汎用的能力の育成へ

　2004年の報告書で示された「4領域8能力」に代わり，キャリア答申では「基礎的・汎用的能力」という4つの力が，社会的・職業的自立，社会・職業への円滑な移行に必要な力の要素として示された（図14-5）。この背景には，先

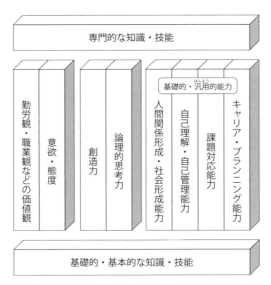

図 14-5　社会的・職業的自立，社会・職業への円滑な移行に必要な力の要素
（中央教育審議会, 2011 より作成）

述のキャリア教育を推進するうえで生じた課題が関連している。まず，各発達段階における「4 領域 8 能力」という，より具体的な内容を示したことによって，多くの学校において固定的・画一的な実践が目立つようになったことや，本来目指されるべき能力とは別の解釈が加えられた実践が散見されるようになったことである。能力の理論的な位置づけや本来の意味を理解したうえでの実践へと修正を図る必要が生まれたのである。次に，「4 領域 8 能力」の生涯のライフ・スパンにおける位置づけの提示が不十分であったことである。「4 領域 8 能力」については，発達の各段階において育成することが期待される具体的な能力・態度の例示が小学校・中学校・高等学校のみにとどまっていた。そのため，就学前や高等学校卒業以降など，生涯を通じて育成される能力であることを十分に提示できていなかったのである。

このように，キャリア答申において，キャリア教育の推進に向けたさらなる課題や改善策が示された。この答申において，キャリア教育の目標は一人ひとりの社会的・職業的自立のためにキャリア発達をうながすこととされている点

が，今後キャリア教育を実践するうえで注目すべき点である。

4 学校現場に求められる進路指導・キャリア教育のあり方

　本章では，進路指導・キャリア教育についての理解を深めるために，その歴史的な流れに沿って，進路指導・キャリア教育の基本的事項を紹介した。職業指導，進路指導，キャリア教育と名称が変更していく過程においても，児童生徒の社会的・職業的自己実現を支えるという教育の本質的な目的がその中核にあることは共通しているといえるだろう。一方で，進路指導やキャリア教育がいわゆる出口指導のような内容にとどまる傾向が続いてきたことも事実である。そのような背景には，「進路保障」の理念がある（若松ら，2019）。指導する側には，すべての生徒の進路達成という「実績」が求められているのであり，そこに学校現場の葛藤があるともいえよう。

　社会的・職業的自己実現という目標を達成するためには，進路選択に関わる指導に加えて，進路先に進んだあとに適応し，自立していくための支援が必要である（若松ら，2019）。そのような支援を実現するために，日々の学校生活におけるさまざまな教育活動での体験を通して，児童生徒のキャリア発達を支えていく必要がある。キャリア発達は，生涯を通じたさまざまな役割体験を積み重ね，過去，現在，将来の自分のつながりを見いだし，自分らしい生き方を模索する過程である。そのため，各学校段階でのキャリア教育に関わるさまざまな取り組みを振り返り，気づきや考えを記述して蓄積する「キャリア・パスポート」を用いた実践が推奨されている（文部科学省，2023）。児童生徒自身がこれまでの学びや課題を乗り越えた経験，身につけた力を整理して積み重ねた資料を振り返ることで，自らの成長に気づき自信を獲得する機会にすることなどを目的としている。このような資料を活用し，各発達段階および児童生徒，地域の実態を踏まえた自立に向けた新たな課題や目標の設定をうながすような取り組みが，これからのキャリア教育には求められているのである。

第15章

キャリア教育の理論と実践

1 キャリア教育が要求される背景

◆◆◆ 1. キャリア教育という言葉の意味

　キャリア[*1]とは，職業生活を中心として人生全体を展望する発想を意味する。教育とは，幸福追求（日本国憲法13条）のために学習し能力が向上する過程の支援を意味する。キャリア教育とは，学校教育だけでなく生涯学習に関わる[*2]生きる力である。本章では生徒指導との関わりで，初等中等教育でのキャリア教育について考える。とくに学校教育の実践上のキャリア教育の基礎知識・理論を概観しつつ，社会のあり方が急激に変化するSociety 5.0時代[*3]の学校でのあり方を模索する。子どもに対する教育実践という視点に加えて，読者が，自身

---

*1　人生の中で生活の糧を得る職業を荷馬車（carriage）にたとえ，人生の履歴を轍・軌跡（career）にたとえたことで，キャリアが人生における職業生活やその履歴（学歴と職歴の総称）を表す言葉となった（塩野，2013）。政策的なキャリア教育のキャリアという言葉は厚生労働省（2002）の自分の職業人生をどう構想し実行していくか，また，現在の変化にどう対応すべきか，各人自ら答えを出せるような能力に関する概念から来る。法的根拠としては，「職業についての基礎的な知識と技能，勤労を重んずる態度及び個性に応じて将来の進路を選択する能力を養うこと」（学校教育法第21条第10項）となる。

*2　教育基本法では教育の目的について，人格の完成を目指し，平和で民主的な国家および社会の形成者として必要な資質を備えた心身ともに健康な国民の育成（第1条）とし，これが学校教育の生きる力の3要素の根拠となる。また，生涯学習（第3条）の中に，義務教育（第5条），学校教育（第6条），大学（第7条），家庭教育（第10条），幼児期の教育（第11条），社会教育（第12条），学校，家庭及び地域住民等の相互の連携協力（第13条）が含まれる。

◆◆◆◆◆ 239

の教職員としてのキャリアを展望しつつ，次の時代に向け死ぬまで前向きに生涯学習を考え，続けるきっかけになれば幸いである。とくに教職課程履修中の皆さんには，自らの免許の学校段階だけではなく幼稚園から高校卒業ぐらいまでを見通して，子どもが社会人になるための展望を考えるきっかけにしてもらいたい。

　2010年公示の生徒指導提要（文部科学省，2010）では，生徒指導の中にキャリア教育の諸理論・実践上の課題が位置づけられていた。しかし，2011年に小・中・高等学校のキャリア教育の手引き（文部科学省，2011a，2011b，2011c）が公示され，2022年改訂の生徒指導提要（文部科学省，2022a）ではキャリア教育に関する内容を割愛している。次いで，2022年に小学校キャリア教育の手引き（文部科学省，2022b）が，2023年に中学校・高等学校キャリア教育の手引き（文部科学省，2023a）が改訂されている。このようにキャリア教育と生徒指導との間の近いながらも独立した位置を押さえて考えていきたい。

◆◆◆ 2．生涯発達の中のキャリア教育

　学校教育は生涯学習の基盤となる生きる力として知・徳・体の学力向上を担うが，学力は生涯学習全体の能力の基礎の一部分にすぎないのも事実である。寿命が延び続ける現代，質・量ともに複雑に変化する人生の全体像を発達段階として区切り，各段階の発達課題に合わせた能力向上を考える諸理論を押さえたい。まず，あげることができるのが人生を8つの発達段階でとらえるエリクソン（Erikson, 1994）の発達課題仮説である。幼児期や児童前期，児童後期，青年期と学齢期に合わせた発達支援の理念と注意点を示す発達心理学理論として日本の学校教育制度に大きな影響を与えてきた。学齢期の終わりと就職までに自我同一性（アイデンティティ）の確立が課題とされ，その確立失敗による危機は自我同一性の拡散とされるなどキャリア教育への示唆も深い。

＊3　2016年に閣議決定された第5期科学技術基本計画で示された人工知能（AI）やビッグデータを活用して人口減少や過疎，高齢化などの現代日本の課題を乗り切る政策方針がSociety 5.0である。

また，現行のキャリア教育の手引きでも紹介されているスーパー（Super, D. E.）のライフ・キャリアの虹仮説も生涯発達理論である。人生には9つの役割（子ども，学生，余暇人，市民，労働者，家庭人，配偶者，親，年金生活者）があり，生涯（ライフ）のキャリアを展望して9つの役割の重さが時期ごとに移り変わるとする理論である。スーパーはキャリア・カウンセリングの創業者とされ，学齢期の進路決定の心理過程や，キャリアの前提能力（レディネス）向上，就労後のキャリアへの適応力など多様な支援方法論を提示している（National Career Development Association, 1994 仙﨑・下村訳 2013）。

2 キャリア教育の理論

◆◆◆ 1. 国内のキャリアをめぐる能力特性理論

人生では求められる課題・能力の質が発達段階ごとに変化し続ける。この質的変化を特性として把握し，個人・環境それぞれの適合・適応を考える理論が個人・環境適合理論である。前世紀末よりデフレを伴う不況で就職氷河期といわれるキャリア環境が続くなか，「エンプロイヤビリティ」（日本経営者団体連盟, 1999）として多数示された働くうえでの求められる能力を列挙したい。

今世紀になり生涯学習と就労上の能力特性として「人間力」（内閣府, 2003）や「就職基礎能力」（厚生労働省, 2004），「社会人基礎力」（経済産業省, 2006），高等教育機関修了までに培う「学士力」（中央教育審議会, 2008）などが提示されている。現行のキャリア教育の手引きの特性観のおもな源泉は経済産業省の「社会人基礎力」で，これは3つの視点（目的，統合，学び）に基づく3つの能力（前に踏み出す力，チームで働く力，考え抜く力）とその12の下位概念の能力要素からなる。これらは就労上の「アプリ」のように役立つ専門・職業能力ではなく，前提的基礎能力で「OS」にたとえられる。この発想が2011年公示の中央教育審議会答申「今後の学校におけるキャリア教育・職業教育の在り方について」（中央教育審議会, 2011）による，学力として目指すキャリアの

基礎的・汎用的能力の4つ（人間関係形成・社会形成能力，自己理解・自己管理能力，課題対応能力，キャリア・プランニング能力）に発展する。さらにこれが，現行のキャリア教育の手引きでも引用される職業観・就労観を育む4つの能力領域（人間関係形成能力，情報活用能力，将来設計能力，意思決定能力）とその下位概念の計8つの能力（国立教育政策研究所，2011）に発展する。

◆◆◆ 2. 国際的なキャリアをめぐる能力特性論

　進路指導の職業選択に関わる個人・環境適合理論は古くから確立しており，ホランドの職業選択の6角形モデル（Holland, 1997）が有名である。これは職種ごとに求められる能力特性に6つの「角」特性（現実，研究，芸術，社会，企業，慣習）があり，個人の持つ特性の角を理解し，能力開発により適合的な職業選択を目指す理論である。この理論は日本国内向けの教材VRT（Vocational Readiness Test）カードとして開発・発売されており（労働政策研究・研修機構，2012），学校の進路指導に活用可能である。

　今世紀になって，試験などで測定しやすい能力（認知能力）とは別に，試験では測定しにくい非認知能力が注目されている。非認知能力は縦断的で中年期までの就労や収入，健康・健全な生活の確保に強い効果が報告され（Heckman, 2013），これとは別名の類似・同内容の諸能力群が学齢期の段階別に構造化して発達するとする報告もある（たとえば，Center for Whole-Child Education, 2016）。近年の国際的動向としてOECDが2019年にラーニング・コンパス2030を提示し学習者自身のウェルビーイング[*4]を目指すための基本的コンピテンシー（知識，態度，スキル，価値観）に加えて，変革をもたらすコンピテンシー（新たな価値の創造，対立やジレンマへの対処，責任ある行動）を新たに提示して

[*4] 1947年に採択された世界保健機関（WHO）憲章における身体，心理，社会性の健康に関する概念がwell-beingである。教育ではOECDによるPISA2015から導入され，日本語報告書において健やかさ・幸福度と訳された。第4期教育振興基本計画では，「日本発の調和と協調に基づくウェルビーイング」として，多様な個人やさまざまな概念のバランス重視の発想が提示された。これらを受け本章ではウェルビーイングを「健康と幸福（happiness）追求を合わせた概念」と定義する。

いる（白井ら，2021 を参照）。

　上述の国内外で話題にのぼっている生涯発達やキャリアに関する能力・心理学的諸概念は名称こそ多種多様で一見複雑ではあるが，別名類似か別名同内容のものが多い。大枠でまとめれば，認知能力と非認知能力に大別可能な諸概念で構成されており，横断的および縦断的に生涯にわたって継続できる能力として理解することと，ウェルビーイングを目指して学校でそれらを基礎的に身につけることが重要なのであろう。

◆◆◆ 3.　日本型雇用と就労に関わる理論

　不登校などの生徒指導の課題が後に引きこもりやニート[*5]，フリーター[*6]などの状態となる不安がある。仕事という言葉は定義が難しく，金銭収入を得る就労に限っても国や時代ごとの事情で普通が定めにくい。フリーターも定義が曖昧（濱口，2016）で，海外で典型的なジョブ型雇用（職務給制度）の就労形態といえなくもない。とはいえ，日本での典型的雇用形態のメンバーシップ型雇用（職能給制度）は，国民年金ではなく社会保険に加入可能で，中長期のキャリア展望に利点が多い。この雇用形態の要点は，基本的に全員が幹部候補で，給与は職務・業務量ではなく，人を単位に決まる点である（海老原，2013）。つまり，学齢期までの生きる力の3要素として，社会人の基礎能力と専門・職能開

---

*5　引きこもりは介護などと合わせて家庭の医療課題として位置づけられ，6か月以上にわたっておおむね家庭にとどまり続けている状態を指す（厚生労働省，2010）。ニート（NEET）はイギリスの若年就労支援政策で提示され，国際的に普及した基準で，35歳以下の「Not in Education, Employment or Training」を指す（詳しくは，伊東，2006 を参照）。この両概念の重複や，賃金・収入がない家事・育児や家業で働いている者がニートに定義されかねないなどの概念整理の難しさは留意しておきたい。

*6　社会保障制度以外に賃金労働の制度上の定義・区切りは存在しないため，フリーターやアルバイター，非正規雇用，パートタイムなどといった個々の単語に厳密に定義づけはしにくい。また，個々人の特性や幸福追求の希望の多様性を考えれば，望ましい就労を簡単には提示できない。ただ，大学などを卒業するまでの経済的・文化的・社会関係資本的な投資とするのであれば，その回収として安定した収入・身分の就労が重要という前提での議論（たとえば，居神ら，2005）は成立する。本章も基本的にこの発想に従っている。

発の下地（知），対人調整・管理業務に対応可能な社会性（徳），心身の健全・健康と生活習慣（体）などが現在日本の典型的雇用に必要である。

　気をつけたいのが待遇で，離職率や給与水準，雇用の安定性などの職業の特性を考えると，①伝統的日本型雇用システム，②門戸開放使い切り型，③ふるい落とし選抜型の3類型で理解ができる（小林ら，2014）。また，労使紛争と世界の雇用を比較した濱口・海老原（2020）は，日本型雇用の特徴が雇用者側と労働者側の大規模解雇などを避ける「協働」にあり，職種・職場への準拠意識が強くなりやすく，労働者自らが過重労働を担うような日本独特の風土を指摘する。

　ただ，現在の日本の「典型」もSociety 5.0や働き方改革で今後は予測困難な変化の仕方を続けるはずである。現在の典型的雇用形態以外にも自身の特性・限界や時代・環境が変化・発達することを踏まえ，職業・雇用の選択肢の検討など多様なキャリア設計の視点も重要である。結局のところ，キャリア設計や就労の選択は多様な個々人ごとの健康と幸福追求を目指して，「良いか，悪いか」ではなく，「合うか，合わないか」に重点を置くことが有益であろう。

3 キャリア教育の発達段階ごとの視点の違い

◆◆◆ 1. 義務教育（前期中等教育）までのキャリア教育の課題

　2017年3月に幼稚園教育要領（文部科学省，2017a），小学校学習指導要領（文部科学省，2017b），中学校学習指導要領（文部科学省，2017c），2018年3月に高等学校学習指導要領（文部科学省，2018）がそれぞれ公示された。特別支援学校学習指導要領（文部科学省，2017d, 2019a）は各学校段階のものに1か月ずつ遅れて公示された。現行の教育・学習指導要領では，カリキュラム・マネジメントとして各学年・学校段階を越えた保育・教育課程の統一性が強調され，後述するキャリア・ポートフォリオなどの個別対応を可能にする方法論が導入されている。

国民の義務として子どもを保護し普通教育を受けさせる期間が義務教育（日本国憲法第26条）である。その前に義務ではないが学校としての幼稚園と児童福祉としての保育所（園）からなる就学前教育も存在し，ほとんどの子どもがこれを受ける。義務教育までの普通教育で確保する能力・学力は教養とも呼ばれ，明治以来，伝統的に大衆教育的で生活学習的視点を重視する，非認知能力に近い学力観を大切にしてきた。このような義務教育の学力観は2007年の学校教育法改正で学力の3要素（第30条2）として明文化され，今では就学前から大学までの学力観にまで援用されている。義務教育までのキャリア教育は教養であり，前述の社会人基礎力とも重なる学力観が課題といえよう。

◆◆◆ 2. 少子化による高校以降のキャリア教育の変化・課題

　後期中等教育以降に存在感を増すのが普通教育の対概念である専門教育である。義務教育でなければ多様な学校・学科などの進路選択が可能になるが，多様な選択肢にも人気次第で受験競争が生じる。近代は身分での階級制度を廃止する代わりに，学歴と職歴からなる履歴で平等に競争を行い階級分け（メリトクラシー）がなされる時代である。人気の学歴と職歴をかけて競う場においては平等な選抜が必要で，本人の能力・努力以外の競争に不利な条件・特性には機会の均等に基づく合理的配慮・特別支援という公正な対応が必要になる。さらに，就労後は収入差が開くので累進課税制度と福祉制度の再分配で社会全体の公平感が高まるようなバランスを探る民主的な政策設定が行われる。

　ところで，昭和末期まではこのような学歴に基づく階級分けの受験競争に反発して大学生や中・高生の暴力的な学生運動や生徒指導諸問題が多発した。高い公平性を持つメリトクラシー制度でも，競争・階級選抜自体が子どもにとっ

＊7　日本国憲法第26条においてすべての国民が背負う義務として普通教育を保護する子女に受けさせる義務が示され，教育基本法第2条で知識と教養が示されている。なお，これは戦前より一般教育とも呼ばれる。一方，職業教育は教育基本法第7条（大学）や学校教育法の高校段階以降で専門課程として多用される用語からきており，職業教育や実業教育などの同義の言葉が使われてきた。

て高ストレスな発達課題なのである。令和の現在は急激な少子化に既存の学校数・定員数削減が追いついていない。その結果，進学の受験競争が緩み，多くの子どもにとってストレスは低下したが，学力向上の動機も低下した。一方，人気の資格課程・就職に進む過程（キャリア・パス）においては少子化にあっても受験学力の苦労を避けて通れず，このうちいくつかのキャリア・パスは以前より高度・長期的な教育投資[*9]が必要となっている。結果として少子化は高校以降の学習・学力向上過程の高群と多数群の二極化を生みやすくなっている（海老原，2016）。

◆◆◆ 3. 令和初頭からコロナ後に向けた教育政策とキャリア教育

2008年から日本が人口減少時代に突入し，人手不足が懸念される。逆に，人工知能などの機械化で仕事・雇用減少の懸念もある。人手不足と雇用減少の互いの懸念を適合させる近未来の日本の課題がSociety 5.0であり，働き方改革の課題である。これを背景に2019年にGIGAスクール構想（文部科学省，2019c）が加わり，新しい能力特性としてICT活用やプログラミング的思考が新しいリテラシー[*10]に加わった。

---

*8 夢や希望の学歴・職歴を追うことで葛藤・不満や過熱・冷却の伴う競争がくり返され（竹内，1995），ストレスが高まる。そこで，区別なく同様に扱う平等と，区別した特別扱いで不利な属性などに配慮する公正の組み合わせ（津川，2020）をもって不満・ストレスの最小化を図る公平が社会に必要となる。この視点に立てば，入試選抜は平等が学力点数評価，公正が推薦・面談などを重視する特別選抜，収入に対する税制では平等が逆進性，公正が累進性であり，福祉の手厚さについては平等が普遍主義，公正が再分配主義となる（たとえば，安中ら，2022）。公正か平等のいずれかが正しいのではなく，個々人の幸福追求の最大化と不満の最小化を目指した公正と平等のバランスが重要である。

*9 資本にはお金などの経済資本や生活習慣などの文化資本，人間関係のツテやコネなどの社会関係資本がある。学歴や学校歴（出身学校名のブランド感を価値とする発想）や職歴にこれらを投資して，長期に資産を回収する過程（詳しくは，浅羽，1999を参照）がキャリアともいえる。

*10 リテラシーとはもともと識字を意味する単語で，近世以降はおもに初等教育を意識した3R's（読み，書き，計算）に，近代以降は現代社会で生きるうえで前提・必須となる基礎知識・技能全般という意味にまで概念が拡大している。本章で取り上げた21世紀に求められるさまざまな能力はいずれもリテラシーの下位概念に位置づけることが可能である。

2020年に世界的大流行となったCOVID-2019（以下，コロナ）は少子化・国際化と社会の機械化を数十年単位で前倒しさせ，Society 5.0とGIGAスクールの課題を加速させた。コロナ禍後に示された第4期教育振興基本計画（文部科学省, 2023b）と中央教育審議会答申「『令和の日本型学校教育』の構築を目指して」（中央教育審議会, 2021）は，20年先の展望が予測困難なことから，求める能力の具体像を定めるよりも学習支援の個別最適で協働的な方法論の模索・革新に重点を置いている。今後はキャリア教育でも人口減少時代の地域社会と世界（グローバル）をつなぐ技術革新（イノベーション）で，予測困難な環境・個人双方の相互作用での変革（ゲートウェイ）が要求されている。

4 キャリア・ガイダンスとキャリア・カウンセリング

◆◆◆ 1. 集団指導（ガイダンス）と個別指導（カウンセリング）

(1) キャリア教育において集団指導でできること

　初等中等教育の時間割は教科と領域から構成される。各週の時間割が35週を超えて実践されることで教科と領域の年間時間数が確保される。加えて，特別活動などで定められる学校行事なども年間計画で実践されることで教育課程の編成が成り立つ。このような教育内容と順序に関わる教育の総合的計画（教育課程）を中核に，教職員が子ども集団と行う毎日・毎時のさまざまなコミュニケーションを集団指導（ガイダンス）と呼ぶ。現在の集団指導は教育課程における教科と領域の横断（複合，往還）性を重視することが強調されつつ，さまざまな現場に触れるような学校外での体験活動の充実も求められる。

　キャリア教育における集団指導と個別指導・相談（カウンセリング）を区別し，それぞれ使い分け，組み合わせる個別最適化や協働的な指導が求められている。この具体的取り組みの1つが後述する現行の学習指導要領で導入されたキャリア・パスポートである。キャリアの集団指導には特別活動における勤労生産奉仕的行事が教育課程上，悉皆の実施となる。小学校での職場見学や中学

校での職場体験などは生徒指導諸課題の予防・改善効果が確認されている（たとえば，兵庫県教育委員会，1998）。キャリア教育の集団指導は従来，積極的生徒指導と呼ばれ，生徒指導提要の示す2軸3類4層の全体的改善に対して効果的であることを指摘しておきたい。

(2) キャリア教育の個別指導でできること

　個々人に合わせた個別指導はカウンセリングとも呼ばれる。狭義にカウンセリングとは臨床心理学者ロジャース（Rodgers, C. R.）が発明した非指示的で自己実現を目指す来談者中心の心理療法を指す。わが国では昭和後期にこの発想が対人専門職の対話の質の向上の方法として注目され，和製英語「カウンセリング・マインド」が普及した（金原，2015）ことで，サービス業全体において各専門的相談・適応支援の意味で広義にカウンセリングとも呼ばれる。臨床心理士や公認心理師がスクールカウンセラーとして行う心理療法としての狭義のカウンセリングと，教職員らが教育相談・個別指導で適応支援を行う広義のカウンセリング（渡辺，1996）は分けて考える必要があり，キャリア教育では後者の意味となる。

　キャリア教育では教育課程や集団指導と並行して個別指導が行われる。まず，個人的関心の相談（診断的評価）を行い，職業・進学の選択肢の探求や進路を見据えた体験・実習，受験対策とその省察指導（形成的評価とフィードバック）などの過程が個別相談の課題になる。[*11] このような過程は前述したメリトクラシーも含め，大人に向けて自立と責任の重みが増し続ける子どもの高ストレス実感の過程でもある。職場体験が生徒指導諸課題の改善効果を有するという明るい部分を持つように，キャリアの具体化はストレスという影の部分も伴う。この光と影の部分に大人が個別指導としてつきあう過程（國分，1998）が心理療法ではない教育におけるカウンセリングに特有の意義といえる。

＊11　診断的評価を用いて習熟度別学級編成を行い，定期試験などの形成的評価により学習到達度の確認と学習改善をくり返すことで，総括的評価で測定されるような学力・能力が完全習得できると考えられる。このマスタリー・ラーニング理論の日本での導入・発展の歴史は古川（2014）が詳しい。

◆◆◆ 2. ポートフォリオと個別指導

(1) 観点別の学習・学力の履歴を踏まえた個別指導

　今世紀になりコンピテンシー[*12]という心理学概念が注目されている。これは未来の学力・能力を向上させる諸要因の総称である。この20年，学習・学力の観点別評価（ルーブリック）の充実が求められ，出欠・遅刻などの記録や学習意欲・態度に関するさまざまな数的記録が技術革新により詳細に記録可能となってきた。これらコンピテンシーも含む記録を個々人の診断的・形成的評価の情報資源として個別指導の最適化につなげる発想がポートフォリオである。

　もともとポートフォリオは投資の世界での資産の内訳を戦略的に管理する発想を指す言葉であったが，教育では個々人の特性・学習履歴・現在の能力などの記録を集団指導と個別指導の改善につなげる方法論として注目されている。現行の学習指導要領では，特別活動における勤労生産奉仕的行事などを要点に据えた教科・領域複合学習としてキャリア教育の体験活動での充実を強調し，前述のキャリア・パスポートを導入した。これはICT活用で学校段階を超えて学習や体験活動の履歴を蓄積しポートフォリオとする方法である（文部科学省，2019b）。この発想は大学などのキャリア教育や就労後の研修での方法論開発が先行しており，初等中等教育での後続的充実が課題となっている。

(2) 個別相談性が強い特別支援教育におけるキャリア教育

　特別支援学校学習指導要領は特別支援学級だけでなく就学前教育での特別支援的特性を有する子どもに対しても参照される必要がある。特別支援学校学習指導要領には，他にはない領域の自立活動が存在し，他の各学校段階の学習指

[*12] コンピテンシーは産業界の人材開発用語から発展した能力概念である。今世紀になりOECDが氾濫気味の新しい能力・学力観を認知能力と非認知能力に大別しつつ，これらとともに環境・他者との調整能力群の文脈を通した相互作用をコンピテンスのホリスティック・モデルとして整理した（松下，2011が詳しい）。この発想が現在の日本の学力政策である主体的・対話的で深い学びや個別最適・協働的な学びにつながっていることが理解できる。抽象的にならざるを得ない全体概念をコンピテンス，この具体的に測定可能な下位尺度群・構成概念群をコンピテンシーと呼ぶ。

導要領の内容を基盤にしつつ，個人の障害特性に配慮のうえ調整した教育課程編成の基準である点も特徴的である。特別支援と一言で言っても，障害の種類・類型や特性は多様でその深度もさまざまなため，個別指導性が強い学校教育分野である。

前行の学習指導要領以来，特別支援教育では，キャリア教育でのキャリアデザインが強調されている（たとえば，国立特別支援教育総合研究所, 2011; 全国特別支援学校知的障害教育校長会, 2021）。注目したいのが，知的障害におけるキャリア教育で，就労による収入の多さに合わせて支出を自律的にデザインできるような消費生活教育を組み合わせた実践である（たとえば，木村・菊地, 2011）。特別支援教育に限らず，収入に関わる支出の自律的設計につながる消費者教育に接続することはキャリア教育としても有益であると思われる。

(3) 他者への配慮の努力と自身への配慮要求のバランス感覚

2001年に国連で採択された持続発展可能な社会のための教育（Education for Sustainable Development：ESD）は，2015年に17の開発目標（Sustainable Development Goals：SDGs）に再定義され，日本もその理念の遵守が必要となった（外務省, 2018）。この中で頻繁にあげられる単語がダイバーシティ（多様性）であり，進学や就労などのキャリアの視点でも課題になっている。これは，多様性に関する寛容として自身への配慮を要求することと，多様な他者から要求された寛容に自分が配慮することという，権利と義務に関わるバランス感覚の話につながる。このバランスの混乱つまり過剰な自己主張や無理な他者配慮といった偏りがストレスになり，結果としていじめ・ハラスメントなどの反社会的反応や不登校・就労継続不能などの非社会的反応の原因になり得る（Lukianoff & Haidt, 2018）。

上記は新しい課題ではなく，日本国憲法における個々人の幸福追求のための自由と公共の福祉のバランス（第13条）や社会権として教育の権利・義務（第26条）と生存権（第25条）の重複的課題としての養護性につながる重要な理念の論点でもある。日本国憲法の施行（1947年）以降，教育を含む社会権は法のもとの平等（equality）な権利と義務（第14条）であり，機会の均等（教育

基本法第4条）という個々人に合わせた公正（equity）の範囲での特別扱い（合理的配慮，必要な不平等）を通して，バランスを探り続けてきた。これらのバランスの追求つまり，大多数の国民や地域住民・保護者にとって不満が少なく受け入れ可能な公平（fairness）感の努力を行うことが民主主義の教育である。学習（教育を受けること）は権利であるが勤労は義務でもあるので（日本国憲法第26条と第27条），子どもは弱者から就労する大人つまり強者に移行する義務があり，就労できない障害者や老人を支え，後に老齢で就労できなくなる。権利と義務のバランスは生涯周期（ライフ・サイクル）で移り変わる。

　生涯学習もキャリア教育も一人ひとりが生涯で多様な特性や役割を変化させつつ，権利と義務，支えられる側と支える側，収入を得る労働者と支出管理する消費者などの対概念間のバランスを取り続ける適応過程である。個人内の能力などの特性は多様で，社会情勢や関わる他者といった環境も多様である。時代とともに個人も環境も変化し，就労と学び直しをくり返す多様な職業キャリア形成（内閣府, 2018）も求められる。この複雑な横軸と生涯の長い縦軸の苦労に対し，個々人の指針となるのが第4期教育振興基本計画の提示する日本社会に根差したウェルビーイングなのであろう。

5　これからのキャリア教育

◆◆◆ 1.　コロナ後時代の社会情勢の方向性とキャリア教育

（1）人手不足・デフレ終焉による就労の変化

　2008年よりわが国は生まれた子どもよりも亡くなる人のほうが多い人口減少時代に突入し，回復の見込みが立っていない。2023年の22歳人口は約126万9千人で，2040年頃には約100万3千人に減少する（国立社会保障・人口問題研究所, 2023；総務省統計局, 2024）。この生産年齢人口の減少が今，雇用と労働のコンプライアンス（法令と倫理の遵守）を変えつつある。2010年頃までの約30年間は，デフレつまり通貨に対して労働も含めたモノの価値が下がり続

ける．労働者に厳しく消費者に有利な環境で「失われた30年」と呼ばれた．この社会・経済情勢は「ブラック」な過重労働と，そこから就労不能に追い詰められる若者人口という意味の「ロスジェネ」を日常語にし，自己実現系ワーカーホリック（阿部, 2006），やりがい搾取（本田, 2011）という若い労働者のキャリアに関する懸念をもたらした．その結果，2010年頃までのキャリア教育の課題に，ブラックでない企業に「雇用されうる能力」とまっとうでない現実への「異議申し立て力」（居神, 2010）が加わった．

　しかし，2010年頃からの人手不足と資源価格高による緩やかなインフレ，好景気の継続が労働者の待遇改善を進めた（飯田, 2023）．失業率や労働者の待遇などが改善される一方で，消費者としては物価高や人手不足がもたらす生活必須の社会基盤（インフラ）の維持に不満や不安を感じやすい状況が進む見通しである．今は生産性向上と働き方改革が求められ，労働者と消費者の不利・有利の関係が「失われた30年」や「ロスジェネ」，「ブラック」などとはまた異なる情勢になるはずである．健康で幸福追求が可能なキャリア教育と消費者教育を合わせた未来の教育のあり方を読者それぞれの視点で考えてほしい．

(2) 健康寿命[*13]と生産年齢の伸びに合わせたキャリア教育と健康教育

　人口減少時代は生産年齢人口の減少（人手不足）から生産年齢（現役期間）の延長を要求し続ける時代になる．医学の進展で平均寿命が長期化するので，自分が過去に想像したよりも健康・長寿で，ひとりあたりの生涯の高収入・高支出という豊かさを追求し続ける時代となる．この対価が少子化や人口減少，人手不足による消費者としての不安である．幸いにも機械化や生産性の向上が見込まれるSociety 5.0の時代を迎え，技術革新に適応する生涯学習で高齢でも相応に自立して健康に働くことが可能となろう．そのためにキャリア教育として

＊13　厚生労働省（2023）は健康日本21として寿命とは別に介護が必要になる平均年齢を意味する健康寿命を統計化している．2001年には男性で69.4歳，女性で72.7歳であり，2019年にはそれぞれ72.7歳，75.4歳にまで伸びている．また，高齢者の就労限界の年齢を意味する職業寿命と老齢時の経済力の限界年齢を意味する金融寿命という概念が近年，提唱されている（清家, 2019）．

の健康教育が重要で，超過勤務時間制限などの健康増進策も併せて健康寿命を延ばすことが重要である。高年齢者就業確保をめぐる法令の変化で，65歳までの安定雇用や70歳までの就業機会確保が求められている。すでに令和初頭には80歳手前の現役専門職も珍しくない状況で，今後もこの健康と経済的豊かさを追求する状況は進み続けるだろう（たとえば，清家ら，2017）。

　2008年改訂の学習指導要領から食育や早寝早起き朝ごはん国民運動など生涯学習を見据えた健康教育が進展している。これは2002年公布の健康増進法に基づく10か年計画として発令される「健康日本21」が，健康寿命を長く，要介護期間の少ない人生設計を目指すことに主眼を置き（たとえば，国立健康・栄養研究所，2024），一般的にも同趣旨の「ピンピンコロリ」（水野・青山，1998）の実現が注目されている。これらを包括して目指すことが，社会教育（生涯学習支援）とも連動した学校・学力の課題である。学齢期の子どもに対して，人口減少・過疎時代に自身と社会のために健康な限り働き続けるキャリア教育と，健康寿命を延ばす生活習慣づくりの健康教育を両立させることが必要になろう。

(3) 人手不足による多様な労働参加

　2010年以降の人手不足は労働参加の多様性をもたらした。女性と高齢者，さらに日本語を習得し日本の法令・倫理に適応してまで来日してくれる外国人などが就労で日本社会を支えている。しかし，これら属性の人材供給量は上限に達しており，今後は引きこもりやニートなども含めた生産年齢人口の中にいる就労放棄している人たち（海老原，2018）へのキャリア教育が課題となる。生徒指導や特別支援の課題をキャリア教育がつなげていく課題である。

　ストレス・不適応やいじめ・ハラスメント，不登校・就労困難は学校でも就労後でも存在する。デフレの「ブラック」な「失われた30年」は生徒指導問題以上の人道に関わる問題を増やし，「ロスジェネ」というニートや引きこもりの多い一世代をもたらし，不条理に耐える術を能力課題にせざるを得ない時代でもあった。結局，人の特性や学力・能力の幅の広さは，就労に耐えられる負荷の限界が人それぞれで異なり変化し続けることを意味する。一方で職種も就労形態も，それらの選択や充実というキャリアの過程も，多様な形となる。そ

んなキャリアの中で多様な他者と共生・協働して人生を生涯学習し続けて歩む必要がある．人口減少時代に勤労の義務はより厳しくなるはずで，健康も幸福追求も目指し続ける生涯展望のキャリア教育が求められる．

◆◆◆ 2．コロナ後の時代の生きる力とキャリア教育

(1) 多様な能力・学力のいずれもが必要な時代

　高校卒業者の比率が8割を超えた昭和中期以降，学校教育は生活指導に力を入れ現在の生徒指導という取り組みが成立した（高木・北神，2016）．つまり，日本の初等中等教育は半世紀以上の間，非認知能力も認知能力も併せて学力としてきた．生徒指導もキャリア教育もこの幅広い学力の横断と，就学前から就労後までをつなげる縦断性を持った学習・学力向上過程の支援である．

　令和初頭現在，少子化で高校と大学の全入化が進み，学校歴ブランドとして名のある学校も入試の受験学力を維持しきれなくなっている（海老原，2009）．また，科学技術の高度化や社会制度の複雑化で，専門職の資格課程は高度化し，就労後の研修などでの継続的な能力開発が要求されている．つまり，入試や就活などのわかりやすい受験時期だけではない，生涯のキャリアを展望する学習・能力向上過程の高度化・長期化の時代となっている．Society 5.0時代には機械代替不可能な労働力として，また社会の変化に適応して人間らしい非認知能力やコンプライアンスをキャリアに活かす生き方・働き方が求められる（海老原，2018）．日本のキャリア教育の課題はメリトクラシーも就労の専門知も非認知能力もいずれも生涯学習し続け，過疎が続く時代においても，消費者としても健全・健康な生活者としても，自立を目指し続ける広く長い課題である．

(2) 前世紀の社会と学校教育の限界とウェルビーイングという新しい目標

　前世紀末までメリトクラシーは階級の優劣を獲得・固定する方法として理解されていた．産業革命以降の労働者と中間層，上流の階級差が，産業別（たとえば，一次産業，二次産業，三次産業）や職業・職種別（たとえば，ホワイトカラー，ブルーカラーなど）に位置づけられ，収入・消費の差でスノブとい

われる優越感の欲求行使を幸福と定義する文化があった（Veblen, 1899）。20世紀には，これに反発する階級闘争（たとえば，坂野, 2014）という社会的正義感で承認された暴力的欲求行使を幸福と定義する文化もあった。今からすれば不健全なこの文化の後始末の過程が昭和後期のメリトクラシーによる受験競争過熱と，そこから落ちこぼれた子どもへの差別的扱い，その被害者意識を持つ子どもの反社会的・非社会的反発（生徒指導・進路指導上の諸課題）である（高木・北神, 2016）。平成時代まではまだスノッブや階級闘争的乱暴の文化があった（たとえば，呉・宮崎, 1999）が，今では過去の文化となった。

　生涯学習社会という理念「国民一人一人が，自己の人格を磨き，豊かな人生を送ることができるよう，その生涯にわたって，あらゆる機会に，あらゆる場所において学習することができ，その成果を適切に生かすことのできる社会」（教育基本法第3条）の実現の見通しがキャリア教育であるといえる。しかし，このことで学校卒業や資格取得，有名な職種・職場への就労だけで階級を固定し一生安泰と感じる幻想はなくなった。また，被害者意識やストレスを根拠にしても反・非社会的行動を起こしたり就労を拒んだりすることができない時代となる。キャリアを核に生涯学習の努力を続ける必要が強まっている。

◆◆◆ 引用・参考文献 ◆◆◆

【第 1 章】
坂西友秀（1995）いじめが被害者に及ぼす長期的な影響および被害者の自己認知と他の被害者認知の差　社会心理学研究, 11(2), 105–115.
藤川大祐（2018）道徳教育は「いじめ」をなくせるのか―教師が明日からできること―　NHK出版
外務省（2020）児童の権利条約（児童の権利に関する条約）　https://www.mofa.go.jp/mofaj/gaiko/jido/index.html（2024 年 3 月 29 日閲覧）
芳賀　道（2022）1 年生は 1 年かけて 1 年生になる　都筑　学（監）加藤弘通・岡田有司・金子泰之（編）教育問題の心理学　福村出版　pp.233–239.
平田俊治（2021）学校と地域の連携・協働の軌跡　時岡晴美・大久保智生・岡田　涼・平田俊治（編）地域と協働する学校―中学校の実践から読み解く思春期の子どもと地域の大人のかかわり―　福村出版　pp.21–110.
市川伸一（1995）学習と教育の心理学　岩波書店
井上麻紀（2015）教師の心が折れるとき　大月書店
上長　然（2007a）思春期の身体発育のタイミングと抑うつ傾向　教育心理学研究, 55, 370–381.
上長　然（2007b）思春期の身体発育と抑うつ傾向との関連　教育心理学研究, 55, 21–33.
上長　然（2007c）思春期の身体発育と摂食障害傾向　発達心理学研究, 18(3), 206–215.
金子泰之（2021）子どもの発達段階の節目を保障できる小中一貫教育とは　梅原利夫・都筑　学・山本由美（編）小中一貫教育の実証的検証　花伝社　pp.93–98.
加藤弘通（2007）問題行動と学校の荒れ　ナカニシヤ出版
加藤弘通（2022）子どもの貧困と思春期の発達　松本伊智朗（編）子どもと家族の貧困―学際的調査からみえてきたこと―　法律文化社　pp.174–188.
加藤　靖・松尾由希子（2021）制服を通した集団指導体制のみなおしによる学校改革の取り組み―「総合的な学習の時間」を活用し，個の尊重をふまえた社会的自立をめざして―　静岡大学教育研究, 17, 53–68.
川田　学（2019）保育的発達論のはじまり　ひとなる書房
こども家庭庁（2023）こども基本法　https://www.cfa.go.jp/policies/kodomo-kihon（2024 年 3 月 29 日閲覧）
国立教育政策研究所（2015）PDCA の C は「評価」か「点検」か？　生徒指導リーフ Leaf.16　https://www.nier.go.jp/shido/leaf/leaf16.pdf（2024 年 3 月 29 日閲覧）
黒田公美・落合恵美子・犬塚峰子・阿部正浩（2022）子ども虐待を防ぐ養育者支援―生物学的・社会的要因の相互作用―　黒田公美（編）子ども虐待を防ぐ養育者支援―脳科学，臨床から社会制度まで―　岩崎学術出版社　pp.2–23.
松尾由希子（2022）性的マイノリティの子どもへの相談対応と支援体制　都筑　学（監）加藤弘

通・岡田有司・金子泰之（編）教育問題の心理学　福村出版　pp.33–39.
水野治久（2023）チーム学校時代における子どもの支援　立命館経済学, 71(6), 250–257.
文部科学省（2020）生命（いのち）の安全教育　https://www.mext.go.jp/a_menu/danjo/anzen/index2.html（2024年3月29日閲覧）
文部科学省（2022）生徒指導提要（改訂版）　https://www.mext.go.jp/content/20230220-mxt_jidou01-000024699-201-1.pdf（2024年3月29日閲覧）
中井久夫（2016）いじめのある世界に生きる君たちへ―いじめられっ子だった精神科医の贈る言葉―　中央公論新社
野村勝彦（2020）教師として生きる　心理科学研究会（編）中学・高校教師になるための教育心理学　有斐閣　pp.237–260.
荻野寛之（2010）教育臨床グループの試み―ピアカウンセリングの歴史と課題―　横湯園子（編）ピアカウンセラー養成プログラム―自分がわかり，人の話がきける生徒に―　かもがわ出版　pp.39–50.
斎藤環・内田良（2022）いじめ加害者にどう対応するか―処罰と被害者優先のケア―　岩波ブックレット
佐藤浩一・清水寛之（2012）中学校時代の教師に関する自伝的記憶―日常的な出来事に対する自伝的推論の検討―　認知心理学研究, 10(1), 13–27.
佐藤浩一・清水寛之（2013）現職教員における過去の教員志望と自伝的記憶との関連―記憶特性と想起内容の分析を通して―　群馬大学教育学部紀要人文・社会科学編, 62, 147–156.
瀬尾りお（2012）いじめからの逃げ方　静岡新聞社
椎野睦（2008）教職員のメンタルヘルス　吉田克彦・若島孔文（編）小学校スクールカウンセリング入門　金子書房　pp.194–210.
都筑学（2021）自立って何だろう―社会と子どもたち―　新日本出版社
山崎準二（2002）教師のライフコース研究　創風社　pp.235–267.
横湯園子（2002）教育臨床心理学―愛・いやし・人権そして恢復―　東京大学出版　pp.78–93.

【第2章】
中央教育審議会（2012）新たな未来を築くための大学教育の質的転換に向けて―生涯学び続け，主体的に考える力を育成する大学へ―（答申）　文部科学省
中央教育審議会（2021）「令和の日本型学校教育」の構築を目指して―全ての子供たちの可能性を引き出す，個別最適な学びと，協働的な学びの実現―（答申）　https://www.mext.go.jp/content/20210126-mxt_syoto02-000012321_2-4.pdf（2025年1月20日閲覧）
河村茂雄（2010）日本の学級集団と学級経営―集団の教育力を生かす学校システムの原理と展望―　図書文化
河村茂雄・武蔵由佳（2008）一学級の児童生徒数と児童生徒の学力・学級生活満足度との関係　教育カウンセリング研究, 2(1), 8–5.
国立教育政策研究所（2014）平成26年度 全国学力・学習状況調査の結果について（概要）　https://www.nier.go.jp/14chousakekkahoukoku/summaryb.pdf（2024年5月14日閲覧）
文部科学省（2017a）小学校学習指導要領（平成29年告示）解説 特別の教科 道徳編
文部科学省（2017b）小学校学習指導要領（平成29年告示）解説 総合的な学習の時間編

文部科学省（2021）令和3年度 道徳教育実施状況調査　https://www.mext.go.jp/a_menu/shotou/doutoku/chousa/mext_00080.html（2024年5月6日閲覧）

文部科学省（2022）生徒指導提要（改訂版）　https://www.mext.go.jp/content/20230220-mxt_jidou01-000024699-201-1.pdf（2024年3月29日閲覧）

中村豊（2023）生徒指導提要　改訂の解説とポイント―積極的な生徒指導を目指して―　ミネルヴァ書房

関田一彦・渡辺正雄（2016）アクティブラーニングを活かした生徒指導―協同学習の手法を取り入れた生徒指導のデザイン―　学事出版

安永悟・関田一彦・水野正朗（2016）アクティブラーニングの技法・授業デザイン―アクティブラーニングが未来を創る―　溝上慎一（監修）アクティブラーニング・シリーズ第1巻　東信堂

【第3章】

中央教育審議会（2015）チームとしての学校の在り方と今後の改善方策について（答申）　https://www.mext.go.jp/b_menu/shingi/chukyo/chukyo0/toushin/1365657.htm（2024年7月29日閲覧）

コミュニティ・スクールの在り方等に関する検討会議（2022）コミュニティ・スクールの在り方等に関する検討会議 最終まとめ―学校と地域が協働する新しい時代の学びの日常に向けた 対話と信頼に基づく学校運営の実現―　https://www.mext.go.jp/content/20220311-mxt_chisui02-000021155_2.pdf（2024年10月11日閲覧）

眞栄城和美（2014）学校内外の連携　黒田祐二（編）実践につながる教育相談　北樹出版　pp.146–160.

文部科学省（2013）体罰の禁止及び児童生徒理解に基づく指導の徹底について（通知）　https://www.mext.go.jp/a_menu/shotou/seitoshidou/1331907.htm（2025年1月20日閲覧）

文部科学省（2018）中学校学習指導要領（平成29年告示）東山書房

文部科学省（2019）「生きる力」をはぐくむ学校での安全教育（改訂2版）　https://anzenkyouiku.mext.go.jp/mextshiryou/data/seikatsu03_h31.pdf（2024年12月5日閲覧）

文部科学省（2021）校則の見直し等に関する取組事例について　https://www.mext.go.jp/a_menu/shotou/seitoshidou/1414737_00004.htm（2025年1月20日閲覧）

文部科学省（2022）生徒指導提要（改訂版）　https://www.mext.go.jp/content/20230220-mxt_jidou01-000024699-201-1.pdf（2024年3月29日閲覧）

文部科学省（2023）令和4年度 児童生徒の問題行動・不登校等生徒指導上の諸課題に関する調査結果について　https://www.mext.go.jp/content/20231004-mxt_jidou01-100002753_1.pdf（2024年12月13日閲覧）

内田香奈子（2020）専門機関との連携　藤原和政・谷口弘一（編）学校現場で役立つ教育相談―教師をめざす人のために―　北大路書房　pp.225–237.

【第4章】

独立行政法人教職員支援機構（2021）学校におけるいじめ問題への対応のポイント　校内研修シ

リーズNo.90（オンライン研修教材）　https://www.nits.go.jp/materials/intramural/files/090_001.pdf（2024年5月5日閲覧）

藤村優菜（2018）いじめ傍観者といじめの援助抑制要因に関する研究　花園大学心理カウンセリングセンター研究紀要, *12*, 71–81.

藤野京子・長沼裕介（2013）いじめ場面における第三者に対して状況要因と個人要因が及ぼす影響について　犯罪心理学研究, *50*(1), 1–13.

Gendron, B. P., Williams, K. R., & Guerra, N. G.（2011）An analysis of bullying among students within schools: Estimating the effects of individual normative beliefs, self-esteem, and school climate. *Journal of School Violence*, *10*(2), 150–164.

日野陽平・林 尚示・佐野秀樹（2020）いじめの個人要因・環境要因にアプローチするいじめ予防プログラムの開発に向けた基礎的知見―いじめの要因のレビューと教員が実施しやすいプログラムのあり方の検討を通して―　東京学芸大学紀要総合教育科学系, *71*, 433–449.

菱田一哉・川畑徹朗・宋 昇勲・辻本悟史・今出友紀子・中村晴信・李 美錦・堺 千紘・菅野 瑶・島井哲志・西岡伸紀・石川哲也（2012）いじめの影響とレジリエンシー，ソーシャル・サポート，ライフスキルとの関係（第2報）―新潟市及び広島市の中学校8校における質問紙調査の結果より―　学校保健研究, *53*, 509–526.

本間友巳（2003）中学生におけるいじめの停止に関連する要因といじめ加害者への対応　教育心理学研究, *51*, 390–400.

伊藤美奈子（2017）いじめる・いじめられる経験の背景要因に関する基礎的研究　教育心理学研究, *65*(1), 26–36.

岩見まりあ・大河原美以（2017）いじめとその維持要因に関する研究　東京学芸大学紀要総合教育科学系, *68*(1), 179–189.

粕谷貴志（2020）いじめ問題の理解と対応　藤原和政・谷口弘一（編）学校現場で役立つ教育相談―教師をめざす人のために―　北大路書房　pp.123–139.

川畑徹朗・池田真理子・山下雅道・村上啓二・木村美来（2018）中学生のいじめ被害，加害及び目撃時の行動にかかわる心理社会的要因　学校保健研究, *60*, 102–113.

Khoury-Kassabri, M., Benbenishty, R., Astor, R. A., & Zeira, A.（2004）The contributions of community, family, and school variables to student victimization. *American Journal of Community Psychology*, *34*(3–4), 187–204.

国立政策教育研究所（2013）いじめの「認知件数」　生徒指導リーフ Leaf.11　https://www.nier.go.jp/shido/leaf/leaf11.pdf（2024年5月5日閲覧）

厚生労働省（2019）平成26年度全国家庭児童調査結果の概要　https://www.mhlw.go.jp/content/11920000/5zentai.pdf（2024年6月10日閲覧）

久保田真功（2003）学級におけるいじめ生起の影響要因の検討―学級集団特性と教師によるいじめ予防策に着目して―　日本特別活動学会紀要, *11*, 95–104.

久保田真功（2013）なぜいじめはエスカレートするのか？―いじめ加害者の利益に着目して―　教育社会学研究, *92*, 107–127.

久米瑛莉乃・田中宏二（2015）小学校におけるピア・サポート活動といじめ抑制に関する研究（1）―友人サポート，学級機能と学級適応の関係―　子ども学論集, *2*, 47–58.

蔵永 瞳・片山 香・樋口匡貴・深田博己（2008）いじめ場面における傍観者の役割取得と共感が自身のいじめ関連行動に及ぼす影響　広島大学心理学研究, *8*, 41–51.

黒川雅幸・大西彩子（2009）準拠集団規範がいじめ加害傾向に及ぼす影響―準拠枠としての仲間集団と学級集団―　福岡教育大学紀要第四分冊教職科編，58, 49–59.

水田明子・岡田栄作・尾島俊之（2016）日本の中学生のいじめの加害経験に関連する要因―クラスレベルと個人レベルでの検討―　日本公衆衛生看護学会誌，5(2), 136–143.

文部科学省（1995）いじめの問題について当面緊急に対応すべき点について（通知）（資料）　教育委員会月報，46(11), 28–33.

文部科学省（2012）犯罪行為として取り扱われるべきと認められるいじめ事案に関する警察への相談・通報について（通知）　https://www.mext.go.jp/a_menu/shotou/seitoshidou/1327861.htm（2024年5月10日閲覧）

文部科学省（2013）早期に警察へ相談・通報すべきいじめ事案について（通知）　https://www.mext.go.jp/a_menu/shotou/seitoshidou/1335366.htm（2024年5月10日閲覧）

文部科学省（2017a）児童生徒の問題行動・不登校等生徒指導上の諸課題に関する調査―調査の概要―　https://www.mext.go.jp/b_menu/toukei/chousa01/shidou/gaiyou/chousa/1267368.htm（2024年4月25日閲覧）

文部科学省（2017b）「いじめの防止等のための基本的な方針」の改定及び「いじめの重大事態の調査に関するガイドライン」の策定について（通知）（28文科初第1648号）　https://www.mext.go.jp/a_menu/shotou/seitoshidou/1400142.htm（2024年10月25日閲覧）

文部科学省（2018）いじめ対策に係る事例集　https://www.mext.go.jp/a_menu/shotou/seitoshidou/__icsFiles/afieldfile/2018/09/25/1409466_001_1.pdf（2024年6月28日閲覧）

文部科学省（2019）いじめの定義の変遷　https://www.mext.go.jp/component/a_menu/education/detail/__icsFiles/afieldfile/2019/06/26/1400030_003.pdf（2024年4月25日閲覧）

文部科学省（2022）生徒指導提要（改訂版）　https://www.mext.go.jp/content/20230220-mxt_jidou01-000024699-201-1.pdf（2024年7月7日閲覧）

文部科学省（2023a）令和4年度　児童生徒の問題行動・不登校等生徒指導上の諸課題に関する調査結果について　https://www.mext.go.jp/content/20231004-mxt_jidou01-100002753_1.pdf（2024年5月27日閲覧）

文部科学省（2023b）令和4年度　児童生徒の問題行動・不登校等生徒指導上の諸課題に関する調査結果の概要　https://www.mext.go.jp/content/20231004-mxt_jidou01-100002753_2.pdf（2024年5月27日閲覧）

森田洋司（監）（2001）いじめの国際比較研究―日本・イギリス・オランダ・ノルウェーの調査分析―　金子書房

森田洋司（2010）いじめとは何か―教室の問題，社会の問題―　中央公論新社

森田洋司・清永賢二（1994）いじめ―教室の病い―　新訂版　金子書房

中村　豊・日野陽平（2024）児童生徒いじめの重大事態化を防止する効果的実践モデルの開発に関する基礎研究　東京理科大学教職教育研究，9, 13–22.

西野泰代（2015）いじめの負の連鎖を予測する要因についての検討　ひろみら論集，1, 43–52.

西野泰代・原田恵理子・若本純子（2019）高校生・大学生のいじめ場面での傍観行動を規定する要因（1）―従来型いじめ場面の検討―　日本教育心理学会第61回総会発表論文集，255.

岡安孝弘・高山　巖（2000）中学校におけるいじめ被害者および加害者の心理的ストレス　教育心理学研究，48, 410–421.

Olweus, D.（1993）*Bullying at school: What we know and what we can do*. Blackwell Publishing.

松井賚夫・角山 剛・都築幸恵（訳）（1995）いじめ こうすれば防げる―ノルウェーにおける成功例― 川島書店

大西彩子（2015）いじめ加害者の心理学―学級でいじめが起こるメカニズムの研究― ナカニシヤ出版

大西彩子・黒川雅幸・吉田俊和（2009）児童・生徒の教師認知がいじめの加害傾向に及ぼす影響―学級の集団規範およびいじめに対する罪悪感に着目して― 教育心理学研究，57(3)，324–335.

大西彩子・吉田俊和（2010）いじめの個人内生起メカニズム―集団規範の影響に着目して― 実験社会心理学研究，49(2)，111–121.

太田正義・加藤弘通（2018）いじめ深刻化の要因に関する研究―教師，親の要因および被害・加害経験から― 日本教育心理学会第60回総会発表論文集，251.

大坪治彦（1998）いじめ傍観者の援助抑制要因の検討 鹿児島大学教育学部研究紀要教育科学編，50，245–256.

Saarento, S., Kärnä, A., Hodges, E. V. E., & Salmivalli, C.（2013）Student-, classroom-, and school-level risk factors for victimization. *Journal of School Psychology*, 51(3), 421–434.

関 真伍・鈴木朋子・堀井俊章（2018）いじめの停止にかかわる諸要因の検討 教育デザイン研究，9，15–22.

嶋﨑政男・中村 豊（2024）重大事態化をどう防ぐ？事例とチェックリストでつかむ 学校のいじめ対応の重要ポイント 第一法規

Smith, P. K., & Sharp, S.（Eds.）（1994）*School bullying: Insights and perspectives*. Routledge. 守屋慶子・高橋通子（監訳）（1996）いじめととりくんだ学校―英国における4年間にわたる実証的研究の成果と展望― ミネルヴァ書房

菅 佳菜美・野島一彦（2021）いじめ場面における第三者的立場の子どもたちによる支援行動―学級風土に着目して― 跡見学園女子大学心理学部紀要，3，71–85.

杉原一昭・宮田 敬・桜井茂男（1986）「いじめっ子」と「いじめられっ子」の社会的地位とパーソナリティ特性の比較 筑波大学心理学研究，8，63–71.

田原俊司（1998）「いじめ」が生じる要因についての一考察―「いじめ」の原因を特定の要因に帰すことができるか― 人間関係学研究，5(1)，1–19.

竹川郁雄（1993）いじめと不登校の社会学―集団状況と同一化意識― 法律文化社

滝 充（1992）"いじめ"行為の発生要因に関する実証的研究―質問紙法による追跡調査データを用いた諸仮説の整理と検証― 教育社会学研究，50，366–388.

戸田有一（2013）いじめ研究と学校における予防実践支援 発達心理学研究，24(4)，460–470.

戸田有一・D. ストロマイヤ・C. スピール（2008）人をおいつめるいじめ―集団化と無力化のプロセス― 加藤 司・谷口弘一（編）対人関係のダークサイド 北大路書房 pp.117–131.

外山美樹・湯 立（2020）小学生のいじめ加害行動を低減する要因の検討―個人要因と学級要因に着目して― 教育心理学研究，68(3)，295–310.

若本純子・原田恵理子・西野泰代（2019）高校生・大学生のいじめ場面での傍観行動を規定する要因（2）―LINEコミュニケーション場面の検討― 日本教育心理学会第61回総会発表論文集，256.

和久田 学（2019）学校を変えるいじめの科学 日本評論社

王 影・桜木惣吉（2016）いじめ場面における傍観者の共感性といじめ関連行動との関係 IRIS

HEALTH：愛知教育大学健康支援センター紀要, *15*, 3–10.
元 笑予・坂西友秀（2016）いじめにおける傍観者の援助行動を促進する状況要因について—被害者の「社会的望ましさ」の影響に着目した検討—　埼玉大学紀要教育学部, *65*(1), 69–84.

【第 5 章】

小林京子（1993）逸脱行動と社会的絆の強さの関係について—相互作用的見地からの検討—　犯罪心理学研究, *31*(1), 39–48.
三重県教育委員会（2011）生徒指導に生かす法律知識（改訂版）　三重県教育委員会事務局生徒指導・健康教育室
水谷明弘・高野七良見（2019）体罰未然防止を促進するための教員研修会の実践における効果—研修会前後における教員の意識変容から考える—　名古屋産業大学論集, *33*, 1–7.
文部科学省（2007）問題行動を起こす児童生徒に対する指導について（通知）　https://www.mext.go.jp/a_menu/shotou/seitoshidou/07020609.htm（2024 年 3 月 17 日閲覧）
文部科学省（2011）暴力行為のない学校づくりについて（報告書）　https://www.mext.go.jp/b_menu/shingi/chousa/shotou/079/houkou/1310369.htm（2024 年 3 月 17 日閲覧）
文部科学省（2022）生徒指導提要（改訂版）　https://www.mext.go.jp/content/20230220-mxt_jidou01-000024699-201-1.pdf（2024 年 3 月 29 日閲覧）
文部科学省（2023a）令和 4 年度 児童生徒の問題行動・不登校等生徒指導上の諸課題に関する調査結果について　https://www.mext.go.jp/content/20231004-mxt_jidou01-100002753_1.pdf（2024 年 3 月 17 日閲覧）
文部科学省（2023b）令和 4 年度 児童生徒の問題行動・不登校等生徒指導上の諸課題に関する調査結果の概要　https://www.mext.go.jp/content/20231004-mxt_jidou01-100002753_2.pdf（2024 年 3 月 17 日閲覧）
文部科学省（2024）令和 4 年度 公立学校教職員の人事行政状況調査について　https://www.mext.go.jp/a_menu/shotou/jinji/1411820_00007.htm（2024 年 3 月 26 日閲覧）
奈良県教育委員会（2012）中学校における暴力行為事象への指導事例集—組織的な対応をするために—　https://www.pref.nara.jp/secure/76969/chugaku.pdf（2024 年 3 月 17 日閲覧）
大阪市教育委員会（2013）体罰・暴力行為を許さない開かれた学校づくりのために—体罰・暴力行為の防止及び発生時の対応に関する指針・児童生徒の問題行動への対応に関する指針—　https://www.city.osaka.lg.jp/kyoiku/page/0000639132.html（2024 年 11 月 25 日閲覧）
栃木県教育委員会（2003）児童・生徒指導推進委員会協議のまとめ「暴力行為を予防するための方策について」　https://www.pref.tochigi.lg.jp/m09/education/gakkoukyouiku/seitoshidou/documents/1183957445939.pdf（2024 年 3 月 17 日閲覧）
富山県教育委員会（2022）生徒指導提要のポイント【個別の課題に対する生徒指導編】（文部科学省 令和 4 年 12 月改訂）　https://www.pref.toyama.jp/documents/34203/teiyoukobetu.pdf（2024 年 3 月 17 日閲覧）

【第 6 章】

Faggiano, F., Minozzi, S., Versino, E., & Buscemi, D.（2014）Universal school‐based prevention

for illicit drug use. *Cochrane Database of Systematic Reviews*, (12).
Felitti, V. J., Anda, R. F., Nordenberg, D., Williamson, D. F., Spitz, A. M., Edwards, V., Koss, M. P., & Marks, J. S.(1998)Relationship of childhood abuse and household dysfunction to many of the leading causes of death in adults: The Adverse Childhood Experiences(ACE)Study. *American Journal of Preventive Medicine, 14*(4), 245–258.
Healy, W., & Bronner, A. F.(1936)*New light on delinquency and its treatment.* Yale University Press.　樋口幸吉（訳）（1956）少年非行　みすず書房
Hirschi, T.（1969）*Causes of delinquency*. University of California Press.　森田洋司・清水新二（監訳）（1995）非行の原因―家庭・学校・社会のつながりを求めて―　文化書房博文社
法務省（2023）令和5年版犯罪白書　日経印刷
こども家庭庁（2021）こども政策の新たな推進体制に関する基本方針―こどもまんなか社会を目指すこども家庭庁の創設―　https://www.cfa.go.jp/assets/contents/node/basic_page/field_ref_resources/7e61aa5c-b18a-4711-85c4-c28d6822c7eb/620d14c0/20211221_policies_kihon_housin_01.pdf（2025年1月20日閲覧）
警察庁（2024）令和5年における少年非行及び子供の性被害の状況　https://www.npa.go.jp/bureau/safetylife/syonen/pdf_r5_syonenhikoujyokyo_kakutei.pdf（2024年10月11日閲覧）
松浦直己（2012）エビデンスからみた日本の矯正教育の取り組み―発達障害と被虐待の関連から―　発達障害研究, *34*(2), 121–130.
文部科学省（2022）生徒指導提要（改訂版）　https://www.mext.go.jp/content/20230220-mxt_jidou01-000024699-201-1.pdf（2024年3月29日閲覧）
内閣府（2015）少年非行に関する世論調査　https://survey.gov-online.go.jp/h27/h27-shounenhikou/（2024年3月25日閲覧）
内閣府（2022）「治安に関する世論調査」の概要　https://survey.gov-online.go.jp/hutai/r03/r03-chian/r03-chiang.pdf（2024年3月25日閲覧）
押切久遠（2019）非行の理解と非行をする子どもの援助　石隈利紀（編）公認心理師の基礎と実践⑱教育・学校心理学　遠見書房　pp.130–143.
嶋根卓也・猪浦智史・北垣邦彦・小出彰宏・邱冬梅・堤史織・和田清（2023）飲酒・喫煙・薬物乱用についての全国中学生意識・実態調査　厚生労働行政推進調査事業費補助金医薬品・医療機器等レギュラトリーサイエンス政策研究事業「薬物乱用・依存状況の実態把握と薬物依存症者の社会復帰に向けた支援に関する研究（研究代表者：嶋根卓也）」令和4年度総括・分担研究報告書　pp.11–75.
嶋根卓也・猪浦智史・喜多村真紀・山口裕貴・北垣邦彦・富永孝治・山田博章子（2022）薬物使用と生活に関する全国高校生調査2021　厚生労働省 依存症に関する調査研究事業「薬物使用と生活に関する全国高校生調査」令和4年度研究報告書
Washington State Health Care Authority（2019）*Prevention tools: What works, what doesn't*. https://solutions.edc.org/sites/default/files/2023-06/WA%20State%20What%20Works%20Guide.pdf（2024年8月19日閲覧）

【第7章】
岩崎清・子安裕佳里・伊藤則博（2007）児童虐待問題に対する教員の意識と対応の実態　北海道

教育大学紀要．*57*, 17–30．
川崎二三彦（2008）子ども虐待の疫学　本間博彰・小野善郎（編）子ども虐待と関連する精神障害　中山書店　pp.19–36.
こども家庭庁（2024）令和4年度 児童相談所における児童虐待相談対応件数　https://www.cfa.go.jp/assets/contents/node/basic_page/field_ref_resources/a176de99-390e-4065-a7fb-fe569ab2450c/b45f9c53/20240926_policies_jidougyakutai_26.pdf（2025年1月20日閲覧）
厚生労働省（2013）子ども虐待対応の手引き（平成25年8月改正版）　https://www.mhlw.go.jp/seisakunitsuite/bunya/kodomo/kodomo_kosodate/dv/dl/130823-01c.pdf（2024年7月29日閲覧）
文部科学省（2009）研修教材「児童虐待防止と学校」　https://www.mext.go.jp/a_menu/shotou/seitoshidou/1280054.htm（2024年7月29日閲覧）
文部科学省（2019）学校・教育委員会等向け虐待対応の手引き（令和2年6月改訂版）　https://www.mext.go.jp/content/20200629-mxt_jidou02-100002838.pdf（2024年7月29日閲覧）
文部科学省（2022）生徒指導提要（改訂版）　https://www.mext.go.jp/content/20230220-mxt_jidou01-000024699-201-1.pdf（2024年7月29日閲覧）
文部科学省（2023）学校基本調査―令和5年度　結果の概要―　https://www.mext.go.jp/b_menu/toukei/chousa01/kihon/kekka/k_detail/2023.htm（2024年7月29日閲覧）
長友真美・田中陽子・藤田由美子・横山　裕（2007）児童虐待に対する教師の意識に関する調査研究（4）―小学校教師の認知する児童虐待のサインに関する研究―　九州保健福祉大学研究紀要．*8*, 193–202.
西澤　哲（2012）子ども虐待と精神的問題　奥山眞紀子・西澤　哲・森田展彰（編）虐待を受けた子どものケア・治療　診断と治療社　pp.2–17.
小野善郎（2008）子ども虐待の発達的影響　本間博彰・小野善郎（編）子ども虐待と関連する精神障害　中山書店　pp.19–36.
Petersen, A. C., Joseph, J., & Feit, M. N.（Eds.）（2014）*New directions in child abuse and neglect research*. Washington, D.C.: National Academies Press.
才村　純（2007）保育所，学校等関係機関における虐待対応のあり方に関する調査研究　厚生労働科学研究（子ども家庭総合研究）平成18年度総括研究報告書
友田明美（2012）いやされない傷―児童虐待と傷ついていく脳―　診断と治療社
Veltman, M. W. M., & Browne, K. D.（2001）Three decades of child maltreatment research: Implications for the school years. *Trauma, Violence, & Abuse, 2*（3），215–239.

【第8章】
赤澤正人・松本俊彦・勝又陽太郎・木谷雅彦・廣川聖子・高橋祥友・川上憲人・渡邉直樹・平山正実・亀山晶子・横山由香里・竹島　正（2010）死亡時の就労状況からみた自殺既遂者の心理社会的類型について―心理学的剖検を用いた検討―　日本公衆衛生雑誌．*57*, 550–560.
Avenevoli, S., Swendsen, J., He, J. P., Burstein, M., & Merikangas, K. R.（2015）Major depression in the national comorbidity survey-adolescent supplement: prevalence, correlates, and treatment. *Journal of the American Academy of Child and Adolescent Psychiatry, 54*, 37–44.

Chu, C., Buchman-Schmitt, J. M., Stanley, I. H., Hom, M. A., Tucker, R. P., Hagan, C. R., Rogers, M. L., Podlogar, M. C., Chiurliza, B., Ringer, F. B., Michaels, M. S., Patros, C., & Joiner, T. E.（2017）The interpersonal theory of suicide: A systematic review and meta-analysis of a decade of cross-national research. *Psychological Bulletin*, *143*, 1313–1345.

Czyz, E. K., Horwitz, A. G., Arango, A., & King, C. A.（2019）Short-term change and prediction of suicidal ideation among adolescents: A daily diary study following psychiatric hospitalization. *Journal of Child Psychology and Psychiatry, and Allied Disciplines*, *60*, 732–741.

傳田健三（2008）児童・青年期の気分障害の臨床的特徴と最新の動向　児童青年精神医学とその近接領域, *49*, 89–100.

衛藤暢明（2011）自殺予防には人材教育が不可欠！当院の自殺予防人材養成プログラムの要点を具体的に紹介します.　精神看護, *14*, 11–25.

Franklin, J. C., Ribeiro, J. D., Fox, K. R., Bentley, K. H., Kleiman, E. M., Huang, X., Musacchio, K. M., Jaroszewski, A. C., Chang, B. P., & Nock, M. K.（2017）Risk factors for suicidal thoughts and behaviors: A meta-analysis of 50 years of research. *Psychological Bulletin*, *143*, 187–232.

原田知佳・畑中美穂・川野健治・勝又陽太郎・川島大輔・荘島幸子・白神敬介・川本静香（2019）中学生の潜在的ハイリスク群に対する自殺予防プログラムの効果　心理学研究, *90*, 351–359.

Joiner, T. E., Jr., Van Orden, K. A., Witte, T. K., & Rudd, M. D.（2009）*The interpersonal theory of suicide: Guidance for working with suicidal clients.* American Psychological Association. 北村俊則（監訳）奥野大地・鹿沼　愛・弘世純三・小笠原貴史（訳）（2011）自殺の対人関係理論―予防・治療の実践マニュアル―　日本評論社

川野健治・勝又陽太郎（2018）学校における自殺予防教育プログラムGRIP―5時間の授業で支えあえるクラスをめざす―　新曜社

川野健治・白神敬介（2015）学校における自殺予防の試みとその課題　精神科治療学, *30*, 511–516.

国立成育医療研究センター（2022）コロナ禍における思春期のこどもとその保護者のこころの実態報告書　https://www.ncchd.go.jp/center/activity/covid19_kodomo/report/CxCN_repo.pdf （2024年1月30日閲覧）

厚生労働省（2019）年代別・世代別の課題（その1）　中央社会保険医療協議会 総会（第412回）資料　https://www.mhlw.go.jp/content/12404000/000500775.pdf（2024年1月30日閲覧）

厚生労働省（2022）学生・生徒等の自殺の分析　令和4年版 自殺対策白書　https://www.mhlw.go.jp/content/r4h-2-3.pdf（2023年11月13日閲覧）

厚生労働省（2023a）令和4年中における自殺の状況　https://www.mhlw.go.jp/content/R4kakutei 01.pdf（2024年1月30日閲覧）

厚生労働省（2023b）令和5年版 自殺対策白書　https://www.mhlw.go.jp/stf/seisakunitsuite/bunya/hukushi_kaigo/seikatsuhogo/jisatsu/jisatsuhakusyo2023.html（2024年1月30日閲覧）

Lewinsohn, P. M., Rohde, P., & Seeley, J. R.（1998）Major depressive disorder in older adolescents: Prevalence, risk factors, and clinical implications. *Clinical Psychology Review*, *18*(7), 765–794.

Lombrozo, T.（2007）Simplicity and probability in causal explanation. *Cognitive Psychology*, *55*

(3), 232–257.
文部科学省（2009）教師が知っておきたい子どもの自殺予防　https://www.mext.go.jp/b_menu/shingi/chousa/shotou/046/gaiyou/1259186.htm（2024年1月30日閲覧）
文部科学省（2014）子供に伝えたい自殺予防―学校における自殺予防教育導入の手引―　https://www.mext.go.jp/component/b_menu/shingi/toushin/__icsFiles/afieldfile/2014/09/10/1351886_02.pdf（2024年1月30日閲覧）
文部科学省（2022a）生徒指導提要（改訂版）　https://www.mext.go.jp/content/20230220-mxt_jidou01-000024699-201-1.pdf（2024年3月29日閲覧）
文部科学省（2022b）令和4年度 学校基本調査結果のポイント　https://www.mext.go.jp/content/20221221-mxt_chousa01-000024177_001.pdf（2024年1月30日閲覧）
Neugarten B. L.（1979）Time, age, and the life cycle. *The American Journal of Psychiatry*, *136*(7), 887–894.
Nock, M. K., Green, J. G., Hwang, I., McLaughlin, K. A., Sampson, N. A., Zaslavsky, A. M., & Kessler, R. C.（2013）Prevalence, correlates, and treatment of lifetime suicidal behavior among adolescents: Results from the National Comorbidity Survey Replication Adolescent Supplement. *JAMA Psychiatry*, *70*, 300–310.
大谷和大・中谷素之（2010）中学生用自己価値の随伴性尺度の作成　パーソナリティ研究, *18*, 233–236.
Patterson, W. M., Dohn, H. H., Bird, J., & Patterson, G. A.（1983）Evaluation of suicidal patients: The SAD PERSONS scale. *Psychosomatics*, *24*(4), 343–349.
阪中順子（2020）体験的学習を中心にした自殺予防教育の実際　相馬誠一・伊藤美奈子（編）子どもたちに"いのちと死"の授業を―学校でおこなう包括的自殺予防プログラム―　学事出版　pp.116–125.
Schopenhauer, A.（1895）*Parerga und Paralipomena*. Reclam, Leipzig.
Shneidman, E. S.（1993）*Suicide as psychache: A clinical approach to self-destructive behavior*. Jason Aronson.
相馬誠一・伊藤美奈子（2020）子どもたちに"いのちと死"の授業を―学校でおこなう包括的自殺予防プログラム―　学事出版
高橋祥友・福間 詳（2004）自殺のポストベンション―遺された人々への心のケア―　医学書院
Wild, L. G., Flisher, A. J., & Lombard, C.（2004）Suicidal ideation and attempts in adolescents: Associations with depression and six domains of self-esteem. *Journal of Adolescence*, *27*(6), 611–624.
World Health Organization（2000）*Preventing suicide: A resource for primary health care workers*. https://iris.who.int/handle/10665/67603（2024年2月6日閲覧）
山本 功・堀江宗正（2016）自殺許容に関する調査報告――一般的信頼, 宗教観・死生観との関係――　死生学・応用倫理研究, *21*, 34–82.

【第9章】

Archambault, I., Janosz, M., Fallu, J., & Pagani, L.（2009）Student engagement and its relationship with early high school dropout. *Journal of Adolescence*, *32*, 651–670.

Barrington, B. L., & Hendricks, B. (1989) Differentiating characteristics of high school graduates, dropouts, and non-graduates. *The Journal of Educational Research, 82*, 309–319.

Braden, J. S., Dimarino-Linnen, E., & Good, T. L. (2001) Schools, society, and school psychologists: History and future directions. *Journal of School Psychology, 39*, 203–209.

Cairns, R. B., Cairns, B. D., & Neckerman, H. J. (1989) Early school dropout: Configurations and determinants. *Child development, 60*, 1437–1452.

Cornell, D., Gregory, A., Huang, F., & Fan, X. (2013) Perceived prevalence of teasing and bullying predicts high school dropout rates. *Journal of Educational Psychology, 105*, 138–149.

Demaray, K. M., & Malecki, K. C. (2002) Critical levels of perceived social support associated with student adjustment. *School Psychology Quarterly, 17*, 213–241.

Duchesne, S., Vitaro, F., Larose, S., & Tremblay, E. R. (2008) Trajectories of anxiety during elementary school years and prediction of high school noncompletion. *Journal of Youth and Adolescence, 37*, 1134–1146.

Ellenbogen, S., & Chamberland, C. (1997) The peer relations of dropouts: A comparative study of at-risk and not at-risk youths. *Journal of adolescence, 20*, 355–367.

Ensminger, M. E., & Slusarcick, A. L. (1992) Paths to high school graduation or dropout: A longitudinal study of a first-grade cohort. *Sociology of Education, 65*, 95–113.

Freeman, J., & Simonsen, B. (2015) Examining the impact of policy and practice interventions on high school dropout and school completion rates: A systematic review of the literature. *Review of Educational Research, 85*, 205–248.

藤原和政・河村茂雄（2014）高校生における学校適応とスクール・モラールとの関連―学校タイプの視点から―　カウンセリング研究．*47*, 196–203.

藤原和政・西村多久磨・福住紀明（2024）高等学校中途退学とソーシャルスキルの関連―学校生活満足度を媒介とした検討―　心理学研究．*95*, 109–118.

藤原和政・田邊昭雄（2017）中途退学者の多い高等学校における特別支援教育プログラムを活かした実践―ユニバーサル予防の視点の援用―　学校教育相談研究．*27*, 13–23.

Fuligni, J. A., Eccles, S. J., Barber, L. B., & Clements, P. (2001) Early adolescent peer orientation and adjustment during high school. *Developmental Psychology, 37*, 28–36.

古川雅文・高田晃治（2000）高等学校への適応と未来イメージに関する研究―高校新入生と中退生を対象として―　兵庫教育大学研究紀要．*20*, 169–176.

Gresham, F. M. (1981) Social skills training with handicapped children: A review. *Review of Educational Research, 51*, 139–176.

Gresham, F. M. (2002) Teaching social skills to high-risk children and youth: Preventive and remedial strategies. In M. Shinn, H. Walker, & G. Stoner (Eds.), *Interventions for academic and behavior problems II: Preventive and remedial approaches*. National Association of School Psychologists. pp.403–432.

Gresham, F. M., Elliott, S. N., Vance, M. J., & Cook, C. R. (2011) Comparability of the Social Skills Rating System to the Social Skills Improvement System: Content and psychometric comparisons across elementary and secondary age levels. *School Psychology Quarterly, 26*, 27–44.

Gubbels, J., van der Put, C. E., & Assink, M.（2019）Risk factors for school absenteeism and dropout: A meta-analytic review. *Journal of Youth and Adolescence, 48*, 1637–1667.

Henry, K. L., Knight, K. E., & Thornberry, T. P.（2012）School disengagement as a predictor of dropout, delinquency, and problem substance use during adolescence and early adulthood. *Journal of Youth and Adolescence, 41*, 156–166.

Janosz, M., LeBlanc, M., Boulerice, B., & Tremblay, R. E.（2000）Predicting different types of school dropouts: A typological approach with two longitudinal samples. *Journal of Educational Psychology, 92*, 171–190.

Jimerson, S. R., & Ferguson, P.（2007）A longitudinal study of grade retention: Academic and behavioral outcomes of retained students through adolescence. *School Psychology Quarterly, 22*, 314–339.

Jimerson, S. R., Ferguson, P., Whipple, A. D., Anderson, G. E., & Dalton, M. J.（2002）Exploring the association between grade retention and dropout: A longitudinal study examining socio-emotional, behavioral, and achievement characteristics of retained students. *The California School Psychologist, 7*, 51–62.

Jose, R., Hipp, J. R., Butts, C. T., Wang, C., & Lakon, C. M.（2021）A multi-contextual examination of non-school friendships and their impact on adolescent deviance and alcohol use. *PLoS ONE, 16*(2), e0245837.

Kerr, M., Lambert, W. W., & Bem, D. J.（1996）Life course sequelae of childhood shyness in Sweden: Comparison with the United States. *Developmental Psychology, 32*, 1100–1105.

Kim, T. E., Gendron, B., Fairborn, S. K., & Toro, R. I.（2011）Individual, peer, and school effects on math achievement and high school dropout. *Journal of Emerging Trends in Educational Research and Policy Studies, 2*, 256–260.

Ladd, G. W.（1990）Having friends, keeping friends, making friends, and being liked by peers in the classroom: Predictors of children's early school adjustment? *Child Development, 61*, 1081–1100.

Legault, L., Green-Demers, I., & Pelletier, L.（2006）Why do high school students lack motivation in the classroom? Toward an understanding of academic amotivation and the role of social support. *Journal of Educational Psychology, 98*, 567–582.

Malecki, K. C., & Demaray, K. M.（2003）What type of support do they need? Investigating student adjustment as related to emotional, informational, appraisal, and instrumental support. *School Psychology Quarterly, 18*, 231–252.

Merrell, K. W., & Gimpel, G. A.（1998）*Social skills of children and adolescents: Conceptualization, assessment, treatment.* Lawrence Erlbaum Associates.

文部科学省（1992）高等学校中途退学について　https://www.mext.go.jp/a_menu/shotou/seitoshidou/04121502/024.htm（2024年1月11日閲覧）

文部科学省（2015）学校教育法施行規則の一部を改正する省令等の施行について（通知）（平成27年文科初第289号）　https://www.mext.go.jp/a_menu/shotou/kaikaku/1360985.htm（2024年1月11日閲覧）

文部科学省（2022）生徒指導提要（改訂版）　https://www.mext.go.jp/content/20230220-mxt_jidou01-000024699-201-1.pdf（2024年3月29日閲覧）

文部科学省（2023）令和4年度 児童生徒の問題行動・不登校等生徒指導上の諸課題に関する調査結果について　https://www.mext.go.jp/content/20231004-mxt_jidou01-100002753_1.pdf（2023年12月10日閲覧）

内閣府（2012）若者の意識に関する調査（高等学校中途退学者の意識に関する面接調査）報告書　https://dl.ndl.go.jp/view/prepareDownload?itemId=info%3Andljp%2Fpid%2F11152525&contentNo=1（2023年12月10日閲覧）

Neild, R. C., Stoner-Eby, S., & Furstenberg, F.（2008）Connecting entrance and departure: The transition to Ninth grade and high school dropout. *Education and Urban Society, 40*, 543–569.

Newcomb, D. M., Abbott, D. R., Catalano, F. R., Hawkins, J. D., Battin-Pearson, S., & Hill, K.（2002）Mediational and deviance theories of late high school failure: Process roles of structural strains, academic competence, and general versus specific problem behaviors. *Journal of Counseling Psychology, 49*, 172–186.

大谷哲弘・粕谷貴志（2020）かかわりづくりワークショップ　図書文化社

Ripamonti, E.（2018）Risk factors for dropping out of high school: A review of contemporary, international empirical research. *Adolescent Research Review, 3*, 321–338.

Rumberger, R. W., & Larson, K. A.（1998）Student mobility and the increased risk of high school dropout. *American Journal of Education, 107*, 1–35.

Saraiva, A. B., Pereira, O. B., & Zamith-Cruz, J.（2011）School dropout, problem behaviour and poor academic achievement: A longitudinal view of Portuguese male offenders. *Emotional and Behavioural Difficulties, 16*, 419–436.

Schwarzwald, J., Moisseiev, O., & Hoffman, M.（1986）Similarity versus social ambition effects in the assessment of interpersonal acceptance in the classroom. *Journal of Educational Psychology, 78*, 184–189.

Smithyman, T. F., Fireman, G. D., & Asher, Y.（2014）Long-term psychosocial consequences of peer victimization: From elementary to high school. *School Psychology Quarterly, 29*, 64–76.

Strein, W., Hoagwood, K., & Cohn, A.（2003）School psychology: A public health perspective I: Prevention, populations, and systems change. *Journal of School Psychology, 41*, 23–38.

Stringer, K., Kerpelman, J., & Skorikov, V.（2012）A longitudinal examination of career preparation and adjustment during the transition from high school. *Developmental Psychology, 48*, 1343–1354.

Suh, S., Suh, J., & Houston, I.（2007）Predictors of categorical at-risk high school dropouts. *Journal of Counseling & Development, 85*, 196–203.

東京都教育委員会（2013）「都立高校中途退学者等追跡調査」報告書　https://www.syougai.metro.tokyo.lg.jp/sesaku/ysw/pdf/02_chousahoukoku.pdf（2023年12月12日閲覧）

都筑 学（2014）高校生の進路選択と時間の展望―縦断的調査にもとづく検討―　ナカニシヤ出版

【第10章】

Borrell-Carrió, F., Suchman, A. L., & Epstein, R. M.（2004）The biopsychosocial model 25 years later: Principles, practice, and scientific inquiry. *The Annals of Family Medicine, 2*, 576–582.

Broadwin, I. T.（1932）A contribution to the study of truancy. *American Journal of Orthopsychiatry, 2*, 253–259.

Fredriksson, U., Rasmusson, M., Backlund, Å., Isaksson, J., & Kreitz-Sandberg, S.（2024）Which students skip school? A comparative study of sociodemographic factors and student absenteeism using PISA data. *PLoS ONE, 19*(5), e0300537.

藤田光江（2024）不登校の実情と対応　心身医学, *64*, 113–118.

藤原和政・西村多久磨・村上達也・福住紀明（2023）中学生のソーシャルスキルと学校適応との関連―自己評定と教師評定による検討―　心理学研究, *94*, 12–21.

花谷深雪・高橋智（2004）戦後日本における「登校拒否・不登校」問題のディスコース―登校拒否・不登校の要因および対応策をめぐる言説史―　東京学芸大学紀要1部門, *55*, 241–259.

本田真大（2020）教育相談におけるアセスメント　藤原和政・谷口弘一（編）学校現場で役立つ教育相談―教師をめざす人のために―　北大路書房　pp.33–48.

Hou, Y., Harada, Y., Ota, M., & Kato, H.（2023）Is School Absenteeism a Spectrum? Development and Validation of Japanese Futoko Spectrum Quotient（FSQ）. *Japanese Psychological Research*. Advance online publication.　https://doi.org/10.1111/jpr.12480

Johnson, A. M., Falstein, E. L., Szurek, S. A., & Svendsen, M.（1941）School phobia. *American Journal of Orthopsychiatry, 11*, 702–711.

金山元春（2024）解決志向カンファレンスの提案　学校カウンセリング研究, *24*, 37–45.

鹿嶋真弓・石黒康夫・吉本恭子（2022）30分で会議が終わる！職員室に変化を起こすブリーフミーティング　学事出版

河村茂雄（1999）生徒の援助ニーズを把握するための尺度の開発（1）―学校生活満足度尺度（中学生用）の作成―　カウンセリング研究, *32*, 274–282.

河村茂雄・田上不二夫（1997）いじめ被害・学級不適応児童発見尺度の作成　カウンセリング研究, *30*, 112–120.

文部科学省（2003a）不登校への対応の在り方について　https://warp.ndl.go.jp/info:ndljp/pid/8701486/www.mext.go.jp/a_menu/shotou/seitoshidou/04121502/021.htm（2025年1月20日閲覧）

文部科学省（2003b）教育支援センター整備指針（試案）　https://www.mext.go.jp/content/1422155_005.pdf（2024年2月21日閲覧）

文部科学省（2016）義務教育の段階における普通教育に相当する教育の機会の確保等に関する法律の公布について（通知）　https://www.mext.go.jp/a_menu/shotou/seitoshidou/1380952.htm（2024年3月9日閲覧）

文部科学省（2017）義務教育の段階における普通教育に相当する教育の機会の確保等に関する基本指針　https://www.mext.go.jp/a_menu/shotou/seitoshidou/__icsFiles/afieldfile/2017/04/17/1384371_1.pdf（2024年3月9日閲覧）

文部科学省（2019）不登校児童生徒への支援の在り方について（通知）　https://www.mext.go.jp/a_menu/shotou/seitoshidou/1422155.htm（2024年3月9日閲覧）

文部科学省（2022）生徒指導提要（改訂版）　https://www.mext.go.jp/content/20230220-mxt_jidou01-000024699-201-1.pdf（2024年3月29日閲覧）

文部科学省（2023a）誰一人取り残されない学びの保障に向けた不登校対策（COCOLOプラン）

について　https://www.mext.go.jp/a_menu/shotou/seitoshidou/1397802_00005.htm（2024年3月15日閲覧）
文部科学省（2023b）不登校の児童生徒等への支援の充実について（通知）　https://www.mext.go.jp/a_menu/shotou/seitoshidou/1422155_00001.htm（2025年1月20日閲覧）
文部省（1992a）登校拒否（不登校）問題について―児童生徒の「心の居場所」づくりを目指して―（学校不適応対策調査研究協力者会議報告）　教育委員会月報, 44, 25–29.
文部省（1992b）登校拒否問題への対応について（平成4年9月24日付文部省初等中等教育局長通知第330号）　https://kohoken.chobi.net/cgi-bin/folio.cgi?index=sch&query=/notice/19920924.txt（2024年2月20日閲覧）
森 俊夫（2015）ブリーフセラピーの極意　ほんの森出版
森 俊夫・黒沢幸子（2002）解決志向ブリーフセラピー　ほんの森出版
村上達也（2019）学級づくりに生かすブリーフミーティング―アンケート調査の項目をゴールに設定―　鹿嶋真弓・石黒康夫（編）30分でスッキリ！ブリーフミーティング―次の一手が必ず見つかる解決志向の会議―　図書文化社　pp.92–94.
村上達也・福住紀明・磯邉陽子（2021）教員研修におけるアンケート調査結果を活用したブリーフミーティングの実践　高知大学学校教育研究, 3, 199–208.
永井 智（2020）臨床心理学領域の援助要請研究における現状と課題―援助要請研究における3つの問いを中心に―　心理学評論, 63, 477–496.
佐藤主馬・宮川拓人・末吉彩香・柏植雅義（2023）不登校に関する研究の主題とその動向―過去30年間の文献に対するテキストマイニングを用いた検討―　障害科学研究, 47, 13–24.
東京都教育委員会（2019）【教職員向け】児童・生徒を支援するためのガイドブック　https://www.kyoiku.metro.tokyo.lg.jp/school/content/guidebook.html（2024年2月3日閲覧）
山田圭介（2020）不登校問題の理解と対応　藤原和政・谷口弘一（編）学校現場で役立つ教育相談―教師をめざす人のために―　北大路書房　pp.141–158.

【第11章】

安藤明伸・鳥村理人・川田 拓（2017）スマートフォンの利用に関する保護者向けルール作り啓発教材の開発と評価　日本教育工学会論文誌, 40（Suppl.）, 33–36.
樋口 進（2013）ネット依存症　PHP研究所
警察庁（2024）令和5年における少年非行及び子供の性被害の状況　https://www.npa.go.jp/bureau/safetylife/syonen/pdf/r5_syonenhikoujyokyo_kakutei.pdf（2024年10月11日閲覧）
こども家庭庁（2024）令和5年度 青少年のインターネット利用環境実態調査調査結果　https://www.cfa.go.jp/assets/contents/node/basic_page/field_ref_resources/9a55b57d-cd9d-4cf6-8ed4-3da8efa12d63/fc117374/20240226_policies_youth-kankyou_internet_research_results-etc_09.pdf（2024年8月10日閲覧）
近藤啓史・梅田恭子（2016）情報モラルにおけるU曲線モデルに基づいたルール作成型指導法の提案　日本情報科教育学会誌, 9(1), 47–58.
黒川雅幸（2010）中学生の電子いじめ加害行動に関する研究　福岡教育大学紀要, 59, 11–21.
LINEみらい財団（2023）GIGAスクール構想における情報モラル教育の実状等に関する調査報告書　https://d.line-scdn.net/stf/linemiraicorp/ja/events/LINEMiraiFoundation_ICT_report_

20231127.pdf（2024 年 8 月 10 日閲覧）

三井一希（2021）教科の資質・能力と情報活用能力を 1 人 1 台で育成する　稲垣忠・佐藤和紀（編）ICT 活用の理論と実践―DX 時代の教師をめざして―　北大路書房　pp.112–117.

満下健太・酒井郷平・西尾勇気・半田剛一・塩田真吾（2020）子どもの情報機器活用に関わるトラブルのリスクアセスメント　日本教育工学会論文誌，*44*(1), 75–84.

文部科学省（2018）高等学校学習指導要領（平成 30 年告示）解説 情報編　https://www.mext.go.jp/content/1407073_11_1_2.pdf（2024 年 8 月 10 日閲覧）

文部科学省（2020）学校における携帯電話の取扱い等の見直しについて（令和 2 年 7 月）（概要）　https://www.mext.go.jp/content/20200803-mxt_jidou02-000007376_2.pdf（2024 年 8 月 10 日閲覧）

文部科学省（2022a）情報モラル学習サイト　https://www.mext.go.jp/moral/#/（2024 年 8 月 10 日閲覧）

文部科学省（2022b）生徒指導提要（改訂版）　https://www.mext.go.jp/content/20230220-mxt_jidou01-000024699-201-1.pdf（2024 年 8 月 10 日閲覧）

文部科学省（2023a）令和 4 年度 児童生徒の問題行動・不登校等生徒指導上の諸課題に関する調査結果について　https://www.mext.go.jp/content/20231004-mxt_jidou01-100002753_1.pdf（2024 年 8 月 12 日閲覧）

文部科学省（2023b）令和 4 年度 学校における教育の情報化の実態等に関する調査結果（概要）　https://www.mext.go.jp/content/20231031-mxt_jogai01-000030617_1.pdf（2024 年 8 月 15 日閲覧）

文部科学省（2023c）令和 5 年度 全国学力・学習状況調査の結果　https://www.nier.go.jp/23chousakekkahoukoku/report/data/23summary.pdf（2024 年 8 月 10 日閲覧）

岡田尊司（2014）インターネット・ゲーム依存症―ネトゲからスマホまで―　文藝春秋

埼玉県教育委員会（2024）令和 5 年度 児童生徒におけるスマートフォン等の利用状況等に関する調査結果の概要　https://www.pref.saitama.lg.jp/documents/24631/r5_sumahogaiyou.pdf（2024 年 8 月 12 日閲覧）

酒井郷平・塩田真吾（2018）中学生を対象としたインターネット依存傾向への自覚を促す情報モラル授業の開発と評価―子ども自身による「インターネット依存度合い表」の作成を通して―　コンピュータ＆エデュケーション，*44*, 42–47.

酒井郷平・塩田真吾・江口清貴（2016）トラブルにつながる行動の自覚を促す情報モラル授業の開発と評価―中学生のネットワークにおけるコミュニケーションに着目して―　日本教育工学会論文誌，*39*(Suppl.), 89–92.

酒井郷平・田中奈津子・髙瀬和也・中村美智太郎（2022）学級の「1 人 1 台端末」環境における教員のルールづくりの傾向と要因の分析　コンピュータ＆エデュケーション，*53*, 52–57.

塩田真吾（2021）情報モラル・情報セキュリティを育む　稲垣 忠・佐藤和紀（編）ICT 活用の理論と実践―DX 時代の教師をめざして―　北大路書房　pp.124–129.

塩田真吾・髙瀬和也・酒井郷平・小林渓太・籔内祥司（2018）当事者意識を促す中学生向け情報セキュリティ教材の開発と評価―「あやしさ」を判断させるカード教材の開発―　コンピュータ＆エデュケーション，*44*, 85–90.

総務省（2024）令和 5 年度 情報通信メディアの利用時間と情報行動に関する調査報告書　https://www.soumu.go.jp/main_content/000976455.pdf（2025 年 1 月 20 日閲覧）

竹内和雄（2014）スマホチルドレン対応マニュアル「依存」「炎上」これで防ぐ！　中央公論新社
東京都教育委員会（2024）令和5年度「児童・生徒のインターネット利用状況調査」調査報告書　https://infoedu.metro.tokyo.lg.jp/doc/r5_net_use.pdf（2024年8月10日閲覧）
Young, K. S.（1998）*Caught in the net: How to recognize the signs of Internet addiction and a winning strategy for recovery*. Wiley.　小田嶋由美子（訳）（1998）インターネット中毒―まじめな警告です―　毎日新聞社

【第12章】

朝比奈牧子（2007）性犯罪　藤間淳子（編）犯罪・非行の心理学　有斐閣　p.19.
中央教育審議会（2021）「令和の日本型学校教育」の構築を目指して―全ての子供たちの可能性を引き出す，個別最適な学びと，協働的な学びの実現―（答申）　https://www.mext.go.jp/content/20210126-mxt_syoto02-000012321_2-4.pdf（2025年1月20日閲覧）
林 雄亮（2019）変化する性行動の発達プロセスと青少年層の分極化　日本性教育協会（編）「若者の性」白書　第8回青少年の性行動全国調査報告　小学館　pp.29–46.
日高庸晴（2015）ゲイ・バイセクシュアル男性の健康レポート2015　https://www.health-issue.jp/Health_Report_2015.pdf（2024年7月31日閲覧）
日高庸晴（2018）LGBTsのいじめ被害・不登校・自傷行為の経験率全国インターネット調査の結果から　現代性教育研究ジャーナル，89, 1–7.
日高庸晴（2021）LGBTsを対象にした全国インターネット調査2019の結果から　現代性教育研究ジャーナル，122, 1–8.
日野林俊彦（2013）発達加速現象　日本発達心理学会（編）発達心理学事典　丸善出版　pp.426–427.
日野林俊彦（2014）性的発達　後藤宗理他（編）新・青年心理学ハンドブック　福村出版　pp.149–160.
片瀬一男（2019）第8回「青少年の性行動全国調査」の概要　日本性教育協会（編）「若者の性」白書　第8回青少年の性行動全国調査報告　小学館　pp.9–28.
厚生労働省（2012）自殺総合対策大綱―誰も自殺に追い込まれることのない社会の実現を目指して―　https://www.mhlw.go.jp/stf/seisakunitsuite/bunya/hukushi_kaigo/seikatsuhogo/jisatsu/taikou_h240828.html（2024年7月31日閲覧）
厚生労働省（2021）令和3年度自殺対策に関する意識調査　https://www.mhlw.go.jp/stf/seisakunitsuite/bunya/hukushi_kaigo/seikatsuhogo/jisatsu/r3_ishikichousa.html（2024年7月31日閲覧）
圓田浩二（2022）「パパ活」の定義論―「援助交際」と何がどう違うのか？―　沖縄大学経法商学部紀要, 5, 1–17.
松永千秋（2022）ICD-11で新設された「性の健康に関連する状態群」―性機能不全・性疼痛における「非器質性・器質性」二元論の克服と多様な性の社会的包摂にむけて―　ICD-11「精神，行動，神経発達の疾患」分類と病名の解説シリーズ 各論⑪　精神神経学雑誌, 124(2), 134–143.
文部科学省（2010）児童生徒が抱える問題に対しての教育相談の徹底について（通知）　https://

www.mext.go.jp/a_menu/shotou/jinken/sankosiryo/1348938.htm（2024年7月31日閲覧）
文部科学省（2014）学校における性同一性障害に係る対応に関する状況調査について　https://www.mext.go.jp/component/a_menu/education/micro_detail/__icsFiles/afieldfile/2016/06/02/1322368_01.pdf（2024年7月31日閲覧）
文部科学省（2015）性同一性障害に係る児童生徒に対するきめ細かな対応の実施等について　https://www.mext.go.jp/b_menu/houdou/27/04/1357468.htm（2024年7月31日閲覧）
文部科学省（2016）性同一性障害や性的指向・性自認に係る，児童生徒に対するきめ細かな対応等の実施について（教職員向け）　https://www.mext.go.jp/b_menu/houdou/28/04/__icsFiles/afieldfile/2016/04/01/1369211_01.pdf（2024年7月31日閲覧）
文部科学省（2017）いじめの防止等のための基本的な方針【改定版】　https://www.mext.go.jp/a_menu/shotou/seitoshidou/__icsFiles/afieldfile/2018/01/04/1400142_001.pdf（2024年7月31日閲覧）
文部科学省（2022）生徒指導提要（改訂版）　https://www.mext.go.jp/content/20230220-mxt_jidou01-000024699-201-1.pdf（2024年7月31日閲覧）
内閣府（2022）若年層の性暴力被害の実態に関するオンラインアンケート及びヒアリング結果報告書　https://www.gender.go.jp/policy/no_violence/e-vaw/chousa/pdf/r04_houkoku/01.pdf（2024年8月25日閲覧）
内閣府（2023）令和4年度 青少年のインターネット利用環境実態調査報告書　https://warp.da.ndl.go.jp/info:ndljp/pid/12927443/www8.cao.go.jp/youth/kankyou/internet_torikumi/tyousa/r04/net-jittai/pdf-index.html（2024年8月25日閲覧）
中塚幹也（2017）封じ込められた子ども，その心を聴く―性同一性障害の生徒に向き合う―　ふくろう出版
日本性教育協会（2025）ポストコロナ時代の青少年の性行動―「第9回青少年の性行動全国調査」結果報告―　現代性教育研究ジャーナル，*166*, 1–11.
日本精神神経学会（2024）性別不合に関する診断と治療のガイドライン（第5版）　https://www.jspn.or.jp/uploads/uploads/files/activity/gid_guideline_no5_20241016.pdf（2024年12月5日閲覧）
認定NPO法人虹色ダイバーシティ（2020）LGBTと職場環境に関するアンケート調査niji VOICE 2020報告書　https://nijiirodiversity.jp/879/（2024年7月31日閲覧）
認定NPO法人ReBit（2022）LGBTQ子ども・若者調査2022　https://allyteachers.org/?p=1531（2024年7月31日閲覧）
埼玉県（2021）埼玉県多様性を尊重する共生社会づくりに関する調査報告書　https://www.pref.saitama.lg.jp/documents/183194/lgbtqchousahoukokusho.pdf（2024年7月31日閲覧）
齊藤誠一（2014）身体的発達　後藤宗理他（編）新・青年心理学ハンドブック　福村出版　pp.138–148.
周司あきら・高井ゆと里（2023）トランスジェンダー入門　集英社
ユネスコ（編）（2020）国際セクシュアリティ教育ガイダンス【改訂版】―科学的根拠に基づいたアプローチ―　明石書店
UN Free & Equal（2013）*Definitions*　https://www.unfe.org/en/know-the-facts/definitions（2024年7月31日閲覧）

【第13章】

American Psychiatric Association（2022）*Diagnostic and statistical manual of mental disorders fifth edition text version.* Washington D.C.: American Psychiatric Association Publishing. 日本精神神経学会（監修）（2023）DSM-5-TR 精神疾患の診断・統計マニュアル　医学書院

Auerbach, R. P., Mortier, P., Bruffaerts, R., Alonso, J., Benjet, C., Cuijpers, P., Demyttenaere, K., Ebert, D. D., Green, J. G., Hasking, P., Murray, E., Nock, M. K., Pinder-Amaker, S., Sampson, N. A., Stein, D. J., Vilagut, G., Zaslavsky, A. M., Kessler, R. C., & WHO WMH-ICS Collaborators. (2018) WHO World Mental Health Surveys International College Student Project: Prevalence and distribution of mental disorders. *Journal of Abnormal Psychology*, *127*(7), 623–638.

Engel, G. L. (1977) The need for a new medical model: A challenge for biomedicine. *Science*, *196*(4286), 129–136.

細川 徹（2010）仙台市の小学生児童におけるSRD有病率の推定　特異的発達障害の臨床診断と治療指針作成に関する研究チーム（編）特異的発達障害診断・治療のための実践ガイドライン─わかりやすい診断手順と支援の実際─　診断と治療社　pp.36–37.

池田 健（2022）ICD-11・DSM-5準拠 新・臨床家のための精神医学ガイドブック　金剛出版

Kawakami, N., Takeshima, T., Ono, Y., Uda, H., Hata, Y., Nakane, Y., Nakane, H., Iwata, N., Furukawa, T. A., & Kikkawa, T. (2005) Twelve-month prevalence, severity, and treatment of common mental disorders in communities in Japan: Preliminary finding from the World Mental Health Japan Survey 2002–2003. *Psychiatry and Clinical Neurosciences*, *59*, 441–452.

Mak, A. D. P., Lee, S., Sampson, N. A., Albor, Y., Alonso, J., Auerbach, R. P., Baumeister, H., Benjet, C., Bruffaerts, R., Cuijpers, P., Ebert, D. D., Gutierrez-Garcia, R. A., Hasking, P., Lapsley, C., Lochner, C., & Kessler, R. C. (2022) ADHD comorbidity structure and impairment: Results of the WHO World Mental Health Surveys International College Student Project（WMH-ICS）. *Journal of Attention Disorders*, *26*(8), 1078–1096.

文部科学省（2022）生徒指導提要（改訂版）　https://www.mext.go.jp/content/20230220-mxt_jidou01-000024699-201-1.pdf（2024年3月29日閲覧）

内閣府（2015）障害を理由とする差別の解消の推進に関する基本方針　https://www8.cao.go.jp/shougai/suishin/sabekai/kihonhoushin/honbun.html（2024年3月15日閲覧）

Nakai, Y., Nin, K., & Noma, S. (2014) Eating disorder symptoms among Japanese female students in 1982, 1992, 2002. *Psychiatry Research*, *219*, 151–156.

日本学校保健会（2021）精神疾患に関する指導参考資料─新学習指導要領に基づくこれからの高等学校保健体育の学習─　日本学校保健会

大対香奈子（2022）中学校での学校規模ポジティブ行動支援が中学1年生の不登校，学校肯定感および自己肯定感に及ぼす効果─生徒主体による取り組みの効果に着目して─　近畿大学総合社会学部紀要，*10*(2), 15–28.

齊藤万比古（2015）発達障害と二次障害　LD研究，*24*(1), 77–87.

Saito, M., Hirota, T., Sakamoto, Y., Adachi, M., Takahashi, M., Osato-Kaneda, A., Kim, Y. S., Leventhal, B., Shui, A., Kato, S., & Nakamura K. (2020) Prevalence and cumulative incidence of autism spectrum disorders and the patterns of co-occurring neurodevelopmental disorders in a total population sample of 5-year-old children. *Molecular Autism*, *11*(1), 35.

Sasaki, M., Nakamura, M., & Kawato, E.（2023）Predictors of Mental Health Deterioration Among Japanese and International University Students in Japan: A One-year Follow-up Study.　大学のメンタルヘルス，*7*, 113–120.

佐藤 寛・下津咲絵・石川信一（2008）一般中学生におけるうつ病の有病率―半構造化面接を用いた実態調査―　精神医学，*50*(5), 439–448.

Solmi, M., Radua, J., Olivola, M., Croce, E., Soardo, L., de Pablo, G. S., Il Shin, J., Kirkbride, J. B., Jones, P., Kim, J. H., Kim, J. Y., Carvalho, A. F., Seeman, M. V., Correll, C. U., & Fusar-Poli, P.（2022）Age at onset of mental disorders worldwide: Large-scale meta-analysis of 192 epidemiological studies. *Molecular Psychiatry*, *27*(1), 281–295.

World Health Organization（2023）*International Classification of Diseases 11th Revision*　https://icd.who.int/（2024 年 3 月 15 日閲覧）

【第 14 章】

中央教育審議会（1957）科学技術教育の振興方策について（答申）　https://www.mext.go.jp/b_menu/shingi/chuuou/toushin/571101.htm（2025 年 1 月 20 日閲覧）

中央教育審議会（1999）初等中等教育と高等教育との接続の改善について（答申）　https://www.mext.go.jp/b_menu/shingi/chuuou/toushin/991201.htm（2024 年 5 月 25 日閲覧）

中央教育審議会（2011）今後の学校におけるキャリア教育・職業教育の在り方について（答申）　https://warp.ndl.go.jp/info:ndljp/pid/11402417/www.mext.go.jp/component/b_menu/shingi/toushin/__icsFiles/afieldfile/2011/02/01/1301878_1_1.pdf（2024 年 3 月 14 日閲覧）

入沢宗寿（1915）現今の教育　弘道館

国立教育政策研究所（2002）児童生徒の職業観・勤労観を育む教育の推進について（調査研究報告書）　https://www.nier.go.jp/shido/centerhp/sinro/1hobun.pdf（2024 年 6 月 9 日閲覧）

厚生労働省（2023）学歴別就職後 3 年以内離職率の推移　https://www.mhlw.go.jp/content/11805001/001156476.pdf（2024 年 5 月 2 日閲覧）

文部科学省（2004）キャリア教育の推進に関する総合的調査研究協力者会議報告書―児童生徒一人一人の勤労観，職業観を育てるために―　https://www.mext.go.jp/b_menu/shingi/chousa/shotou/023/toushin/04012801/002/010.pdf（2024 年 5 月 25 日閲覧）

文部科学省（2011）中学校キャリア教育の手引き　https://www.mext.go.jp/a_menu/shotou/career/1306815.htm（2024 年 3 月 21 日閲覧）

文部科学省（2017a）小学校学習指導要領（平成 29 年告示）　https://www.mext.go.jp/content/20230120-mxt_kyoiku02-100002604_01.pdf（2024 年 3 月 29 日閲覧）

文部科学省（2017b）中学校学習指導要領（平成 29 年告示）　https://www.mext.go.jp/content/20230120-mxt_kyoiku02-100002604_02.pdf（2024 年 3 月 29 日閲覧）

文部科学省（2018）高等学校学習指導要領（平成 30 年告示）　https://www.mext.go.jp/content/20230120-mxt_kyoiku02-100002604_03.pdf（2024 年 3 月 29 日閲覧）

文部科学省（2022）生徒指導提要（改訂版）　https://www.mext.go.jp/content/20230220-mxt_jidou01-000024699-201-1.pdf（2024 年 3 月 29 日閲覧）

文部科学省（2023）中学校・高等学校キャリア教育の手引き―中学校・高等学校学習指導要領

（平成29年・30年告示）準拠— https://www.mext.go.jp/a_menu/shotou/career/detail/mext_00010.html（2024年3月14日閲覧）

文部省（1976）中学校・高等学校進路指導の手引 中学校学級担任編 日本進路指導協会

文部省（1981）学制百年史 https://www.mext.go.jp/b_menu/hakusho/html/others/detail/1317552.htm（2024年6月8日閲覧）

文部省（1983a）中学校・高等学校 進路指導の手引—中学校学級担任編—（改訂版） 日本進路指導協会

文部省（1983b）中学校・高等学校 進路指導の手引—高等学校ホームルーム担任編— 日本進路指導協会

文部省（1993）高等学校入学者選抜について（通知） https://www.mext.go.jp/a_menu/shotou/kaikaku/04120702/001.htm（2024年6月8日閲覧）

中村 豊（2010）進路指導に活かす 伊藤美奈子・相馬誠一（編）グラフィック学校臨床心理学 サイエンス社 pp.86–96.

日本財団（2024）第62回 18歳意識調査「国や社会に対する意識（6カ国調査）」報告書 https://www.nippon-foundation.or.jp/app/uploads/2024/03/new_pr_20240403_03.pdf（2024年5月2日閲覧）

西村宗一郎（2019）キャリア教育に至る歴史的経緯と課題 北里大学教職課程センター教育研究, *5*, 77–88.

ソニー生命（2019）中高生が思い描く将来についての意識調査 2019 https://www.sonylife.co.jp/company/news/2019/nr_190806.html（2024年5月2日閲覧）

ソニー生命（2021）中高生が思い描く将来についての意識調査 2021 https://www.sonylife.co.jp/company/news/2021/nr_210729.html（2024年5月2日閲覧）

ソニー生命（2023）中高生が思い描く将来についての意識調査 2023 https://www.sonylife.co.jp/company/news/2023/nr_230725.html（2024年5月2日閲覧）

Super, D. E., Savickas, M. L., & Super, C. M. (1996) The life-span, life-space approach to careers. In D. Brown, L. Brooks & Associates (Eds.), *Career choice and development* (3rd ed.). San Francisco: Jossey-Bass. pp.121–178.

竹内登規夫（2002）教育改革の動向とガイダンス・カウンセリング 仙﨑 武・渡辺三枝子（編）ガイダンス・カウンセリングで学校を変える—小・中学校におけるガイダンス・カウンセリングの展開— 教育開発研究所 pp.20–23.

田中幸治（2017）職業指導・進路指導の課題—教育課程上の位置付けの変遷から見て— 総合文化研究, *23*, 61–77.

若松養亮・白井利明・浦上昌則・安達智子（2019）キャリアに対する支援の課題と展望—「合格・内定指導」・「つきたい職業見つけ」を超えて— 教育心理学年報, *58*, 201–216.

吉田辰雄（2002）わが国の職業指導の成立と展開 アジア・アフリカ文化研究所研究年報, *37*, 13(142)–20(135).

吉田辰雄（2003）わが国の職業指導の成立と展開（Ⅱ） アジア・アフリカ文化研究所研究年報, *38*, 9(158)–22(145).

吉田辰雄・篠 翰（2007）進路指導・キャリア教育の理論と実践 日本文化科学社

【第15章】

阿部真大（2006）搾取される若者たち—バイク便ライダーは見た！—　集英社新書
浅羽通明（1999）大学で何を学ぶか　幻冬舎文庫
Center for Whole-Child Education（2016）*Building blocks for learning*.　https://turnaround.ams3.digitaloceanspaces.com/wp-content/uploads/2016/03/14034511/Turnaround-for-Children-Building-Blocks-for-Learningx-2.pdf（2024年8月22日閲覧）
中央教育審議会（2008）学士課程教育の構築に向けて（答申）（平成20年12月）　https://www.mext.go.jp/b_menu/shingi/chukyo/chukyo0/toushin/1217067.htm（2024年8月22日閲覧）
中央教育審議会（2011）今後の学校におけるキャリア教育・職業教育の在り方について（答申）　https://warp.ndl.go.jp/info:ndljp/pid/11402417/www.mext.go.jp/component/b_menu/shingi/toushin/__icsFiles/afieldfile/2011/02/01/1301878_1_1.pdf（2024年3月14日閲覧）
中央教育審議会（2021）「令和の日本型学校教育」の構築を目指して—全ての子供たちの可能性を引き出す，個別最適な学びと，協働的な学びの実現—（答申）　https://www.mext.go.jp/content/20210126-mxt_syoto02-000012321_2-4.pdf（2025年1月20日閲覧）
海老原嗣生（2009）学歴の耐えられない軽さ—やばくないか，その大学，その会社，その常識—　朝日新聞出版
海老原嗣生（2013）日本で働くのは本当に損なのか—日本型キャリアVS欧米型キャリア—　PHP新書
海老原嗣生（2016）お祈りメール来た，日本死ね—「日本型新卒一括採用」を考える—　文藝春秋
海老原嗣生（2018）「AIで仕事がなくなる」論のウソ—この先15年の現実的な雇用シフト—　イーストプレス
Erikson, E. H.（1994）*Identity: Youth and crisis*. W. W. Norton & Co.　中島由恵（訳）（2017）アイデンティティ—青年と危機—　新曜社
古川　治（2014）B. S. ブルーム理論の日本における受容と発展—評価理論を発展させた梶田理論を通して—　甲南大学教職教育センター年報・研究報告書2014年度　pp.13–28.
外　務　省（2018）*Japan SDGs action platform*.　https://www.mofa.go.jp/mofaj/gaiko/oda/sdgs/about/index.html（2024年8月22日閲覧）
濱口桂一郎（2016）性別・年齢等の属性と日本の非典型労働政策　日本労働研究雑誌, *672*, 4–13.
濱口桂一郎・海老原嗣生（2020）働き方改革の世界史　ちくま新書
Heckman, J. J.（2013）*Giving kids a fair chance*. Boston Review Books.　古草秀子（訳）（2015）幼児教育の経済学　東洋経済出版
Holland, J. H.（1997）*Making vocational choices: A theory of vocational personalities and work environments*. Psychological Assessment Resources, Inc.　渡辺三枝子（訳）（2013）ホランドの職業選択理論—パーソナリティと働く環境—　雇用問題研究会
本田由紀（2011）軋む社会—教育・仕事・若者の現在—　河出文庫
兵庫県教育委員会（1998）地域に学ぶトライやるウィーク　https://www2.hyogo-c.ed.jp/hpe/gimu/tryyaru（2024年8月22日閲覧）
居神　浩・三宅義和・遠藤竜馬・松本恵美・中山一郎・畑　秀和（2005）大卒フリーター問題を考える（神戸国際大学経済文化研究所叢書7）　ミネルヴァ書房
居神　浩（2010）ノンエリート大学生に伝えるべきこと—「マージナル大学」の社会的意義—　日

本労働研究雑誌, *602*, 27–38.
飯田泰之（2023）財政・金融政策の転換点—日本経済の再生プラン—　中公新書
伊東雅之（2006）ニートの現状とその対策—我が国と欧米主要国の若年雇用対策—　調査と情報, *536*, 1–10.
金原俊輔（2015）カウンセリング・マインドという概念および態度が日本の生徒指導や教育相談へ与えた影響　長崎ウエスレヤン大学地域総研紀要, *13*(1), 1–12.
経済産業省（2006）社会人基礎力に関する研究会—「中間取りまとめ」—　https://warp.da.ndl.go.jp/info:ndljp/pid/282046/www.meti.go.jp/press/20060208001/shakaijinkisoryoku-honbun-set.pdf（2024年8月22日閲覧）
木村宣孝・菊地一文（2011）特別支援教育におけるキャリア教育の意義と知的障害のある児童生徒の「キャリアプランニング・マトリックス（試案）」作成の経緯　国立特別支援教育総合研究所研究紀要, *38*, 3–17.
小林 徹・梅崎 修・佐藤一磨・田澤 実（2014）大卒者の早期離職とその後の転職先—産業・企業規模間の違いに関する雇用システムからの考察—　大原社会問題研究所雑誌, *671*, 50–70.
國分康孝（1998）カウンセリング心理学入門　PHP新書
国立健康・栄養研究所（2024）健康日本21分析評価事業　https://www.nibiohn.go.jp/eiken/kenkounippon21/（2024年8月22日）
国立教育政策研究所（2011）キャリア教育を創る　学校の特色を生かして実践するキャリア教育—小・中・高等学校における基礎的・汎用的能力の育成のために—　https://www.nier.go.jp/shido/centerhp/23career_shiryou/all_version.pdf（2024年8月22日閲覧）
国立社会保障・人口問題研究所（2023）日本の将来推計人口（令和5年推計）詳細結果表　https://www.ipss.go.jp/pp-zenkoku/j/zenkoku2023/db_zenkoku2023/db_zenkoku2023syosaikekka.html（2025年1月20日閲覧）
国立特別支援教育総合研究所（2011）特別支援教育充実のためのキャリア教育ガイドブック　ジアース教育新社
厚生労働省（2002）「キャリア形成を支援する労働市場政策研究会」報告書について　https://www.mhlw.go.jp/houdou/2002/07/h0731-3.html（2024年8月22日閲覧）
厚生労働省（2004）「若年者の就職能力に関する実態調査」結果（平成16年1月）　https://www.mhlw.go.jp/houdou/2004/01/dl/h0129-3a.pdf（2024年8月22日閲覧）
厚生労働省（2010）「ひきこもりの評価・支援に関するガイドライン」　https://www.mhlw.go.jp/content/12000000/000807675.pdf（2024年8月22日）
厚生労働省（2023）健康日本21（第三次）　https://www.mhlw.go.jp/stf/seisakunitsuite/bunya/kenkou_iryou/kenkou/kenkounippon21_00006.html（2024年8月22日閲覧）
呉 智英・宮崎哲弥（1999）放談の王道　時事通信社
Lukianoff G., & Haidt, J.（2018）*The coddling of the American mind: How good intentions and bad ideas are setting up a generation for failure.* Penguin Press.　西川由紀子（訳）（2019）傷つきやすいアメリカの大学生たち—大学と若者をダメにする「善意」と「誤った信念」の正体—　草思社
松下佳代（2011）〈新しい能力〉による教育の変容—DeSeCoキー・コンピテンシーとPISAリテラシーの検討—　日本労働研究雑誌, *614*, 39–49.
水野 肇・青山英康（編）（1998）PPKのすすめ—元気に生き抜き，病まずに死ぬ—　紀伊國屋書

店

文部科学省（2010）生徒指導提要　https://www.mext.go.jp/a_menu/shotou/seitoshidou/1404008.htm（2024 年 8 月 22 日閲覧）

文部科学省（2011a）中学校キャリア教育の手引き　https://www.mext.go.jp/a_menu/shotou/career/1306815.htm（2024 年 8 月 22 日閲覧）

文部科学省（2011b）小学校キャリア教育の手引き　https://www.mext.go.jp/a_menu/shotou/career/1293933.htm（2024 年 8 月 22 日閲覧）

文部科学省（2011c）高等学校キャリア教育の手引き　https://www.mext.go.jp/a_menu/shotou/career/1312816.htm（2024 年 8 月 22 日閲覧）

文部科学省（2017a）平成 29 年改訂 幼稚園教育要領　https://www.mext.go.jp/content/1384661_3_2.pdf（2024 年 8 月 22 日閲覧）

文部科学省（2017b）小学校学習指導要領（平成 29 年告示）　https://www.mext.go.jp/content/20230120-mxt_kyoiku02-100002604_01.pdf（2024 年 8 月 22 日閲覧）

文部科学省（2017c）中学校学習指導要領（平成 29 年告示）　https://www.mext.go.jp/content/20230120-mxt_kyoiku02-100002604_02.pdf（2024 年 8 月 22 日閲覧）

文部科学省（2017d）特別支援学校幼稚部教育要領 小学部・中学部学習指導要領（平成 29 年告示）　https://www.mext.go.jp/content/20200407-mxt_tokubetu01-100002983_1.pdf（2024 年 8 月 22 日閲覧）

文部科学省（2018）高等学校学習指導要領（平成 30 年告示）　https://www.mext.go.jp/content/20230120-mxt_kyoiku02-100002604_03.pdf（2024 年 8 月 22 日閲覧）

文部科学省（2019a）特別支援学校高等部学習指導要領（平成 31 年告示）　https://www.mext.go.jp/content/20200619-mxt_tokubetu01-100002983_1.pdf（2024 年 8 月 22 日閲覧）

文部科学省（2019b）「キャリア・パスポート」例示資料等について　https://www.mext.go.jp/a_menu/shotou/career/detail/1419917.htm（2024 年 8 月 22 日閲覧）

文部科学省（2019c）GIGA スクール構想の実現　https://www.mext.go.jp/a_menu/other/index_00001.htm（2024 年 8 月 22 日閲覧）

文部科学省（2022a）生徒指導提要（改訂版）　https://www.mext.go.jp/content/20230220-mxt_jidou01-000024699-201-1.pdf（2024 年 8 月 22 日閲覧）

文部科学省（2022b）小学校キャリア教育の手引き（2022 年 3 月）　https://www.mext.go.jp/a_menu/shotou/career/detail/mext_01951.html（2024 年 8 月 22 日閲覧）

文部科学省（2023a）中学校・高等学校キャリア教育の手引き（2023 年 3 月）　https://www.mext.go.jp/a_menu/shotou/career/detail/mext_00010.html（2024 年 8 月 22 日閲覧）

文部科学省（2023b）教育振興基本計画　https://www.mext.go.jp/a_menu/keikaku/index.htm（2024 年 8 月 22 日閲覧）

内閣府（2003）人間力戦略研究会報告書（平成 15 年 4 月）　https://www5.cao.go.jp/keizai1/2004/ningenryoku/0410houkoku.pdf（2024 年 8 月 22 日閲覧）

内閣府（2018）日本経済 2017－2018―成長力強化に向けた課題と展望―（平成 30 年 1 月）　https://www5.cao.go.jp/keizai3/2017/0118nk/index.html（2024 年 8 月 22 日閲覧）

National Career Development Association (1994) From vocational guidance to career counseling: Essays to Honor Donald E. Super. *The Career Development Quarterly*, 43(1). 全米キャリア発達学会（著）仙崎 武・下村英雄（編訳）（2013）D・E・スーパーの生涯と理論―キャリア

ガイダンス・カウンセリングの世界的泰斗のすべて―　図書文化社
日本経営者団体連盟（1999）エンプロイヤビリティの確立をめざして―「従業員自律・企業支援型」の人材育成を―　日本経営者団体連盟教育研修部
労働政策研究・研修機構（2012）VRTカード事例集―VRTカードの活用と実践に向けて―　https://www.jil.go.jp/institute/seika/vrtcard/case/index.html（2024年8月22日閲覧）
坂野潤治（2014）〈階級〉の日本近代史―政治的平等と社会的不平等―　講談社
清家篤（2019）基調講演「高齢社会フォーラム・イン東京」「豊かな長寿社会を将来世代に」https://www8.cao.go.jp/kourei/kou-kei/30forum/tokyo-2.html（2024年8月22日閲覧）
清家篤・松本すみこ・大内尉義・樋田敦子・出口治明（2017）65歳からのハローワーク　中央公論新社
塩野誠（2013）20代のための「キャリア」と「仕事」入門　講談社
白井俊・諏訪哲郎・森朋子（2021）OECDラーニング・コンパス2030について―文部科学省白井教育制度改革室長に聞く―　環境教育, *31*(3), 3–9.
総務省統計局（2024）人口推計（2023年（令和5年）10月1日現在）―全国：年齢（各歳），男女別人口・都道府県：年齢（5歳階級），男女別人口―　https://www.stat.go.jp/data/jinsui/2023np/index.html（2025年1月20日閲覧）
髙木亮・北神正行（2016）教師のメンタルヘルスとキャリア　ナカニシヤ出版
竹内洋（1995）日本のメリトクラシー　東京大学出版会
津川友介（2020）世界一わかりやすい「医療政策」の教科書　医学書院
Veblen, T.（1899）*The theory of the leisure class*. Macmillan.　高哲男（訳）（2017）有閑階級の理論 増補新訂版　講談社
渡辺三枝子（1996）カウンセリング心理学―変動する社会とカウンセラー―　ナカニシヤ出版
安中進・鈴木淳平・加藤言人（2022）福祉国家に対する態度決定要因としての普遍的な社会保障と逆進課税―消費増税に関するサーヴェイ実験―　年報政治学, *73*(1), 212–235.
全国特別支援学校知的障害教育校長会（2021）知的障害教育における「学びをつなぐ」キャリアデザイン　ジアース教育新社

【コラム１】

安部計彦（2019）ヤングケアラーと子どもへの権利侵害―ネグレクト調査の再分析から―　西南学院大学人間科学論集, *15*, 75–117.
Bradley, R. H., & Corwyn, R. F.（2002）Socioeconomic status and child development. *Annual Review of Psychology*, *53*, 371–399.
Hawton, K., Harriss, L., Simkin, S., Bale, E., & Bond, A.（2001）Social class and suicidal behavior: The associations between social class and the characteristics of deliberate self-harm patients and the treatment they are offered. *Social Psychiatry and Psychiatric Epidemiology*, *36*, 437–443.
Johnson, W., McGue, M., & Iacono, W. G.（2007）Socioeconomic status and school grades: Placing their association in broader context in a sample of biological and adoptive families. *Intelligence*, *35*, 526–541.
Klein, M., Fröhlich, M., Pieter, A., & Emrich, E.（2016）Socio-economic status and motor

performance of children and adolescents. *European Journal of Sport Science, 16*, 229–236.

Knaappila, N., Marttunen, M., Fröjd, S., Lindberg, N., & Kaltiala-Heino, R.（2019）Changes in delinquency according to socioeconomic status among Finnish adolescents from 2000 to 2015. *Scandinavian Journal of Child and Adolescent Psychiatry and Psychology, 7*, 52–59.

こども家庭庁（2024）児童養護施設入所児童等調査の概要（令和5年2月1日現在）　https://www.cfa.go.jp/assets/contents/node/basic_page/field_ref_resources/8aba23f3-abb8-4f95-8202-f0fd487fbe16/5c104d63/20240229_policies_shakaiteki-yougo_86.pdf（2024年7月29日閲覧）

厚生労働省（2023）2022（令和4）年 国民生活基礎調査の概況　https://www.mhlw.go.jp/toukei/saikin/hw/k-tyosa/k-tyosa22/dl/14.pdf（2024年7月29日閲覧）

文部科学省（2019）外国人児童生徒受入れの手引き（改訂版）　https://www.mext.go.jp/a_menu/shotou/clarinet/002/1304668.htm（2024年7月29日閲覧）

文部科学省（2021）外国人児童生徒等教育に関する動画コンテンツについて　https://www.mext.go.jp/a_menu/shotou/clarinet/003_00004.htm（2024年7月29日閲覧）

文部科学省（2022）生徒指導提要（改訂版）　https://www.mext.go.jp/content/20230220-mxt_jidou01-000024699-201-1.pdf（2024年7月29日閲覧）

文部科学省（2024）令和5年度 日本語指導が必要な児童生徒の受入状況等に関する調査結果について　https://www.mext.go.jp/content/20240808-mxt_kyokoku-000037366_4.pdf（2024年12月5日閲覧）

Reiss, F.（2013）Socioeconomic inequalities and mental health problems in children and adolescents: A systematic review. *Social Science & Medicine, 90*, 24–31.

有限責任監査法人トーマツ（2023）児童福祉部門と教育分野に焦点を当てた市区町村におけるヤングケアラー把握・支援の運用の手引き　https://www2.deloitte.com/jp/ja/pages/life-sciences-and-healthcare/articles/hc/yc-tebiki.html（2024年7月29日閲覧）

結城康博・米村美奈・黒川雅子（編）（2023）ヤングケアラー支援者の役割と連携　ぎょうせい

【コラム2】

Engel, G. L.（1977）The need for a new medical model: A challenge for biomedicine. *Science, 196*（4286）, 129–136.

小貫 悟・村山光子・重留真幸・工藤陽介（2016）大学への適応と就労に向けたライフスキルトレーニング　高橋知音（編）発達障害のある大学生への支援　金子書房　pp.41–51.

文部科学省（2021）障害のある子供の教育支援の手引―子供たち一人一人の教育的ニーズを踏まえた学びの充実に向けて―　https://www.mext.go.jp/a_menu/shotou/tokubetu/material/1340250_00001.htm（2024年3月15日閲覧）

文部科学省（2022）生徒指導提要（改訂版）　https://www.mext.go.jp/content/20230220-mxt_jidou01-000024699-201-1.pdf（2024年3月29日閲覧）

鈴木道雄（2022）学校における精神疾患教育の意義　精神医学, *64*(9), 1189–1196.

人名索引

● B
ブロードウィン（Broadwin, I. T.） 156
ブロナー（Bronner, A.） 91

● C
チュウ（Chu, C.） 127
チジュ（Czyz, E. K.） 127

● E
エリクソン（Erikson, E. H.） 240

● F
ファジアーノ（Faggiano, F.） 100
フェリッティ（Felitti, V. J.） 91
フランクリン（Franklin, J. C.） 137

● H
ヒーリー（Healy, W.） 91
ハーシ（Hirschi, T.） 81, 92
ホランド（Holland, J. H.） 242
ホウ（Hou, Y.） 156

● I
入沢宗寿 228

● J
ヤノシュ（Janosz, M.） 144
ジョンソン（Johnson, A. M.） 157

● K
久保良英 228

● N
ノック（Nock, M. K.） 126

● O
オルウェーズ（Olweus, D.） 50

● P
ピーターセン（Petersen, A. C.） 107

● R
ロジャース（Rodgers, C. R.） 248

● S
シャープ（Sharp, S.） 50
スミス（Smith, P. K.） 50
スーパー（Super, D. E.） 235, 241

事項索引

●あ
愛着（attachment）　92
アクティブラーニング　25, 26

●い
いじめ集団の4層構造モデル　59
いじめのプロセスモデル　62
いじめ防止対策推進法　18
異性愛　198
インターネット環境整備法　174

●う
うつ病　215

●か
学習障害　210
課題早期発見対応　9
課題未然防止教育　8, 9
課題予防的生徒指導　6
学校安全　46
学校運営協議会　43
学校危機　46
学校恐怖症　157

●き
規範観念　92
キャリア　235
キャリア教育　226
キャリア・パスポート　149, 238, 249
キャリア発達　235
教育課程　22
教育相談　36

●く
虞犯少年　88
クライシス・マネジメント　47

●こ
校則　38
高等学校卒業資格（高卒認定）　153
こども基本法　17
個別指導　13
コミュニティ・スクール　43
困難課題対応的生徒指導　10

●さ
サイコロジカル・ファーストエイド　47

●し
自殺行動の階層モデル　127
自殺の対人関係理論　125
シスジェンダー　198
児童虐待　103
児童虐待防止法　107
児童の権利条約　17
児童買春・児童ポルノ禁止法　175
自閉症　209
社会的絆理論　81, 92
社会的養護　119
重層的支援構造　7
集団指導　13
主体的・対話的で深い学び　26
障害者差別解消法　18
常態的・先行的生徒指導　23
常態的・先行的なプロアクティブ型　6
情報モラル　176

触法少年　88
身体的虐待　103
身体の性的特徴　197
心理的虐待　104
進路指導　227

●せ
性加害　190
性自認　196
性的虐待　103
性的指向　198
性的マイノリティ　195
性同一性障害　195
生徒指導　2
生徒指導提要　2
性犯罪　190
性別表現　197
摂食障害　217
全性愛　198

●そ
総合的な学習（探究）の時間　29
即応的・継続的なリアクティブ型　6

●ち
地域学校協働活動　43
チーム学校　33, 34
チーム支援　13
注意欠陥多動性障害　210
中途退学　140
懲戒　40
著作権　171

●て
出会い系サイト規制法　175

●と
登校拒否　157

統合失調症　216
投資（commitment）　92
同性愛　198
道徳教育　28
同僚性　14
特定少年　88
特別活動　31
トランスジェンダー　198

●に
2軸3類4層構造　6

●ね
ネグレクト　104
年間加速現象　188

●は
発達加速現象　188
発達勾配現象　188
発達支持的生徒指導　7
発達障害　208
犯罪少年　88

●ひ
非行少年　88

●ふ
不安障害　216
不登校　156

●ほ
法律上の性別　197
暴力行為　71

●ま
巻き込み（involvement）　92

●む
無性愛　198

●や
ヤングケアラー　118

●よ
要支援児童　88
要保護児童　88, 119

●ら
ライフ・キャリアの虹　236, 241

●り
リスク・マネジメント　46
両性愛　198

●欧文
BPSモデル　164
COCOLOプラン　160
DSM　208
GIGAスクール構想　173
GRIP　135
ICD　208
ICT教育　28
LGBTQ　199
PFA　47
Q-U/hyper-QU　167
SAD PERSONS scale　128
Society 5.0　34, 239
SOGIESC　198
TALK　131

あとがき

　大学の教職課程では，理論と実践の2側面を兼ね備えた質の高い教員を養成することが求められている。2017年には，すべての大学の教職課程で共通的に修得すべき資質能力を明確化し，教員養成の全国的な水準を確保する目的で，教職課程コアカリキュラムが作成された。2019年からは，全国の大学において，コアカリキュラムの内容に基づき新たに編成された教職課程により教員養成が行われている。

　生徒指導のコアカリキュラムでは，全体目標として，「生徒指導は，一人一人の児童及び生徒の人格を尊重し，個性の伸長を図りながら，社会的資質や行動力を高めることを目指して教育活動全体を通じ行われる，学習指導と並ぶ重要な教育活動である。他の教職員や関係機関と連携しながら組織的に生徒指導を進めていくために必要な知識・技能や素養を身に付ける」ことが示されている。また，一般目標として，「生徒指導の意義や原理を理解する」「すべての児童及び生徒を対象とした学級・学年・学校における生徒指導の進め方を理解する」「児童及び生徒の抱える主な生徒指導上の課題の様態と，養護教諭等の教職員，外部の専門家，関係機関等との校内外の連携も含めた対応の在り方を理解する」の3つが取り上げられている。

　同様に，進路指導のコアカリキュラムでは，全体目標として，「進路指導は，児童及び生徒が自ら，将来の進路を選択・計画し，その後の生活によりよく適応し，能力を伸長するように，教員が組織的・継続的に指導・援助する過程であり，長期的展望に立った人間形成を目指す教育活動である。それを包含するキャリア教育は，学校で学ぶことと社会との接続を意識し，一人一人の社会的・職業的自立に向けて必要な基盤となる資質・能力を育むことを目的としている。進路指導・キャリア教育の視点に立った授業改善や体験活動，評価改善の推進やガイダンスとカウンセリングの充実，それに向けた学校内外の組織的体制に必要な知識や素養を身に付ける」ことが掲げられている。また，一般目標として，「進路指導・キャリア教育の意義や原理を理解する」「全ての児童及び生徒を対象とした進路指導・キャリア教育の考え方と指導の在り方を理解する」「児童及び生徒が抱える個

別の進路指導・キャリア教育上の課題に向き合う指導の考え方と在り方を理解する」の3つがあげられている。

　本書は，生徒指導・進路指導のコアカリキュラムに示された全体目標，一般目標，到達目標（一般目標の到達基準）が達成できるように編集されている。さらには，2022年に12年ぶりに改訂された生徒指導提要の内容にも準拠している。本書の各章では，生徒指導・進路指導上の諸課題について，関連法規や最新の研究知見にも適宜触れた上で，理論と実践の両面から丁寧に解説を行っている。現在，教職課程を履修している学生の方はもとより，生徒指導・進路指導の理論と実践について学び直しを考えている現職の先生方，さらには，生徒指導・進路指導上の課題を抱えた子どもに対する対応について興味・関心を持つ一般の方々に，ぜひお手にとっていただけると幸いである。

　これまでに，教職課程コアカリキュラムに準拠した新たなテキストとして，2020年に『学校現場で役立つ教育相談―教師をめざす人のために―』，2021年に『学校現場で役立つ教育心理学―教師をめざす人のために―』をそれぞれ出版させていただいた。本書は，これら2書とともに構成する「緩やかなシリーズ」の最終作である。当初は2022年の秋に刊行を予定していたが，生徒指導提要の改訂に伴い，それに準拠した書籍となるように内容を再構成したため，当初予定よりも遅れての出版となった。書籍の内容を再構成する際に，「生徒指導提要の改訂に関する協力者会議」や「多様な背景を持つ児童生徒への生徒指導に関するワーキンググループ」にオンラインで参加・聴講させていただき，委員の先生方のご意見を直接お伺いする機会をいただけたことは，大変貴重な経験となった。

　共同編者の藤原先生には，この度も，学校現場に精通した新進気鋭の多くの先生方をご紹介いただいた。各執筆者の先生方には，理論と実践の両面からわかりやすく解説をしていただき，心より感謝を申し上げたい。最後に，公私で多忙を極める中，前2書に引き続き，本書を担当していただいた北大路書房代表取締役社長の若森乾也氏，いつも温かいご支援をいただいている代表取締役会長の奥野浩之氏に心より御礼を申し上げる。

　2024年　権現山公園のふもと，アルバムの日に

編者を代表して　谷口弘一

■ **執筆者一覧**（執筆順）

＊は編著者

金子泰之	（静岡大学教職センター）	第 1 章
西村多久磨	（東京理科大学教育支援機構教職教育センター）	第 2 章
藤原健志	（新潟県立大学人間生活学部）	第 3 章
谷口弘一＊	（下関市立大学経済学部）	第 4 章，あとがき
水谷明弘	（鈴鹿大学大学院国際学研究科）	第 5 章
高野光司	（帝京平成大学健康メディカル学部）	第 6 章
村上達也	（順天堂大学スポーツ健康科学部）	第 7 章，コラム 1
石井 僚	（奈良教育大学学校教育講座）	第 8 章
藤原和政＊	（兵庫教育大学大学院学校教育研究科）	第 9 章，まえがき
福住紀明	（高知大学教育学部）	第 10 章
酒井郷平	（常葉大学教育学部）	第 11 章
高澤健司	（福山市立大学教育学部）	第 12 章 1・2・5 節
渡辺大輔	（埼玉大学ダイバーシティ推進センター）	第 12 章 3・4・5 節
佐々木恵	（北陸先端科学技術大学院大学保健管理センター）	第 13 章，コラム 2
川俣理恵	（島根大学大学院教育学研究科）	第 14 章
高木 亮	（美作大学生活科学部）	第 15 章

■ 編著者紹介

藤原和政（ふじわら・かずまさ）
2015年　早稲田大学大学院教育学研究科教育基礎学専攻博士後期課程修了
現　在　兵庫教育大学大学院学校教育研究科准教授　博士（教育学）
〈主著〉
学校現場で役立つ教育相談―教師をめざす人のために―（共編著）　北大路書房　2020年
やさしくナビゲート！不登校への標準対応（共編著）　ほんの森出版　2021年
学校現場で役立つ教育心理学―教師をめざす人のために―（共編著）　北大路書房　2021年

谷口弘一（たにぐち・ひろかず）
2001年　広島大学大学院生物圏科学研究科博士課程後期修了
現　在　下関市立大学経済学部教授　博士（学術）
〈主著〉
対人関係と適応の心理学―ストレス対処の理論と実践―（共編著）　北大路書房　2006年
対人関係のダークサイド（共編著）　北大路書房　2008年
児童・生徒のサポートの互恵性と精神的健康　晃洋書房　2013年
教育・学校心理学―子どもの学びを支え，学校の課題に向きあう―（共著）　ミネルヴァ書房　2019年
学校現場で役立つ教育相談―教師をめざす人のために―（共編著）　北大路書房　2020年
学校現場で役立つ教育心理学―教師をめざす人のために―（共編著）　北大路書房　2021年

学校現場で役立つ

生徒指導・進路指導

教師をめざす人のために

| 2025年3月20日 | 初版第1刷印刷 | 定価はカバーに表示 |
| 2025年3月31日 | 初版第1刷発行 | してあります。 |

編著者　藤原和政
　　　　谷口弘一

発行所　㈱北大路書房
　　　〒603-8303　京都市北区紫野十二坊町12-8
　　　電　話　(075) 431-0361 ㈹
　　　ＦＡＸ　(075) 431-9393
　　　振　替　01050-4-2083

組　版　デザイン鱗
装　幀　野田和浩
印刷・製本　（株）太洋社

ISBN 978-4-7628-3278-9　C3037　Printed in Japan©2025
検印省略　落丁・乱丁本はお取替えいたします。

・JCOPY 〈㈳出版者著作権管理機構 委託出版物〉
本書の無断複写は著作権法上での例外を除き禁じられています。
複写される場合は，そのつど事前に，㈳出版者著作権管理機構
（電話 03-5244-5088, FAX 03-5244-5089, e-mail: info@jcopy.or.jp）
の許諾を得てください。

学校現場で役立つ
教育相談:教師をめざす人のために　　藤原和政,谷口弘一　編著

【主な目次】
第 1 章　学校における教育相談の必要性と意義
第 2 章　教育相談を支える心理学の理論
第 3 章　教育相談におけるアセスメント
第 4 章　心理検査とその応用
第 5 章　カウンセリングの基本技法――カウンセリングマインド,傾聴,受容,共感などについて
第 6 章　幼児期・児童期の発達課題に応じた教育相談
第 7 章　青年期の発達課題に応じた教育相談
第 8 章　いじめ問題の理解と対応
第 9 章　不登校問題の理解と対応
第10章　虐待・非行問題の理解と対応
第11章　特別な支援を必要とする子どもの理解と対応
第12章　保護者支援のあり方
第13章　チーム学校で行う教育相談のあり方
第14章　専門機関との連携
第15章　教師のメンタルヘルス

A5判・296頁・本体2,200円＋税・ISBN 978-4-7628-3125-6

目の前にいる子どもの抱える問題を理解するために,今日の学校現場で求められる教育相談について解説。教育相談の意義と課題,カウンセリング,子ども発達課題や問題行動,関係機関との連携などを論じる。コアカリキュラム準拠。

学校現場で役立つ
教育心理学:教師をめざす人のために　　藤原和政,谷口弘一　編著

【主な目次】
第 1 章　学校における教育心理学の必要性と意義
･･････第1部　発　達･･････
第 2 章　子どもの発達を理解する
第 3 章　身体・運動の発達
第 4 章　言語の発達
第 5 章　認知の発達
第 6 章　社会性の発達
第 7 章　パーソナリティの発達
第 8 章　子どもが抱える発達的課題を理解する
･･････第2部　学　習･･････
第 9 章　子どもの学習過程を理解する:行動主義的な学習理論
第10章　動機づけ:動機づけ研究の教育実践への応用
第11章　記　憶
第12章　知能・学力
第13章　学習活動を支える教授指導法
第14章　学級集団
第15章　教育評価のあり方

A5判・292頁・定価2,300円＋税・ISBN 978-4-7628-3179-9

個別最適な学びと協働的な学びを実現するためのベースとなる,子どもの発達と学習に関する基礎理論や最新の研究知見を紹介。教職課程コアカリキュラム準拠。